生存攻略案例

汉语教师海外生活实训教程

刘　刚 (Gang Liu)
汪海霞 (Haixia Wang)　主　编

北京大学出版社
PEKING UNIVERSITY PRESS

图书在版编目(CIP)数据

生存攻略案例：汉语教师海外生活实训教程 / 刘刚，汪海霞主编. —北京：北京大学出版社，2021.7

ISBN 978-7-301-32143-0

Ⅰ.①生… Ⅱ.①刘… ②汪… Ⅲ.①汉语—对外汉语教学—教师—教学工作—教材 Ⅳ.①H195.3

中国版本图书馆CIP数据核字（2021）第069452号

书　　　名	生存攻略案例：汉语教师海外生活实训教程
	SHENGCUN GONGLUE ANLI: HANYU JIAOSHI HAIWAI SHENGHUO SHIXUN JIAOCHENG
著作责任者	刘刚　汪海霞　主编
责 任 编 辑	唐娟华
美 术 设 计	张婷婷
标 准 书 号	ISBN 978-7-301-32143-0
出 版 发 行	北京大学出版社
地　　　址	北京市海淀区成府路205号　100871
网　　　址	http://www.pup.cn　新浪微博：@北京大学出版社
电 子 信 箱	zpup@pup.cn
电　　　话	邮购部 010-62752015　发行部 010-62750672　编辑部 010-62767349
印 　刷 　者	天津中印联印务有限公司
经 销 者	新华书店
	889毫米×1194毫米　16开本　20.75印张　258千字
	2021年7月第1版　2021年7月第1次印刷
定　　　价	79.00元（含在线配套资源）

未经许可，不得以任何方式复制或抄袭本书之部分或全部内容。
版权所有，侵权必究
举报电话：010-62752024　电子信箱：fd@pup.pku.edu.cn
图书如有印装质量问题，请与出版部联系，电话：010-62756370

前　言

《生存攻略案例：汉语教师海外生活实训教程》是一本国际汉语教师海外生活案例式教材。全书包括50篇来自全球6大洲30多个国家的一线汉语教师的生活实例。每篇案例包括"我的故事""生存攻略""结语"等部分，以具体的个人故事开场，再将故事中描述的案例普遍化，总结出相关方面的生活或生存经验。本书主要关注汉语教师海外生活和生存经验方面的问题，从日常生活中的事件入手，针对不同国家和地区的文化特点，真实再现与当地风土人情、地理气候、衣食住行（包括货币、消费、礼物、节日、旅行等）息息相关的生活场景，并以此为基础，总结出在当地生活及生存的一些普遍性经验。

本书的姊妹篇是《跨文化交际案例：汉语教师海外工作实训教程》（汪海霞、刘刚主编）。该书着重描述了汉语教师在海外教学工作中遇到的各种不同的跨文化交际问题，以及相应的应对方式与案例反思。两书相辅相成，涵盖了国际汉语教师在海外工作与生活的方方面面。

这两本书的共同特色主要体现在以下三个方面：

一是"全球化视野"：书中文章涵盖全球6大洲、30多个国家、40多位海外一线汉语教师的亲身体验。从"太阳升起"的亚洲，到诺亚方舟停靠的国度；从"枫"情万种的北美小巴黎，到孕育玛雅文明的墨西哥；从"冰与火"的俄罗斯，到东非高原上的"乌托邦"，作者描写了其多姿多彩的生活经历，多种多样的文化体验，让读者在书中即可"足不出户，游历全球"。

二是"跨文化沟通"：两册书都侧重不同文化之间的比较与沟通、理解与尊重。海外汉语教学中的任何活动，都应该重视被教育对象的文化背景。如何不带个人偏见、创造文化包容性的课堂环境？应该怎样引导不同文化背景的学生增进彼此的了解，培养其文化敏感性？如何让学生认识到单一文化的多个层面以及多元文化间并无优劣之分？这都是作为国际汉语教师需要深思的问题。理解并尊重每个人的"文化身份""性别认同""时间观念"和"宗教习俗"，代表着我们在海外工作和生活环境中的文化敏感度和跨文化交际能力。作为教师，我们必须要认识到自己可能具有的文化局限性，及时关注工作生活中出现的异常信号，并主动采取措施加以调整。而要做到这一点，我们又必须要提高自我更新和自我成长的意识，随时补充所在国的文化知识，并将新知识纳入自己原有的知识结构中，加以调整融合。

三是"反思性体验"：我们的作者群里，有经验丰富的资深教师，有任教多国的外派教师，有遍布全球的志愿者教师，也有进行教学实践的研究生。无论其身份如何，他们都有着共同的优秀品质，就是对汉语教学有着极大的热情和深刻的思考。他们的故事里有经验，他们的分享里有反思。比如，如果学生问"中国人都喜欢吃牛的胃吗"，教师该如何回答？如果到了教室，发现只有黑板粉笔，没有电脑投影仪，教师该怎么上课？如果小组项目中的某个学生抱怨打分不公平，教师该如何解释？如果学生不举手，或在课堂上乱说话，教师该如何建立规则？如果学生以涉及隐私为由，拒绝回答口试问题，教师该怎么应对？这些令人挠头的难题，都可以在这两册书里找到答案。

无论是教学工作还是日常生活，人们的情感、态度、文化和价值观等都是不可忽视的变量。只有做到以"人"为本，才能实现同事之间、师生之间、人群之间和谐的双向交流，以一种开放灵活的形式，调动起学习和工作的积极性，促进对汉语言和中华文化的传播。

我们所处的时代，新知识、新思想层出不穷。吸收、接纳、更新是自我成长的重要方式。这两本书汇聚海外一线汉语教师在工作和生活中的最新真实案例，强调实用与实践，可作为汉语国际教育专业教材、汉语教师志愿者及公派教师的岗前培训教材，以及其他海外汉语教学及工作人员的培训及日常参考用书。这两本书中的案例描述和分析、经验总结与反思，对《国际中文教师证书》考试、国际中文教师志愿者及公派教师选拔考试、汉语国际教育专业研究生入学考试也具有重要参考价值。

这两本书得以顺利出版，首先要感谢北京大学出版社的宋立文老师。宋老师提出选题和创意，在整个选稿、编排、审稿和出版过程中，给予我们悉心指导。还要感谢邓晓霞老师的引荐。在这两本书之外，我们还有幸与邓老师在《北美故事：美国一线汉语教学案例与反思》和《传统与现代：海外中文文化教学（大学篇）》这两本书的编写过程中有过愉快合作。更要感谢我们这两本书的责任编辑唐娟华老师。唐老师堪称学者型的编辑，她不仅严格把关文章内容，还细心审校资料来源、理论出处等。与优秀而认真的人合作，让我们受益匪浅。

山外有山有他乡，天外有天有远方。最后要特别感谢的是我们优秀的作者团队，是他们热情的分享和无私的奉献，让这两本书成为可能。他们是游历过远方的智者，有丰富的生命体验，有面对世界的底气，也因此遇见了更好的自己。所有的"机缘巧合，缘来有你"都化成了一句"与君共鸣，与君同勉"。

相聚时是一团火，热情奔放；

分散开是满天星，熠熠生辉。

愿我们，各自珍重待重逢。

刘 刚　汪海霞

目录

亚洲

01	韩国	不化妆出门可得小心了	刘圆圆 /	03
02	韩国	小火车摆动的旋律	刘圆圆 /	08
03	韩国	汉字背后的"陷阱"	杨 莉 /	14
04	泰国	一半是彩色，一半是黑白	张倩倩 /	20
05	印度尼西亚	在印尼，我为什么不走路	赵 媛 /	25
06	约旦	带娃赴任教师不能忽略的功课	李顺琴 /	30
07	新加坡	"新式"语言——不拘一格的混合	朱佩琳 /	36
08	蒙古	苦不苦，看蒙古	王术智 /	42
09	菲律宾	陌生的地震，熟悉的人	张 月 /	47
10	柬埔寨	"穷"而诗意地活着	卿 青 /	53
11	伊朗	不一样的伊朗：关于钱币的一切	李 娟 /	58
12	越南	越南——一个可能被误解了的国家	赖 迪 /	64
13	马来西亚	多元文化集聚地——马来西亚	罗晨阳 /	70
14	亚美尼亚	诺亚方舟停靠的国度	蒋湘陵 /	76

欧洲

15	英国	英伦安居记	邓 娟	/ 85
16	英国	入乡随俗，吃有吃相	邓 娟 秦轶犨	/ 93
17	英国	"走马观花"，探索文明与美丽	谭雪花	/ 101
18	英国	你在他乡还好吗	杨如月	/ 110
19	法国	初来乍到，我和所有人有个"约会"	高亦霏	/ 116
20	法国	年轻就是"本钱"	高亦霏	/ 122
21	法国	生日晚会上的文化冲击波	刘莉妮	/ 127
22	西班牙	西班牙的舌尖之旅	黄佳乐	/ 133
23	爱尔兰	一枝独秀的爱岛蔬菜	王酉凤	/ 139
24	意大利	如何在意大利成功"拿下"居留卡	梅国丽	/ 146
25	意大利	四时之食	刘 洁	/ 153
26	俄罗斯	俄式"冰与火之歌"	郭 莎	/ 159
27	塞尔维亚	学习塞语带给我什么	王莎莎	/ 166
28	瑞典	迷失在北欧森林里	施闪闪	/ 172

北美洲

29	美国	"夺命"催账单	鲍莹玲 / 181
30	美国	美国看病记	宋 丹 / 187
31	美国	当窗理云鬓，对镜贴花黄	刘安祺 / 193
32	美国	客厅与老鼠	彭芙飏 / 200
33	美国	舌尖上的黑暗料理：美式中餐	朱 琳 / 207
34	加拿大	北美小巴黎的"枫"情万种	蒋湘陵 / 214
35	墨西哥	孕育玛雅文明的神秘国度	祝 芬 / 221
36	多米尼加	行走的ATM	王术智 / 228

南美洲

37	厄瓜多尔	去南美，行李箱里要带什么	陆正瑞 / 237
38	厄瓜多尔	一房难求，不临时涨价的房东更难求	施 慧 / 243
39	哥伦比亚	哥伦比亚的语言生存密码	颜雪雯 / 249
40	秘鲁	一场不顺利的旅行	王兰婷 / 254
41	智利	我在"辣椒国"做中国菜	白 叶 / 260

非洲

42	埃及	白菊花与黑白肖像的礼尚往来	吴欣妤 /	269
43	埃及	面对骚扰,我们能做什么	吴 怡 /	275
44	肯尼亚	在"危机四伏"的国度生活下去	车春晖 /	279
45	莫桑比克	英语不是万能的	张祺昌 /	284
46	莫桑比克	面对索要,给还是不给	周玲妹 /	290
47	乌干达	东非高原上的乌托邦	骆奕良 /	295

大洋洲

48	澳大利亚	谜一样的公共交通	李 旋 /	305
49	澳大利亚	澳大利亚"农村"生活图鉴	杨 芳 /	310
50	新西兰	环保亦品格	乔娇娇 /	315

生存攻略
案例

亚 洲

亚洲是个古老的名字,意思是"太阳升起的地方"。亚洲是七大洲中面积最大、人口最多的一个洲,是世界三大宗教佛教、伊斯兰教和基督教的发源地。世界四大文明古国中的中国、印度和古巴比伦都位于亚洲大陆。亚洲学习汉语的人数居世界首位,2019年韩国5000万人口中,就有1060多万人在学习汉语和汉字。[1]

本章生存攻略案例来自东亚的韩国和蒙古,西亚的伊朗和约旦,东南亚的越南、马来西亚、印度尼西亚、泰国、菲律宾、新加坡和柬埔寨。

在韩国,出门倒垃圾也要有仪式感;在泰国,五彩缤纷的颜色可以在一夜间消失,只剩黑白两色;在新加坡,大家日常交流用的语言都是富含"罗惹味"的;在印尼,被摩托车撞倒之后还要考虑要不要赔对方"倒车镜"。想要知道我们的老师在国外生活中都遇到了哪些奇闻趣事吗?老师们又是怎么应对解决的?且听他们娓娓道来。

---

[1] 数据来源于 https://www.sohu.com/a/361161037_429822。

不化妆出门可得小心了

/ 刘圆圆 /

韩 国

我的故事

出门倒垃圾要有仪式感

提到韩国,大家首先想到的可能是长腿"欧巴"和漂亮"欧尼",但是真的在这里生活以后,你会惊讶地发现,这里精致的不仅仅是朝气蓬勃的年轻人,即使是大型蔬果市场卖菜的老太太,瞟上一眼也都是一身精致的装扮。正是因此,四年前落地韩国生活的第一天,我就深刻地意识到:在这儿生活,咱得讲究起来。

2015年9月30号,是我到韩国的第一天。我的部长和搭档全副正装,在机场出口拿着我的"名牌"迎接我。看到他们,我内心一阵感动加羞愧,因为我自己就随便穿了一条简单的背带裤。相比于他们的用心和细腻,我显得粗糙而随意。

简单是好的,精致当然也是好的,但放在一定的场合,简单在精致面前就显得"卑微",缺乏正式感。从小到大,我一直都是素面朝天。进入大学以后,我也只是用粉底液简单涂抹一下面部,没有更多修饰。然而,就是这份坦然的素颜,让我在初来韩国的第一天,显得有些窘迫。

在韩国安顿好以后,我开始进入正常的生活节奏。不可避免地我要先学会垃圾分类。在来韩国之前,我就已经做了一些功课,知道韩国垃圾分类明细很多。不过尽管如此，由于我对垃圾分类的明细掌握不足，加之未曾细细体察，还是造成了我在韩国倒垃圾时的一幕"窘境"。

那天是周末，我在家宅了一上午，下午随手拿了件衣服换上，没洗头，一脸素颜地就拿着垃圾出去了。

出门后，正巧在电梯里遇到房东太太也提着垃圾去处理，她是一位61岁的阿姨。看见我后，她很关切地询问我，是不是来到这里不太适应，或者身体有什么不舒服，为什么脸色看起来这么差。当时的我有点儿不知道如何回答。只见她烫着一头精致的卷发，妆容干净美丽，整个人看起来特别有朝气，优雅中透露出一种干练。而我则懒散随意。我心里不免觉得有些难堪，只好结结巴巴地说自己可能是因为刚到了一个新环境，有些不习惯，还在适应中，希望以后多多指教之类的话。

和她一起到了垃圾站。我将垃圾分为食物垃圾、一般垃圾和可回收垃圾三种。我自认为已经分得很清楚了，就径直去扔了垃圾。房东太太也提着垃圾袋，把它们放到不同的垃圾桶里扔掉了。扔完以后我打完招呼准备离开时，用余光瞥见房东太太把我刚刚一股脑都扔进可回收垃圾桶里的塑料瓶放进了塑料垃圾桶里，又把我扔的其他瓶罐类的垃圾放到了瓶罐类垃圾桶里。看到这里，我惊呆了，立马上前把刚刚扔在一堆纸盒上的大盒子拆开折叠好再放回去。因为我看见房东太太在整理完我的瓶瓶罐罐后，把自己手中的纸盒折叠平整，用小绳子捆好扔掉。看见我笨拙而傻气的动作，房东太太笑着说："小姑娘真可爱，真有眼力见儿。"

我们都笑了。我有些羞愧，但更加感动。谢谢她没有当面拆穿我，只是用幽默的话语化解了我的尴尬，也谢谢她影响我教会了我"精致生活"中的第一课。

> 生存攻略

从垃圾分类到化妆——韩国日常精致锦囊

2015年至今，我在韩国已经生活了四年。当初莽莽撞撞来到这个国家，我以为自己只是一个过客，没想到这四年竟成了最潜移默化改变我生活习惯的四年。

在韩国，从最"肮脏"的垃圾处理到"美丽"的衣着装扮，人们非常追求"精致"。

第一，表现在垃圾处理上。

1. 垃圾分类非常严格。韩国的垃圾更精细地分为五大类：食物垃圾、一般垃圾、塑料垃圾、瓶罐类垃圾以及纸盒类垃圾。食物垃圾和一般垃圾都有严格的装袋要求，必须用规定颜色的塑料袋进行分装处理。韩国街道上也很少有垃圾桶。大家出门很自觉，产生的垃圾一般都会带回家分类再扔掉。

2. 垃圾处理细节比较人性化。饮料瓶和食品类罐装垃圾在扔掉之前都要清洗干净，保证没有食物残留。纸盒回收垃圾在处理时，也要拆开并叠放整齐，尽量为清洁人员的工作提供便利。

第二，表现在衣着装扮上。

1. 每个星期七天中，人们的衣服几乎天天不重样。来到韩国的第一个周末，我清楚地记得朋友们带我去明洞，陪我买了五套衣服，并且语重心长地告诉我，这是周一到周五上班时穿的，剩下两套发了工资再买。虽然没有特别的规定，但是在韩国，大家似乎都明白"每天衣服不重样"这一条"约定俗成"的规则。

2. 在家不穿鞋，在学校室内穿拖鞋。韩国是一个全国都供有地暖的国家，所以冬天在家，韩国人会光脚走在暖暖的木质地板上，晚上很多人也会睡在地上。在学校里，进入教室和办公室以后，老师和学生也都会换上拖鞋，希望保持室内清洁。

3. 出门一定要化妆，每天都洗头。在韩国人看来，妆容整洁，衣着得体，这是对身边人最基本的尊重。出门赴约要精心装扮被认为是基本礼仪。如果出门不化妆，朋友或者同事会出于关心，询问你是否身体不舒服。因为在他们看来，只有身体不舒服才会疏于对自己的管理（如果实在不想化妆，出门请记得戴口罩）。在韩国，不论春夏秋冬，大家每天都会在早上清洗头发。韩国女生每天洗头加上化妆的时间，有时需要一个小时，她们甚至可以不吃早餐，但是一定得洗头化妆后才出门。

4. 每天刷牙三次。在韩国工作你会发现，每个同事的办公桌上或者抽屉里都会有一套牙具。大家吃完午饭以后都有刷牙的习惯。你还可以看到，每天午饭后，大批学生都会拿着牙刷去卫生间排队刷牙，他们的样子既可爱又认真。中国人一般习惯每天刷牙两次，午饭后漱口，所以虽然一开始觉得有些麻烦，但是习惯成自然以后，觉得每天刷牙三次，从牙齿健康的角度来看还是值得学习和实践的。

结 语

体验多多，收获满满

距离当年懵懂地踏上这个国度，转眼已过去了四年。从当初的生涩到现在的自如，与其说是我适应了这里，不如说是这里的温情和细致让我融入了这种品位生活。适应的过程虽然略有尴尬，但是阵痛过后，我却非常欣赏这样一个更有温度、更加精致的自己。

虽然我即将从韩国离任，回到家乡湖北。但我想，我会怀念这里四五月的樱花，六七月的梅雨，八九月釜山的大海，十月南怡岛的初秋，十一月汉拿山的枫叶，十二月景福宫的初雪以及一二月的炸鸡和啤酒，还有那永远朝气蓬勃的三月新春。正所谓"落红不是无情物，化作春泥更护花"，虽然我将离开，但我会带着这里教会我的、培育我的、滋养我的一切，更加从容坚定地面对未来的生活。

作者简介

刘圆圆，沈阳师范大学汉语国际教育专业硕士。研究生毕业前曾在沈阳韩国国际学校实习，2015年9月至2016年9月在韩国实习工作一年。研究生毕业后连续在韩国公立高中忠勋高中担任汉语教师三年。

思考与实训

1. 在"我的故事"部分，作者在倒垃圾时，因为垃圾分类不到位，被房东太太"委婉"纠正后，她是如何反应的？她的做法是否值得借鉴？
2. 阅读"生存攻略"部分，谈谈在韩国，日常衣着妆容方面该注意哪些问题。
3. 阅读全文并查询相关资料，谈一下你对韩国人处理生活细节事务上（比如垃圾处理和妆容方面）的看法。如果你去韩国任教，你将如何平衡自己原有生活习惯与新环境下新的生活方式之间的冲突？

小火车摆动的旋律

/ 刘圆圆 /

韩　国

我的故事

南怡岛之旅

少女时期对韩国偶像剧的最甜蜜的回忆，要数《冬日恋歌》了。带着一种想把电视剧里的感觉变成现实的渴望，我和朋友去了《冬日恋歌》的主要取景地——江原道的南怡岛。虽然这部剧已经停播很久，但是它打造的场景和气氛，却总能让人在每每想起时，都会觉得爱情不但浪漫而且醉心。

决定和朋友乘小火车去南怡岛之后，我们就开始研究购票事宜。火车票虽可以网购，但是很多地铁站也都有售票窗口。我们在购票网站（Korail）上提前看好了最佳时间，然后去就近的地铁站直接购买了车票。在韩国买火车票不需要用身份证，车票上也没有购票者的姓名，这也意味着在进站口根本没有检票这一说。上车就座后，行驶途中会有一次抽查检票，但也不过是一个简单的形式而已。

出行那天，我们先坐地铁去首尔火车站。韩国地铁四通八达，纵横交错，出行极为便利，整个首尔和京畿道的所有景点几乎都可以直达。地铁到站时，会用四种语言进行播报，依次是韩语、英语、汉语、日语，所以即使语言不通也不必顾虑，更不用担心在陌生的城市会迷路，因为找到地铁站就等于找到了回家的路。地铁与地铁、地铁与公交换乘时，换乘间隔若不超过半个小时就不重新收费。总的来说，市内交通系统十分完善，并且十分人性化。

到了火车站以后，我们就直接进入了站台候车，不需要检票和安检，省去了提着箱子上上下下磕磕碰碰的麻烦。这对于爱出行旅游的人来说，会有一种畅通无阻的轻松感，旅途幸福感陡然增加了不少。上车落座以后，列车员礼貌周到，大家也都安静地坐着，静心享受这短暂的旅途。乘坐韩国最慢的火车"无穷花号"，从最南边到最北边需要六个小时；但如果乘坐最快的火车 KTX，则只需要三个小时。因为时间都不算长，所以车上一般不提供丰盛的餐饮服务。

到达南怡岛后，我们坐船上了主岛。在崔智友和裴勇俊牵手走过的那片枫叶林下，我们拍了很多照片，来解锁电视剧中的感觉。景区周围餐饮与其他地方价格一致，没有一物两价的现象。景区内部也有很细致的指示牌，大部分都有中文翻译，所以对中国游客来说，在韩国旅游还真是件让人舒心愉快的事情。

生存攻略

玩儿转韩国旅游锦囊

说起韩国的旅游胜地，大家首先想到的应该是首尔和济州岛：首尔和北京一样是一国之都，文化历史地位不必言说，旅游价值也是首屈一指；济州岛是一个对中国免签的海岛城市，和海南岛一样，自然风光无限好。除此之外，其他的旅行打卡处可能就要数影视剧中的取景地了。韩国影视剧通过漂亮精致的"欧尼"和帅气迷人的长腿"欧巴"，成功地将很多取景地打造成了旅游胜地，深受中国游客的青睐。

首先，我们介绍一下首尔。与北京的古韵气息相比，首尔更多的是扑面而来的现代感：炫彩的时尚，靓丽的面容，熙熙攘攘的街道，来来往往的游客……首尔是潮流的代名词，也是年轻人休闲购物的天堂。明洞是中国人来首尔打卡必选地，所有店面都有会说中文的店员，在这里旅游逛街有一种俨然置身于中国商业街的幻觉。逛完明洞，可以直接沿着山路，爬到首尔塔上，趁着傍晚一览日落熔金的盛景。如果有男女朋友相伴，就再好不过了，你们可以买一把情侣锁，锁在首尔塔上，这喻示着你们将把爱情牢牢地锁住。站在首尔塔上，隔着汉江远眺过去，还可以看见首尔的标志性建筑——乐天世界大厦。大厦里有韩国最大的室内游乐园——乐天世界，集购物、娱乐、游览为一体，是家庭和情侣出游的首选。休闲娱乐以后，如果想体验韩国特色，了解韩国的历史和建筑，那么你可以去景福宫和北村韩屋村。景福宫是韩国的"故宫"，北村韩屋村是体验韩服、拍照留念最好的地方。走在回环的宫墙和韩屋间，一回眸，一转身，韩国历史剧的场景就上演了。

其次，我们介绍一下釜山。釜山的盛名得益于著名僵尸片《釜山行》。它的地理特点是背靠大山，面对大海，江河纵横。"釜山"的意思为"釜状的山"，由城市后面山的形状而得名。韩国本就是一个多山的国家，有时候出门游玩儿就像在爬山一样。在韩国如果你刚吃完饭，记得一定不要马上坐公交车，因为公交车在大街小巷穿梭的时候，有时会像坐过山车一样。甘川文化村是釜山一座依山而建的村庄，被称为"小圣托里尼"。漫步在这里，你可以随时看到色彩鲜艳的壁画；上了展望台，还能看到不远处的大海和错落有致、色彩斑斓的村庄。釜山有诸多海水浴场。一望无际的海，仙雾缭绕的云，因而有了"海云台"之称。海云台海水浴场是韩国最有名的海洋休养地。那里海岸线绵长，沙子细软。七月 24 度的恒温，白天人们可以在岸边游泳、晒太阳，傍晚可以在海边漫步。周围的咖啡馆和海鲜市场，可以为一天的行程提供充足的能量。夜幕降临釜山，远方是宁静的海，身边是繁华的街头、绚丽的喷泉。一静一动，为这座城"画"出美妙而独特的风景。

再次，我们介绍一下济州岛。济州岛是韩国最大的岛屿，2007 年被联合国教科文组织定为世界自然遗产，有"韩国夏威夷"之称。济州岛自古以来以"三多三无三丽"而闻名。"三多"是指石头多、女人多、风多，因此也被称为三多岛。济州岛是由火山喷发而成的，因此形成了很多以"石"为本的特色景观，比如万丈窟、双龙窟、柱状节理带等。"女人多"则是因为这里以前男人出海捕捞，遇难比例高，所以在人数上女人比男人多。"风多"与济州岛处于台风地带有关。"三无"是指无小偷、无大门、无乞丐。这里民风淳朴，人们互帮互助，没有偷窃和乞讨的人，也就没有必要设置大门了。"三丽"是指美丽的自然风光、民俗和传统工艺。济州岛最有名的水果是柑橘，最有特色的食物是黑猪肉，都是独特地理环境下的产物。除此之外，济州岛的山也很有特色，特别是城山日出峰，其山顶是一个盆地，临海远望，视野十分开阔。

最后，我们来介绍一下庆州。在韩国，最让我念念不忘的城市是新罗古都庆州。庆州之于韩国，犹如南京之于中国，京都之于日本。虽然不是首都，但都是见证一个国家悠久历史的古都。庆州属于韩国的庆尚北道，位于韩国东南部，城市中心被一座座古墓占据，现代建筑只分布在四周，而且为了与庆州文化古迹相得益彰，城市周围多是古色古香的平层建筑或者低层小楼房。穿梭在这座宁静的古城，你会感叹整座城市像一座博物馆一样耐人寻味。庆州还拥有两处世界文化遗产——佛国寺和石窟庵。佛国寺坐落于韩国东岳吐含山的山腰处，崔致远的《孤云集》

写道:"东海东山有佳寺,华严佛国为名字。"想来寺庙盛名由来已久。生活在庆州的人也都有一种使命感,人们自觉守护着这里一方一寸的遗迹,怡然自得,幸福安乐。

结 语

一方水土一方特色

韩国与中国仅一水之隔,同属于东亚文化圈。它的国土面积是10.3万平方千米,人口约5164万。相比之下,2019年中国高考报名人数已是1031万,韩国同事曾戏称,这相当于韩国五分之一的人都在参加高考啊。在韩国旅游,大山大水自然是远不及祖国,不过人文景观倒是颇有值得深入感受和品味之处。四年来,我以首尔为中心,向四周"辐射",游览了周边各个城市的大街小巷。韩国有很多景点值得推荐,有很多技巧值得分享,这里仅叙一二,希望所写的点滴,能让大家了解一下韩国的异域特色和风情,更好地体验这个国度的魅力。

作者简介

刘圆圆,沈阳师范大学汉语国际教育专业硕士。研究生毕业前曾在沈阳韩国国际学校实习,2015年9月至2016年9月在韩国实习工作一年。研究生毕业后连续在韩国公立高中忠勋高中担任汉语教师三年。

思考与实训

1. 一国文化的形成都有其固有的社会因素。结合"我的故事"部分,思考一下为什么韩国火车上的餐饮文化不像中国那么"热闹"。

2. 汉语教师在完成工作任务之余,也会有一定的闲暇时间供自己支配。作者利用这段时间去适当旅游,了解了赴任国的文化风情。如果你在赴任期间有类似机会,你会用什么方式去安排自己的闲暇时间?请举例说明。

3. 文化交流需要找到文化之间的共性。文中作者介绍韩国主要城市特色时,采用了韩中对比的方法。请查阅相关资料,运用文化对比的形式,设计一堂介绍中国旅游景点的文化课,让外国学生在未来中国的情况下,也能对中国文化产生共鸣。

汉字背后的"陷阱"

/ 杨 莉 /

韩 国

我的故事

不一样的名字?

名字,是一个人的符号,互问姓名,是两个陌生人交流的开始。生活中能够被人记住名字无疑是一件令人开心的事,准确记住他人名字的人也更容易获得身边人的好感。二十多年的亲身经历告诉我,"名字"是人与人交往的一把快剑,常常能斩断初识的尴尬!可是在韩国,"名字"这把快剑却突然变成了一把双刃剑!为什么这样说呢?不要着急,且听我慢慢道来。

先来介绍一下我在韩国的身份,我是一名CPIK(Chinese Program in Korea)教师,简单地说,就是在韩国中小学任教的中文老师。我平时不追星,也不怎么看韩剧,除了在国内赴韩培训期间学习了一点儿韩语外,对韩语和韩国文化知之甚少。为了能迅速适应在韩国的工作和生活,更好地融入学校集体,在国内培训时,我拜托韩语老师根据我的中文名字取了一个韩语名字。后来证明,这个做法确实让很多韩国老师在第一时间记住了我。不过对于一个基本不会韩语的外国老师而言,如何记住他人的韩国名字其实更具挑战性。

一次偶然的机会,我觉得自己好像找到了记住别人韩国名字的捷径。

在我任教的高中，有两位韩国本土汉语教师——李老师和卢老师，我和她们配合进行汉语教学。学期伊始，卢老师设计了一个让学生查找自己的汉语名字的活动。我在美国做汉语老师的时候也开展过类似的活动。当时，我给学生介绍了一个网站，学生输入自己的英文名字后，网站就可以自动给出相应的中文名字，只是给出的中文名字往往不够自然，需要老师根据学生的性格特点再进行调整。美国一般是小班教学，所以用这个方法给学生起中文名是切实可行的。然而我所任教的韩国高中有13个中文班，平均每个班23人左右，一共近300个学生，这种方式实际操作起来就非常困难了。正当我感到为难时，搭档卢老师对我说，韩国人的姓名一般都有对应的汉字写法，而且年满18岁的学生的身份证上的名字都有汉字标注，所以不需要老师特意为他们起名字或者对他们的汉语名字做什么修改。这让我第一次强烈地意识到什么是"汉字文化圈"，同时我也暗自庆幸自己找到了一条记住韩国人名字的捷径。

当天下午，我就迫不及待地想验证一下这条捷径行不行得通。在学校食堂吃午饭时，在搭档老师的翻译帮助下，我知道了一位老师的韩语名字所对应的汉字，于是我暗暗记住了这位老师的汉语名字。第二天吃饭时，我直接喊出了她的汉语名字。让我惊讶的是，她的表现并不像我期待的那样欣喜，反而有点儿尴尬和不知所措。后来搭档老师告诉我，虽然韩国人的名字有汉字写法，但是这些汉字是用韩语的发音去读的，贸然用汉语的发音来称呼对方，尤其是那些没有接触过汉语或对中国了解不多的人，可能会让他们感到不舒服，甚至感觉被冒犯。

我这才意识到，自己所认为的记名字的捷径其实是弄巧成拙了！

说实话，人和人的交往，哪有什么捷径！尤其那些有着不同文化背景的人，在交往时更需要了解彼此的文化，尊重彼此的不同。韩国虽然是"汉字文化圈"里的一员，汉文也和中国的汉字非常像，但两者是不同的概念。韩国和中国毕竟是不同的国家,汉文在韩国有自己独特的发展历程。没有充分了解这些汉文背后的文化之前,理所当然地使用只会弄巧成拙,造成尴尬的局面。

生存攻略

带着汉字出行

저는 한국어 공부 해요.

我们现在看到的韩文一般是上面这样的文字,看起来和汉字几乎没有关联,那么为什么韩国还是"汉字文化圈"的一员呢?如果我们对韩语进行溯源,就会发现其实韩文和汉字之间的渊源颇深。

在世宗大王召集郑麟趾、成三问等人创制韩国的文字之前,韩国一直是使用汉字进行书写的。即使有了自己的文字后,汉字的使用也未能完全废止。在韩国文字发展的历史过程中,对于只用韩文书写或者韩文和汉字并用的争议一直存在。直到现在,汉字在韩文中仍具有十分重要的作用。韩国国立国语院2010年发布的《用数字分析韩语》一文指出,《标准韩语大辞典》中的51万多个词中有58.5%是汉字词,即根据汉字创制的词语,而韩文的固有词汇仅占25.5%。

由于历史原因,汉字在韩文中曾被抹杀,一度出现不能使用汉字的情况。不过,现在汉字的作用重新受到重视。2000年,韩国教育人力资源部承认了汉语考级考试的国家认证资格,并将汉字引入大学入学及企业招聘考试中。近年来,三星、SK集团、现代等一些韩国大型跨国企业,也都在新职员评测中加入了汉字考试这一项,这使得越来越多的人开始参加"汉字能力检定考试",汉字学习也变得越来越重要。

现在,在韩国的初中和高中,汉文科目一般是必修科目。韩国教育部 2000 年调整的 1800 个教学用基础汉字中,初中要学习 900 个,高中学习其余 900 个。不过,这 1800 个汉字并非与我们熟知的汉字完全一样,在写法、读音、意思或使用上都存在或多或少的差异。此外,汉文课上的学生除了学习规定的汉字的写法、意义和用法以外,还要学习用汉字书写的韩国俗语,掌握其对应的汉字、韩语发音、意思与使用语境。我有幸观摩过一堂汉文公开课,学生在课上主要学习一些韩国俗语,如"農夫餓死,枕厥種子(농부 아사라도, 침궐 종자 라)"。这句俗语中,"農夫餓死,枕厥種子"是相应的汉文书写,这句俗语的意思是:农夫即使死了,也要保管好种子。意思是说"人在任何情况下都不要放弃希望"。

在韩国,汉字不仅仅关乎教育,在日常生活中也经常能看到它们的身影。比如韩国的路牌和地标常常用汉字辅助标识。充分利用这些熟悉的汉字,会使我们在韩国的生活变得更加顺利。

一、坐公交时不担心,汉字站牌提示你

韩国的公共交通是比较便利且经济的。在韩国坐公交车,需要乘客提前一站按下车按钮(即写着"Stop"的红色按钮),司机师傅才会停车,如果没人按停车按钮,司机师傅经过停车站时就会直接开过去。对于一个不会说韩语的人,听懂公交车上的韩语报站是非常困难的,但有一个小技巧可以帮助我们判断下车的时机:韩国的许多公交车站站牌上会有大大的汉字标识,如"显忠路站""明德站"等。经过有汉字标识的站牌时,你稍微留意一下,再结合手机地图给出的公交路线,就可以判断自己什么时候该按下车按钮了。这里顺便推荐一下在韩国比较好用的手机地图，如Naver Map和KakaoMap，这两个手机地图都是我出行时经常用到的。

二、一个人步行莫惊慌，紧跟汉字指向标

走在韩国的街头，你会发现到处都有汉字标识的路牌和方向牌。如果你出行的目的地比较近，可以选择步行。对于那些不擅长看地图的小伙伴，路牌和方向牌可以给你提供很大的帮助，甚至能帮你节约很多时间。

结　语

做"汉字文化圈"的有心人

韩国是中国的邻国，也是"汉字文化圈"中的一员。在韩国工作生活，经常可以看到熟悉的汉字，这无疑会让像我这样一个来自他乡的中文教师找到一种语言上的认同感和归属感。但是，这些汉字背后其实也有很多"陷阱"！虽然看上去相似，但中国的汉字和韩国的汉文其实都有属于自己的故事，不同的故事也孕育了不同的文化。在韩国工作和生活中，一方面，我们要注意避免因使用汉字可能产生的误解；另一方面，我们也要积极探索，利用这些汉字让自己的生活变得更方便、更快乐。

所以，在韩国，请做一个"汉字文化圈"的有心人！只要有心，就一定行！

作者简介

杨莉，武汉大学汉语国际教育专业硕士。曾任美国匹兹堡大学孔子学院汉语教师志愿者，现任韩国京元高中汉语教师。作者性格开朗，喜欢自由，有一定的汉语教学经验。

思考与实训

1. 在"我的故事"部分，作者试图用汉字的读音来认读韩国老师的汉文名字，这种做法有什么问题？碰到类似情况时，你会采取什么方式？为什么？
2. 阅读"生存攻略"部分，谈一下在韩国开展汉语教学工作时和日常生活中，如何巧妙发挥汉字的作用。
3. 请查阅相关资料，谈一下为何汉字在韩国被广泛使用，并请分析中韩两国使用的汉字是否完全相同。如有不同，在教学和生活中该如何处理这种不同带来的问题？

04

一半是彩色，一半是黑白

/ 张倩倩 /

泰 国

我的故事

颜色一夜消失

2016年10月13日，泰国国王普密蓬（拉玛九世）去世，大皇宫关闭。一夜之间，泰国举国上下成了一片黑白色的海洋。而在这天以前，泰国还一直是一个以多彩而闻名的国度。

泰国地处东南亚，大部分地区属于热带季风气候。泰国人友好热情，不仅体现在他们的笑容里，也体现在他们缤纷多彩的世界里。泰国是一个对颜色特别敏感的国家，不同颜色代表不同的含义。比如泰国的学校都有自己的代表色，我任教的 Chokchaisamakkee School（呵叻府学校），代表色就是粉红色，因此学校建筑以及教职工的学校工装都是以粉色为主。除此之外，泰国学校的"多彩运动会"也常常让人眼前一亮。每到运动会，泰国学校整个操场都是五彩缤纷的颜色：红色、绿色、黄色、紫色、蓝色，不同年级都有不同的代表色，学

生们会穿上代表年级颜色的服装走方阵。平日里，学生们每天也都穿着彩色的校服来上课——初中生穿的是紫色上衣，高中生则穿粉色上衣。

不过这些颜色，都在2016年10月13日这一天消失了。

这一天，泰国国王普密蓬驾崩。泰国进入国丧期。国家虽然只规定公务员穿丧服服丧一年，但其实几乎所有泰国民众都自愿加入了这个服丧的队列。这位深受人民爱戴的国王逝世，牵动了所有人的心。学校、寺庙、政府机构都举行了祭奠国王的仪式，大小城镇的娱乐场所也暂停了营业，人们不再举办各种娱乐活动，许多学校也取消了庆祝新年的活动。

不过在这一切变化之中，最让人觉得震撼的，还是"颜色的消失"。

商场和大街小巷的服装店，售卖的服装全都变成了黑白两色。11月凉假结束，教师们开始返校上课。虽然上课前一天，我已经收到了全校教职工要穿黑白服装上班的通知，但第二天走出家门，看到所有老师都一改平日的装扮，统统穿着黑白服装的那一瞬间，我还是感到难以适应。周一，老师们照常参加学校的升旗仪式，只是气氛大不相同。学校广播停播了往日活泼欢快的音乐，老师们都面色凝重，不再欢声笑语地相互交谈，有些老师甚至掩面哭泣。公交车上，乘客们都穿着深色衣服，表情凝重。购物中心虽然也正常营业，但相比以往人流量少了很多。商场外的户外广告全部暂停，泰国所有的电视节目全天候地播放着国王的生平事迹和祭奠国王的活动。社交网站的版面也只剩下了黑白两色的悼念主题。

泰国人民用"消失的颜色"来表达对国王的悼念，而我也在这一夜颜色消失之后，打开衣橱，收起所有五颜六色的服装和配饰，换上白色衬衣和黑色工装裙，直到2017年3月离开这个国家。

生存攻略

泰国的着装要求面面观

泰国一年有三季：雨季、热季和凉季。热季中最高气温可达四十度，凉季时最低气温可能低至十度左右。因此建议赴泰汉语教师多准备一些夏季服装，同时为凉季准备一些秋季服装。

泰国学校对教师们的工作服装有严格的要求和限制。我抵达泰国之前就对"颜色星期制"有所耳闻。所谓"颜色星期制"，是指周一到周五学校有不同的服装颜色要求，教师需要按照要求的颜色着装。不过这种"颜色星期制"在每个学校具体实施起来，情况也是不一样的。比如，我任教的学校不要求老师每天穿不同颜色的衣服，但却对衣服的样式有要求：周一穿教师制服，周二穿学校粉色制服，周三穿民族服装，周四穿教师制服，周五穿教师自己的衣服。

学校对中文教师和其他外教的着装一般没有如此严格的限制，但是仍有一些基本要求：首先，无论天气状况如何，一定不能穿裤装上班，只能着裙装且不能短过膝盖；其次，一定不能穿凉鞋和拖鞋上班；最后，服装不宜过于休闲或暴露，并且一定要每日更换（每天穿相同颜色和款式的服装会被误认为没有换衣服）。

根据上述要求，我建议赴泰汉语教师多准备一些适合工作穿的短袖、衬衫和过膝的工装裙。同时，还要准备一些稍厚的外套，以防凉季时天气骤冷。泰国室内场所冷气开得很足，通常也需要穿外套。虽然一些学校对外籍教师没有严格的要求和限制，但我还是认为汉语教师最好能够入乡随俗。同时要注意，即使是非工作日，教师在学校以及附近场所活动时也要注意着装，以免造成不好的影响。

最后，我建议大家准备一些有特色且适合上课穿的民族服装。这样既能彰显民族特色，也适应了泰国学校的着装要求，例如旗袍等。同时，我希望老师们赴泰后可以随机应变，以应对不同学校的不同要求以及出现的各种突发情况。

结 语

体面地生活，体面地着装

在泰国工作生活的这一年，于我是极特殊的一年。在这一年里，我经历了半年的"五彩缤纷"，半年的"黑白肃穆"。服饰文化是民族文化的一部分。服装可以体现一个人的精气神，也可以体现一位教师的专业精神。我依然记得参加赴泰汉语教师志愿者培训时，培训老师说过的一句话：汉语教师志愿者要学会体面地工作和生活，而这其中重要的一点，就是要学会体面地着装。作为汉语教师志愿者，我们不仅代表自己，也代表我们的国家。我希望每一届赴泰汉语教师志愿者都能融入并爱上泰国这个多彩的国度，也能通过自己的着装，来展现汉语教师独特的魅力和风采！

作者简介

张倩倩，北京师范大学汉语国际教育专业硕士。曾任泰国呵叻府学校汉语教师志愿者，美国匹兹堡大学孔子学院汉语教师志愿者。

思考与实训

1. 阅读"我的故事"部分，谈一下为什么泰国一夜之间变成了黑白色的海洋。举国的悼念活动反映出了泰国文化的哪些特点？
2. 在"生存攻略"部分，作者提到了泰国教师着装的哪些要求？作者给出了什么建议？
3. 本文主要介绍了在泰国工作着装方面的一些要求和建议。请查阅相关资料，举例说明在泰国的衣食住行方面，还有哪些需要注意的事项。

在印尼,我为什么不走路

/赵 媛/

印度尼西亚

我的故事

要不要赔倒车镜

来到印尼之前,就听朋友说,在印尼出行时,没有车的人一般都会用打车软件叫一辆汽车。如果去特别近又比较熟悉的地方,也可以考虑叫一辆摩托车。汽车安全性好,但是遇到交通拥堵,摩托车会发挥出极强的"见缝插针"的能力,快速通过拥堵区域,让人免受堵车的困扰。通常情况下,大家不会选择步行出门。由于道路规划的问题,印尼很多道路两旁没有人行道,即便有,摩托车为了快速通过,常常直接在人行道上行驶;还有的地方人行道就是排水渠的堤坝,走在上面,左边是排水渠,右边是飞驰而过的汽车和摩托车,那种感觉非常"酸爽"。

可我偏偏不肯向现实低头,偏偏想走在印尼的大街上。

那天,我像往常一样,背着包走在排水渠的堤坝上,步行去离家800米左右的健身房上课。突然,一辆汽车的左侧倒车镜碰到我的右胳膊上。由于冲击力很大,我一个趔趄,差点儿跌入排水渠中。站稳之后才发现,那辆汽车的倒车镜被我蹭掉了,而我除了胳膊有点儿疼以外,似乎并没有什么大碍。当时我脑子里的第一反应是:完了,司机不会讹诈我让我赔他的倒车镜吧?我出门可没带钱啊!

正当我脑子里快速思考着该怎么应对时，司机和几位目击者向我走来。司机是位中年大叔，他一脸担心地问我胳膊有没有受伤，要不要带我去医院。周围的人也对司机说，应该带我去医院检查一下，因为汽车倒车镜都掉了，我的胳膊一定伤得不轻。但是我当时一心只想快点儿离开，害怕待久了，司机会让我赔倒车镜。于是我活动了一下自己被撞的右胳膊，感觉没有什么大碍，就快速"逃离"了现场。

回到家，我向朋友讲述了那"惊魂一刻"。朋友问我："你留下司机的联系方式、记住他的车牌号码了吗？如果有事，你得让他带你去医院检查呀。"我这才突然意识到，什么联系电话、车牌号码，我统统都没有关注，因为当时脑子里唯一的想法就是"要不要赔倒车镜"。万幸的是，我的胳膊用冰敷了一晚，就真的没有什么问题了。

路遇飞车贼

因为工作的学校离我家只有300米远，所以我每次都是步行去学校上班。那天，我和往常一样，右手拿着手机，左手拿着包，走在上班的路上。我一边走还一边全神贯注地回复着家长们发给我的信息，丝毫没有注意周围的情况。突然之间，我感觉手机被人从手里快速地抽走了。由于速度太快，我身体还向前一倾，险些摔倒。

我抬头一看，发现是一个骑摩托车的男子抢走了我的手机。出于本能，我疯狂地追他，可是两条腿的我哪里跑得过摩托车。我眼睁睁地看着抢手机的人离我越来越远，摩托车的车牌也没有看清楚，只记得抢手机的人身材微胖，皮肤黝黑，摩托车是红色的。可是这些信息实在是太模糊了，雅加达的红色摩托车不计其数，样貌特征如我看到的那样的人更是数不胜数，就算报警，警察也帮不上我任何忙的。

于是我只能自认倒霉！

到学校后,我和同事们说起手机被抢的过程。他们说,雅加达时常会出现飞车抢夺手机的事件,所以,走在路上一定要把手机放在包里,不要拿在手里,更不要边走路边玩儿手机或打电话。晚上的时候如果一个人走在路上,自己随身背着的包也得注意,以免被飞车贼抢走。从那以后,每次出门我都万分小心,生怕自己的手机或是背包再出现什么意外。

生存攻略

印尼安全出行面面观

印度尼西亚首都雅加达,地处爪哇岛西北部,是印尼最大的城市,也是东南亚第一大城市。近年来,雅加达的交通日益拥堵,如果遇上雨季,路面大量积水,拥堵情况会变得更加严重。雅加达也因此成了印尼人心中名副其实的"堵城",再加上路上"见缝插针"的摩托车大军,会让人经常感叹坐车不如走路快。但步行出门真的靠谱吗?上面的两个故事告诉我们其实并不是这样。

既然交通出行与我们的生活息息相关,那么在印尼日常出行或者假期旅游时,我们应该注意什么呢?

第一,独自一人走在路上,特别是晚上,要保护好自己的随身物品,走路不要玩儿手机、打电话。一方面是为了避免手机被抢,另一方面是为了将注意力放在来往车辆上,以免被撞。

第二,使用打车软件叫车,上车后也要时刻关注周围环境以及司机的路线。如果是独自一人乘车,尽量把车辆信息发给朋友。如果发生意外,朋友可以为你提供帮助。我的一位朋友曾经叫车出行,司机发现她不是本地人,也不认识路,就将她带到偏远地区,抢走了随身财物，还好她没有受到伤害。

第三，乘坐出租车出行时要搭乘正规公司的出租车，以免司机绕路，造成不必要的经济损失。在印尼有一类私人运营的公交车，车辆的样子和面包车一样，有红色的、蓝色的和黄色的，我们俗称这类车为"小红车""小蓝车"和"小黄车"。不同颜色、不同号码的车辆，行驶的线路也不同。这类车价格便宜，但是没有固定站点。司机都是根据乘客的需要停车，因此，乘坐这类公交车，一定要熟悉路线，否则很容易被司机带到陌生的地方去。

第四，印尼有些地区的公共交通不是特别便利，因此出门旅行建议大家乘坐飞机到达目的地后，再包车前往具体的旅游景点。包车时，一定要再三和司机确认价格。通常情况下，包车的费用是按天付，一天十个小时，两百元人民币左右，但还是要跟司机再三确认是按天算还是按人头算。我们有一次包车出去玩儿，理所当然地认为司机给出的价格是按天算的价格，没想到在旅行结束结算车费时，司机说要按人头算。因为出发前没有确认好，我们只好按司机说的价格付钱。

去海边旅游，在乘坐游船、快艇或者玩儿一些海上项目，例如香蕉船、摩托艇时，要特别注意安全，以免受伤或者落水。同时要妥善保管好自己的随身物品，以免被盗。

结 语

难忘的印度尼西亚

虽然在印尼的两年，我经历过被车撞、手机被抢等一些突发事件，但总的来说，只要出行时多注意安全、多留个心眼儿，印尼的生活还是很方便很安全的。印尼人友善热情，常常会尽自己最大的努力来帮助别人。离开印尼后，我时常会想起印尼人脸上那温暖和善的笑容。无论是学校的领导、同事，还是学生家长，抑或路上遇到的陌生人，他们都会毫不吝惜地对你微笑。我也时常会想起生病或遇到困难时，周围人给予我的安慰和帮助，他们焦急地一起帮我出主意时的样子，让当时无助的我心中充满了温暖和力量。在印尼这两年经历的一切，无论好与坏，都将是我一生难忘的回忆。这份经历带给我的成长也将让我受益终生。

作者简介

赵媛，鲁东大学汉语国际教育专业硕士，曾在韩国首尔任汉语教师志愿者，后在印尼雅加达任汉语教师志愿者。

思考与实训

1. 在"我的故事"部分，作者提到在印尼出行遇到了两次意外事故，她是如何处理的？在异国他乡，难免会遇到种种意外，我们应该如何应对？
2. 结合"生存攻略"部分，谈一谈在印尼出行时应该注意哪些问题，怎样做到安全出行。
3. 印尼跟许多东南亚国家一样，是一个旅游业发达的国家。巴厘岛、日惹、龙目岛，总有一个地方会让你想去一探究竟。请选择东南亚某个国家的一个旅游胜地，参考本文给出的交通出行建议，并查阅相关资料，为自己规划一个出行攻略。

带娃赴任教师不能忽略的功课

/ 李顺琴 /

约 旦

🎬 我的故事

带娃赴任无准备，后果很严重

被忽视的需求

2013年，从报名参加汉办外派项目到出国赴任，前后只有五个月准备时间。其间需要完成报名申请、复习备考、笔试面试、培训、签证办理、保险、机票等事宜，还要处理完国内单位的工作。这样紧锣密鼓地忙碌，几乎是所有按期外派的汉语教师都会经历的。

报名前，我已和家人商量好，如果申请成功，全家同行一起赴任。当时女儿快五岁了，已经在幼儿园上了两年，经历了小小班和小班的生活。女儿性格开朗，总有很多主意，常常组织几个孩子一起玩儿游戏，所以在幼儿园过得很开心，和小朋友相处很愉快。正因如此，我在行前并没有对孩子谈及太多，也没有担心她的适应问题，只是简单地告诉她，我们可能会带着她去另一个国家。

培训期间，我通过上网和咨询，了解了不少关于约旦的信息，准备了各种行李物品，对一起随任的先生进行了详细的叮嘱介绍，不过却忽略了我们五岁的女儿。当时只是觉得孩子太小，不太懂，只要跟着我们就可以了，所以行前除了给娃准备了相关的日常用品以外，完全没有考虑她的心理需求。考虑到我们将会用英语交流，我简单地教了娃几句礼貌用语后，就让她懵懵懂懂地跟着我们来到了约旦。

孩子的煎熬

来到约旦以后，我一面适应着工作，一面给孩子申请和办理入学手续。大概两周后，孩子进入我所在学校的幼儿园。作为一所以孩子为中心的私立学校，幼儿园按照美国方式管理和教学：每个班两个老师，共同配合组织教学。老师以英语为教学语言，少量地安排了由专业阿拉伯语老师任教的阿拉伯语课。幼儿园任教的老师，有从小在欧美国家学习并获得学位的，有从约旦名校毕业的。老师们的穿着也体现了约旦的包容：有的穿牛仔T恤，有的穿长袍戴头巾，有的面对异性还需要戴上面纱。孩子的第一位班主任和她的助手，都是穿着长袍、戴着头巾的老师，她们热情和善，笑容可掬。

上学前，孩子对幼儿园充满了期待。第一天高兴地去了学校，结果发现幼儿园和她的想象完全不一样，于是开始哇哇大哭。接下来的几天，她拒绝上幼儿园，在上学路上又哭又叫，大闹不止。在幼儿园里她只想找妈妈，即便老师耐心安慰也不起作用。我虽然心疼，但是怕影响工作，在幼儿园上完课就赶紧去小学部（我同时承担了幼儿园和小学部的汉语教学工作），尽量不让孩子看到我。当时我觉得，女儿也许和其他小朋友一样，哭两天就好了，不料她却一直哭个不停，也不愿待在教室。每天回家，我和先生想尽各种办法做女儿的工作，她虽然表面上答应得好好的，可是第二天上学还是依旧哭闹。

女儿说："妈妈，我想听话，好好上幼儿园，可是我做不到。"

女儿的话，让我的心听得"流血"。

陪读的爸爸

这样持续了大约两周，全家都备受煎熬。有时孩子哭，我也跟着一起哭，甚至一度产生过把她送回国或者自己也回去的念头。我和家人还有同事多次讨论，我也向学心理学专业的朋友晓云求助，积极和幼儿园园长Sawsan女士沟通，努力从各个方面寻求解决办法。

晓云告诉我，这是孩子缺乏安全感的自然反应。她让我们不要急躁，自己先放下焦虑，才能缓解孩子的焦虑。Sawsan老师是最懂儿童心理的教育者，因为十多天的强行"断奶"不起作用，她在进一步了解了女儿的行为和言语细节后，做出了一个判断：我女儿是五岁的年龄、七岁的智力，需要用适合她的方式帮她适应幼儿园生活。她建议我们家长先陪读一段时间，帮助孩子适应后，再慢慢和孩子分离。于是先生开始了他的陪读生涯。不过幸运的是，从那以后，孩子的哭闹渐渐少了，终于可以安静地上幼儿园了。

过了一段时间，因为班主任有事，幼儿园临时换了另一位老师。这位老师在异性面前必须戴面纱，也就意味着爸爸不能再待在教室了。可是爸爸在教室外面，女儿就不肯自己在教室里待着。无奈之下，园长安排女儿和爸爸到隔壁班，那个班的班主任喜欢穿牛仔裤和T恤，性格温和，助手也很和气，没有什么禁忌。女儿加入隔壁班不久，又能专注地听老师的课了，开始交到新朋友了。

入学两个多月后，女儿突然画了一幅画儿。画儿上有一个小孩儿睡在床上，旁边的桌子上放着闹钟。女儿指着画儿对我说："闹钟响了，我要起床上学去了。"

那一刻，我知道女儿紧张和焦虑的心情终于放松了。从那以后，爸爸也开始逐渐放手，直到最后再也不用陪着她去幼儿园了。

生存攻略

带娃赴任教师不能忽略的功课

在国外，如果孩子的适应过程很痛苦，家庭也会承受巨大的心理压力。而作为教师，因为既要做好教学工作，又要照顾好家庭，承受的压力会更大。每个带娃出国任教的老师遇到的情况，可能会因为孩子的年龄、性别、性格和赴任国度而有所不同，不过无论如何，带娃赴任的教师都不能忽略孩子的情感与心理，要为孩子对国外生活的适应做一些功课。

出国前

1. 语言准备

在出国前，给孩子进行语言培训和辅导，减少语言障碍，有助于孩子更好地适应新环境。孩子提前做好语言准备，在陌生的环境能够交流，满足基本的需求，其文化适应就会更顺利。如果有的国家人们的英语水平普遍不高，那么可以通过互联网找到学习资源，让孩子更多地接触和熟悉赴任国的语言。孩子有一些语言基础将会更有自信，在交际中更容易找到朋友，适应新环境。

2. 文化了解

让孩子提前了解赴任国的生活和文化。孩子对即将生活的地方多一些了解，就会少一点儿害怕。作为父母，不妨给孩子多分享一些信息与图片，让孩子了解自己将要去的国家是什么样的，人们有什么样的风俗、什么样的禁忌，在这样的国家生活小孩子需要注意什么，这样可以鼓励孩子用包容的心态看待不一样的文化。

3. 独立意识

提前培养孩子的独立意识。孩子从幼儿园开始就面临着与父母的分离，让孩子在保证安全的情况下逐步学会独立，也是对孩子成长与进步的鼓励。

出国后

1. 建立孩子的安全感

带着孩子熟悉周边环境。让孩子了解在这个陌生的环境里，有父母的爱与陪伴，可以帮助孩子建立安全感。

2. 鼓励孩子交朋友

在新的环境，朋友能够带给孩子很大的力量，可能会成为孩子想上学、喜欢上学的理由。

3. 寻找支持力量

当遇到孩子的适应问题时，需要积极寻求多方面的支持与帮助，如果有专家的指导就更好了。与孩子的老师或者教育专家交流，寻求积极正向的指导和解决方案。我们身处网络时代，交流便捷，只要积极应对，就一定能找到可以支持的力量。

结　语

事后补救与未雨绸缪

在解决女儿适应问题的过程中，我和先生曾不断观察分析女儿的心理状况和变化。刚进幼儿园的前两周，女儿经常做梦时哭醒，梦见自己掉到水里，爸爸妈妈就在岸上，可是不救她。这种安全感的缺失，是因为女儿在新的环境中，对环境的了解和熟悉都不够——因为不熟悉戴头纱穿长袍的老师而害怕，因为约旦小朋友过于热情的拥抱亲吻而觉得不习惯，再加上语言上的困难，说不出听不懂，所以女儿的内心承受着无法言说的痛苦。不过幸运的是，我有积极面对困境的"队友"，有朋友的专业指导，还遇到一位懂儿童心理、尊重儿童成长规律、重视儿童内心需求的幼儿园园长。在大家的协助下，女儿最终顺利适应了幼儿园生活。

总之，孩子对国外生活的适应是一个渐进的过程，需要父母更多的理解、包容、耐心，还有更多的爱与陪伴。如我一样没有充分准备就带娃出国的教师，面对问题只能选择事后补救。不过相比于事后补救，也许未雨绸缪才是更明智的方式。因此，真心希望所有带娃赴任的老师都能未雨绸缪，早做准备，只有这样，才能在孩子顺利适应国外环境后更安心地工作，更愉悦地享受海外生活！

作者简介

李顺琴，湖北人。云南农业大学教师。曾任教于泰国南邦皇家大学、约旦伊斯兰教育学院、美国克利夫兰州立大学孔子学院。主要面向大学学生、学校教工以及社区民众（成人及儿童）教授汉语语言及文化类课程。在约旦教学期间，主要在幼儿园和小学从事汉语及文化教学以及YCT辅导等工作，亦协助中学教师开展教学工作。对汉语教学充满热情，乐于与同事、学生、家长、社区民众沟通和交流，通过观察、反思与讨论，不断总结经验、提升自己的教学能力与跨文化交际能力。

思考与实训

1. 在"我的故事"部分，作者谈到自己遇到孩子不适应新环境时，她有什么反应？又采取了什么策略来解决问题？这些策略有效吗？你有什么意见或建议可以帮助作者更好地解决问题？
2. 在"生存攻略"部分，作者在孩子的问题解决后，做出了哪些反思？这些反思对于问题的解决有没有帮助？对教师的个人成长与发展有什么意义？
3. 结合结语处谈到的事后补救和未雨绸缪，查阅相关资料，谈一下如果你是一名即将去约旦或其他国家赴任的志愿者或者汉语教师，你会从哪些方面来做到"未雨绸缪"。

"新式"语言——不拘一格的混合

/ 朱佩琳 /

新加坡

我的故事

"罗惹"味道的语言

在谈论"新式"语言之前,我想先介绍一种新加坡本地特色食物——"罗惹"(Rojak),这也是我 2012 年刚到新加坡时品尝到的第一道"美食"。"罗惹"是一种混合了蔬菜、水果和油条的新加坡本地沙拉,一般放有小黄瓜、凤梨、沙葛、绿豆芽、姜花根、炸豆干、油条等食材,再覆盖上一层厚厚的黑色酱汁,上面撒上碎花生。我从没试过将咸油条和甜凤梨混在一起吃,酱汁也是用奇特的虾酱和青柠混制而成的。"罗惹"咸甜酸辣、滋味杂陈,当时我品尝后,只能用一个字形容这道"美食",就是"怪"!后来我查了一下"罗惹"的意思,原来在马来语中,"罗惹"意为"不拘一格的混合"。真是名副其实啊!

新加坡的语言也特别有"罗惹"的味道。无论是华文还是英文,新加坡的语言就像"罗惹"一样,没有固定的形式和章法,"掺和"着讲。比如人们可以用英语的语法说汉语,于是就有了"转右""走直"等一些怪词;也可以用汉语的语法说英语,于是就有了"You go where""Eat yourself"等一些怪句子。

最能体现"新式"语言特色的地方，莫过于遍布于新加坡各个角落的小贩中心（Hawker Centre）了。小贩中心也被称为熟食中心（Food Centre），里面售卖各种各样价格便宜的食物，是新加坡平民的美食天堂。下面是小贩中心饮料摊位的一则对话，你是否读得懂呢？

顾客：安替！

店主：要喝什么水啊？

顾客：Kopi-o kosong 一杯，teh 冰一杯，teh-c 一杯，kopi siew dai 一杯，teh-o 一杯以及一杯白开水和鸡蛋。

店主：Roti 要吗？我们的 roti 很好吃，you die die must try!

顾客：好啊，再来五片 kaya 牛油 roti。

店主：鸡蛋要几粒？你的水是要烧的还是冷的？

顾客：鸡蛋十粒。水要烧的。一共要还多少钱？

店主：十二块。

这则对话中，有些词还是比较容易懂的，比如"安替"就是"auntie（阿姨）"的意思；"烧水"是"热水"，"冷水"则是"冰水"；"鸡蛋要几粒"中的"粒"其实就是"个"——在新加坡，凡是圆的东西，无论是大还是小，都是以"粒"作为量词，就连西瓜，也是以"粒"作为计量单位的。"Roti"是马来语，指的是面包。

这里最让人看不懂的其实是客人要点的饮料，也就是对话中的"teh""kopi""o""c""siew dai""kosong"。在新加坡的语言中，它们的意思分别是：

teh，马来语，意思为"奶茶或红茶"；

kopi，马来语，意思为"咖啡"；

o 代表福建话中"乌"的发音，意思为"黑"；

c 是海南话中"鲜"的发音，表示"鲜奶"，不同于炼乳；

siew dai 是潮州话，"少糖"的意思；

kosong，马来语，"空"的意思，即没有糖，也没有奶。

所以这里客人要点的是：一杯不加糖不加奶的黑咖啡，一杯冰奶茶，一杯鲜奶奶茶，一杯少糖咖啡，一杯黑奶茶，一杯白开水，十个鸡蛋，还有五片牛油面包。这下你明白了吗？

一个小小的点餐场景，就夹杂着英语、马来语、福建话、潮州话、海南话等多种语言和方言。这种"罗惹"式的语言，现在解释起来虽然貌似简单，但当时的我，却足足花了半年时间才真正了解清楚它们所指的内容！

生存攻略

解读"新式"语言

新加坡的多元文化环境让不同族群在此生根发展，同时也促进了各种语言相互融合，形成了富有"罗惹"味道的"新式"语言。早在18世纪末，新加坡以其独有的地理优势成为全球贸易中心，吸引了来自中国、印度、印尼、马来半岛和中东的移民和商人在此定居，同时也带来了上述各地区的文化、语言和习俗等。不同民族之间的通婚及融合，造就了新加坡社会的多元文化。到了19世纪末，新加坡成了亚洲最具国际化的都市之一。如今的新加坡人口中，华人所占比例最高，约占74%，其次为马来人、印度人等。除此之外，新加坡还有很多非当地人口，其中大约20%是来自菲律宾、印尼和孟加拉国的蓝领工人，其余则是来自包括北美洲、大洋洲、欧洲、亚洲的中国及印度等地的白领。对于这些非当地人而言，新加坡也是他们的家园。

为了彰显种族多元的文化特色，新加坡采用四个主要民族的代表性语言作为官方语言，分别是英语、汉语、马来语和泰米尔语，再加上不同地区的方言，比如福建话、闽南话、潮州话、客家话、海南话等，就产生了别具一格的"新式"语言。有些人认为，过于混杂的"新式"语言会对初来乍到的外国友人造成困扰，不利于沟通，也阻碍国人对标准语的掌握。比如，《新民日报》就曾报道说，在新加坡住了十年的美国亿万富豪罗杰斯（Jim Rogers）曾指出，他当年举家迁到新加坡，是希望女儿可以在本地学到标准的汉语和英语，可是定居后，他却对新加坡的中英文水平感到失望。不过失望归失望，任何一种语言或语言形式，其形成都经历了漫长岁月的历练与沉淀，也是一种文化的象征和代表。"新式"语言作为一个国家的表达方式，其存在的价值和理由是不容磨灭的。这种"罗惹"式的语言，虽然会让初来乍到的游客摸不着头脑，也无法和一些整齐划一的标准语言相比，但却是新加坡特有的多元文化的产物，是新加坡人宝贵的人文精神的结晶，也是众多新加坡人的身份标记。

作为在新加坡任教的中文教师，我们只有对这种"罗惹"式的"新式"语言有所了解，才能体会到它背后体现出的历史底蕴和文化内涵。以下是我总结出的部分"新式"语言实例，仅供老师们参考。

"新式"词语	意思	例句
青菜	（闽南话）随便	没关系啦，我都是很青菜的。
还钱	（闽南话）付钱	我明天去学校还钱。
好料	（粤语）好东西	书里面有什么好料啊？
can	（英文）可以，好的	Can can!
巴刹	（马来语）菜场	今天我要去巴刹买菜。
吃蛇	（福建话）偷懒	他做工整天吃蛇，不知道为什么请他。
做工	（闽南话）工作	我每天给孩子准备好食物再去做工。

结 语

多元文化大家庭

作为外来人,为了更好地融入新加坡的社群,我们需要带着尊重和理解的态度,去感受"新式"语言背后的文化印记。来到新加坡转眼已经六个年头,我也学会了不少"新式"华文和"新式"英语,不过这并没有让我忘记地道的中文,也没有阻碍我学习英语的热情。不仅如此,它还促进了我和新加坡本地人沟通的欲望。大多数新加坡人,由于出生在多元文化的环境下,对不同文化、宗教、语言都抱着开放、理解、包容的心态,在语言学习上有极高的天分。作为中文教师,推广标准汉语是我们的责任和使命,然而对于"新式"语言,我们也不应该排斥,而是应该从欣赏、理解、学习的角度,由语言开始,逐渐融入新加坡这个别具一格、和谐相融的"罗惹式"的多元文化大家庭中。

作者简介

朱佩琳,毕业于华东师范大学对外汉语专业,获学士学位。经新加坡教育部选拔,赴新加坡南洋理工大学国立教育学院修读,获得中文教师文凭,成为新加坡教育部的华文教师。2014年至2019年任教于中正中学。

思考与实训

1. 在"我的故事"部分,作者提到在新加坡的日常交际中,经常会有多种语言和方言夹杂的情况,你知道还有哪些国家或地区也存在类似现象吗?请查阅相关资料,简单介绍一下。

2. 在"生存攻略"部分,作者介绍了一些汉语词汇在新加坡交际语境中的特殊含义。新加坡人日常使用的英语词汇有没有类似的特殊用法或含义?请查阅相关资料,简单介绍一下。

3. 新加坡作为一个多族群、多语言高度融合的国家,在文化上与中国有很多差异。这些差异主要体现在哪些方面?面对这些差异,我们又该怎样应对?

08 苦不苦 看蒙古

/ 王术智 /

蒙 古

我的故事

乌兰巴托的夜

我收拾好衣装，戴上口罩，准备出门了。

冬天的乌兰巴托烟雾缭绕，特别是下午，城市及周边的牧区开始烧煤取暖，呛人的硫化气体像是一个大锅盖，使整个城市笼罩在阴霾之下。早在来蒙古之前就被告知，冬天乌兰巴托的空气质量极差，国内的雾霾与之相比都相形见绌。在刚入冬的时候，我办公桌对面的英语老师一直咳嗽，整整几个月都没有缓解。

下午四点多的时候，天色开始转暗。我走在街上，能见度很低，五米左右，感觉地上隐隐约约躺着一个流浪汉。我顿时紧张起来，蒙古朋友曾告诫过我，在路上遇到流浪汉一定要快走，不要搭话。蒙古的流浪汉一般都是酗酒者，男女都有，他们拦住过往的人要钱买酒。如果你给钱，他们会得寸进尺，向你要更多的钱；如果发现你是中国人，有可能还会谩骂侮辱你，甚至打你一顿然后再抢走你的随身物品。还有一些蒙古人或多或少地带有一些反华情绪。

蒙古人都害怕乌兰巴托街头的醉汉，更何况中国人呢。想到这里，我的心都提到了嗓子眼儿，我轻轻地、小心翼翼地走了过去。刚走到旁边，醉汉就伸出了手，张口谩骂。我听不清内容，下意识地用蒙古语回复道:"什么?"他见状,突然起身贴近我向我要钱,我顿时呆住了。他在多次索要中堵住了我的去路。我特别忐忑,不知道他有没有听出来我的外国口音。尽管临近公交站,人流量大,但是我依旧紧张。环顾周围后,我一个箭步冲到了他的侧面,撒腿就往公交站跑。直到公交站,我才敢回头,发现他并没有追上来,而是消失在了浓浓的烟雾里。

此次事件给了我一个深刻的教训,告诫我日后外出时要小心谨慎,避免再发生意外。乌兰巴托市治安堪忧,特别是圣诞节和蒙古白月节前后,事件频发。在乌兰巴托街头遇到醉汉的概率非常大,特别是夜晚。曾经有位在市中心工作的中文老师,一年内在回家的路上被尾随抢劫过两次,有位男老师甚至在校门口就被围堵抢劫。

乌兰巴托的夜,其实远没有大家想象的那么美好。

生存攻略

蒙古生存指南

在我的小故事中提到了蒙古的两个环境:生存环境和社会环境。每个环境都是问题重重,所以在汉语教学圈里流传着这样一句话:苦不苦,看蒙古。在这里,我根据自己的经验,给大家总结了一些在蒙古的生存指南。

生存环境

1. 冬季在乌兰巴托出行一定要戴口罩。乌兰巴托只有很少一部分地区是集中供暖,大部分郊区的平房、蒙古包都是烧煤取暖,再加之乌兰巴托处于山谷,污染气体很难被风吹散,所以一定要准备口罩,不然轻则咳嗽,重则感染。

2.冬季供暖，屋内干燥，许多人会出现流鼻血等症状，请备好多种维生素。因为蒙古是游牧国家，肉类便宜且丰富，果蔬贵且贫乏。冬季室温最高可达30℃，大量的肉食品，加之暖气热量充足，人会因为干燥、缺乏维生素产生流鼻血等症状。如果遇到，请不要惊慌，及时就医并补充维生素。

3.冬季寒冷，气温极低，保暖防滑措施要做好。蒙古冬季气温特别低，可达到零下30℃到零下40℃，一定要注意防寒保暖，减少外出。冬季路面结冰，没有环卫工人打扫，车辆极易打滑，人也特别容易摔倒，摔倒后轻则淤肿重则骨折。我就在11月时走路没注意，走到结冰的路面上，直接摔到了腰，一个月上课都直不起腰来，有时候疼得厉害，还要坐着上课。

4.冬春交替时会有大规模的沙尘暴天气，请减少外出。在城市内威胁较小且时间较短，不会影响工作生活，但是在苏木（乡村）地区则非常严重。这主要是由于蒙古发展生产，致使草地退化，沙漠化、荒地化严重，产生沙尘天气。首都乌兰巴托最多一年能遇到两三次，戈壁苏木地区比较频繁。

社会环境

1.遇到流浪汉要钱怎么办？我曾经多次碰到流浪汉向我要钱，他们看到你是外国人，会一直盯着你、跟着你，主动搭话且气势汹汹，一副你不给钱就打你的样子。这时切记千万不要给钱，也千万不要回话，直接把他们当空气，快步走过，不理他们就行了。如果他们一直跟着，你可以快跑，一般流浪汉都不会追来。

2.遭遇抢劫和反华团体怎么办？在街上遭遇抢劫一般是小概率事件。中国人和蒙古人外表差不多，一般被抢要不就是被人看出你是中国人，要不就是偶然碰上了。如果真是偶然遇到，千万不要抵抗，不要说话，尽量用英语沟通谈判，事后应立刻联系负责人或报警。在蒙古大选期间，反华势力猖獗，所以应避免在大选期间单独外出，应结伴而行，早出早归，不要夜间出行。

3. 蒙古有一些特别的习俗，需要大家注意。比如：不可以摸男人的头，不可以朝别人扔东西，踩到脚要握手，等等。特别是在街上或者乘坐公交车时，如果踩到别人一定要微笑握手，礼貌道歉。

结 语

雾霾散去，春暖花开

蒙古位于中国和俄罗斯之间，是世界上第二大内陆国家。从北京飞往乌兰巴托的航线中，一望无际的草原、戈壁、荒地、沙漠是蒙古留给人们的第一印象，自然景色美不胜收。如果在蒙古待久了，你会发现你不太想离开这里。大多数的蒙古人是非常善良单纯的，他们乐于助人、热情洒脱，保留着过去的生活方式和习惯，也经历着传统与现代的碰撞：他们会骑马上学，也会乘坐校车；马路上有人穿长袍马褂，也有人西装革履。曾经在蒙古的种种经历，一直在我的回忆里温存，哪怕我已离开数年。上面所说的雾霾也好，抢劫也罢，其实大多可以避免，只需要我们自己多一些小心谨慎，少一些粗心大意。每个国家都会有自己的国情，不同的发展阶段会产生不同的问题和矛盾。

相信等到冬季离去，雾霾散去，蒙古草原万物复苏，一幅春暖花开的祥和景象，一定会让每个流连于此的人心生眷恋。

作者简介

王术智，江苏大学汉语国际教育专业硕士。主要研究领域为新媒体以及跨文化交际适应。曾在蒙古国国防大学中文系任教。在国防大学期间参与了美、日、法等多国国防军事院校的交流参观，被评选为孔子学院总部/国家汉办赴蒙优秀汉语教师志愿者。之后在多米尼加共和国旅多华侨学校任教，主要教授汉语综合课以及中国文化课。

思考与实训

1. 在"我的故事"部分，作者在街头遇见流浪者讨要钱物时，他是怎么处理的？你同意他的这种处理方式吗？为什么？
2. 阅读"生存攻略"部分，谈一谈如果遇到抢劫或反华团体时应该怎么办。假如你的学生有类似暴力或反华倾向，你应该如何处理？
3. 文中作者对蒙古的社会生活环境和风俗习惯做出了详细的介绍。在教学生活中为了避免出现跨文化交际上的矛盾，我们可以通过哪些途径去了解一个国家的风俗禁忌？请选择一个国家，查阅资料并举例说明。

陌生的地震，熟悉的人

/ 张 月 /

菲律宾

我的故事

呆呆的第一次碰面

2019年4月22日，不幸中带着万幸，来菲律宾快一年的我遇上了地震。

"这个晃的是我自己还是敲字的键盘呢？"我的思考停止了，我纠结地判断着，不确定自己是不是又被"被害妄想症"附体了。但这次不同的是，我用余光看见同事们也都瞬间停下了手里的工作，时间静止在那一刻，大家的头在停滞的时间里转来转去，各自寻找确认的眼神。也许是地震觉得我们反应太慢，没过几秒，它自己来确认了——眼前的电脑又晃了晃。

"走，走，走！"大家开始关电脑，拿钱包，各自行动起来。呆呆的我也在同事的催促下，僵硬地反应过来：这是地震！

以前看国内综艺节目《奇葩说》，里面有一期说地震时如果伴侣不顾你，自己逃跑的话，要不要原谅？我当时觉得那个问题离我遥远得很，从来没有认真思考过。真的变成事件经历者，让我不得不重新思考这个问题：地震时，如果身边的人不管不顾地逃跑，我会如何？

最先反应过来说"走"的人是我的好朋友大卫。我觉得人在危险的时候，很多反应都很奇妙。他第一个大声喊着"跑"，第一个冲到门口，但是他只是打开门，让后面的人一个一个先通过。我回头看他的时候，他反而走在最后面。等我们穿过走廊，经过大厅的时候，发现各个办公室里的人都出来了，只是走在前面的清一色都是女同事，后面才是男同事。公司在大楼的第十层，地震时是不能乘坐电梯的，需要从安全通道走楼梯下去。每经过一层，就会看到那个楼层里的人慢慢涌出来，有时候前面人太多，我们需要停下来等。楼道里充满了人，却不是人挤人，也没有人冲到前面，没有人大喊大叫，没人唉声叹气，没人抱怨，也没人哭。所有人都安安静静地跟着人群移动……出了大楼，空气一下子变得饱满起来，空气里的情绪也变得丰富起来，人们好像有了更多力气，恐惧好像也多了一点儿。这时，开始有人讨论，说话声音也有点儿上气不接下气；有人走得快了一点儿，有人还跑了起来。

我们的目的地是离办公楼最近的一个空旷公园。去公园的路上，四面八方的人汇聚起来，年轻的男人、女人，穿着校服的孩子，还有上了年纪的老人……我发现一个有意思的现象，就是男士们不管是在打电话，还是和同伴说话，只要发现身后是女人或者老人、孩子时，都会很自然地把胳膊伸到后面，把后面的人搅到自己前面，包括我自己，也因为一直都有点儿蒙，还被一个不认识的男生拉着走了一段路。看到这些，我觉得心安了很多。

到公园以后，人们一小撮一小撮地站在一起，谁也不想落单，谁也没有落单。人越来越多，后来据说大半个Eastwood的人都在这里等着下一步的指令。大家都低头看手机，或打电话给远方的人，也有人在查地震新闻等，但无论在做什么，总是空出一只手留给身边的人，或者偶尔跟身边的人说句"没事"。再后来，警报解除，我们又回到办公室，各自收拾东西，获准可以提前回家。

以前常说的那句"明天见"，在这一天则变成了"保重，注意安全"。

生存攻略

提前准备求心安

菲律宾号称"千岛之国",为什么能有"千岛"?因为它正好坐落于几大板块的交界处,地质运动活跃。火山、地震,还有台风、海啸等自然灾害自然是少不了的,所以想要好好在这里生活,应付这些突发状况的意识和装备是少不了的。在这里我为大家总结了以下几点菲律宾的生存攻略:

第一,事先了解当地地理及自然灾害状况,做到心中有数。菲律宾最为人熟知、最频繁的自然灾害其实是台风,每年大约有20次左右,也就是说一个月至少一次。由台风过境引发的泥石流、洪水、海啸等附加自然灾害也时有发生。近年来随着气候变化,菲律宾遭到极端天气的影响也愈加严重。2014年全球气候风险指数表明,菲律宾在178个遭受洪水、台风等极端天气破坏的国家中排名第二,是受极端气候影响的重灾区。菲律宾同样也是地震的多发区。地震时,先是纵波上下震,然后是横波左右震。据我的经验,人们通常都只能感觉到左右晃的横波,而且还会有一点儿反应时间。

第二,关注和了解实时信息。在脸书(Facebook)或谷歌上搜索"地震",就会找到世界各地地震的实时更新。对于可以预测的自然灾害,比如台风,谷歌搜索时系统会自动定位到你所在的地区,如果当地可能会发生相关灾害,一般就会出现红色的"Warning"警告。这些警告也会在其他地方全覆盖地出现:公司的HR会发邮件通知,公寓的物业会在电梯和服务台贴布告,公司大楼也会在服务台贴布告,新闻会播报……总之,平时多看一眼公寓或公司大楼贴出的新通知,或许就可以避免错过最新的信息。

第三,"广结善缘",认真结交当地朋友。在有事情的时候,大家会互相通知。当地的朋友也许会比你有更多途径或者更快的方法了解相关情况,多和他们沟通交流,不至于落单。

第四,在网上了解地震自救的知识,参加地震演习。比如在家里准备自救包,定期更换里面的食物和水等;知道地震发生时应该先躲到墙角或者其他"安全三角区",等不震了以后再从安全通道离开;等等。这些知识多了解一下,关键时刻用得上。另外,菲律宾的地震演习很频繁。演习前,一片区域的住房、办公楼、商场等会同时接到上级通知,然后在某天固定演习。据我观察,周围很多人都对演习时的警报充耳不闻。但是如果你初来菲律宾,不妨多参加几次,熟悉周围环境和逃生路线是很有用的。

第五,灾难发生时听指挥。真的有情况发生时,先不要盲目慌张,一定要听指挥,不要自己乱跑,听不懂就跟着同事一起移动,大家有秩序撤离。我在几次地震体验中,每次都是跟着办公室的同事一起撤离,大家在路上也会分享信息,去哪里集合,等等。灾难面前保持良好的秩序,是为了帮助每个人更好地逃生,也是为了信息能够更及时地传递。

结 语

相信人间温情

读完上文的人,可能会觉得菲律宾很不安全,其实只要增强安全意识,日常生活中做好防范工作,在菲律宾绝对可以幸福平安地生活。2018年盖洛普公司在全球55个国家进行的第41次全球年终调查结果显示,菲律宾的幸福指数全球第三、亚洲第一!根据我自己的经验来看，无论是九月就开始装饰的巨大圣诞树，还是持续一个月之久的万圣节装扮，无论是丰富的街边小吃，还是每天风尘仆仆坐着敞篷车上下班的人群，菲律宾到处都是一片悠然自得、翩翩自乐的景象。我也常常被感染，每天看着湛蓝湛蓝的天空，心情想不愉悦都不行。

来菲律宾之前我也听说了很多不好的事情，差点儿让我错过这么一个充满人情味儿的国家。在这里，同事们自打我来，就开始时时关心我过得好不好，吃得好不好，会不会无聊，有没有朋友；邻居阿姨隔三岔五邀请我去吃饭，偶尔还帮我准备第二天的工作餐；楼下的保安、超市的导购、饭店的服务员，大家总是可爱又热心地帮助我。即使去旅行的时候，路上的大人小孩儿也都热情地打招呼，笑嘻嘻地和我聊天儿。菲律宾真是一个充满了真情与温度的地方。正因如此，尽管工作和生活中偶尔有不尽如人意之处，时有地震、台风等天灾发生，我还是愿意留在这片土地，继续体验这里的山山水水、满天繁星，和一群我喜欢的人，一起做喜欢的工作。

作者简介

张月，大学本科期间在新环球汉语培训基地做了两年兼职汉语老师；之后通过海外志愿者平台申请到菲律宾的商务语言培训公司做汉语课程开发项目实习生，同年十月转为汉语课程开发顾问。后以线上汉语教师身份与公司签约，并继续负责汉语课程开发项目。

思考与实训

1. 在"我的故事"部分,作者面对地震的第一反应是什么?确认是地震后,作者以及周围的人又是如何处理的?作者为什么会感到安心?你认为他们的处理方式怎么样?如果你处在当时的情况下,你会怎么做?

2. 阅读"生存攻略"部分,作者提到,为了最大程度地避免自然灾害造成的伤害需要做哪些准备?你觉得除了这些准备工作,还需要考虑什么?

3. 本文提到了一些查询自然灾害信息的方法。除了文中提到的网站,还有哪些比较好用的了解信息的平台?请选择一个国家,查一下这个国家的自然地理状况以及注意事项。

"穷"而诗意地活着

/卿 青/

柬埔寨

我的故事

从菜市场走进"穷"生活

到达柬埔寨金边的第一天，我们一群志愿者教师坐着大巴一路从现代化的机场驶进了被贫穷覆盖的"落后区"，欢声笑语渐渐弱了下去，担心的声音开始此起彼伏："虽然在培训的时候打了那么多心理预防针，可是这也……""这里真的是首都吗？那我们去乡下地区会不会连电都没有？""你看路边的小摊，他们真的吃炸昆虫！"

千言万语化成一句话：这可怎么生活呀！

三天后，我和朋友们分散到了柬埔寨各个地区的学校，正式拉开了柬国生活的序幕。民以"食"为天，几乎所有学校都给志愿者配置了装备齐全的宿舍，厨房为我们提供了成长为"大厨"的机会。可当我们走进厨房，期待着在每天工作之后，把餐桌装扮成充满诗情画意的画卷时，却蓦然惊觉：食材从何而来？！

我记得那是一条脏乱而狭窄的小道。一场大雨后，一路都是坑坑洼洼的泥地，两旁挤满了摊位，简单的油纸布上摆满了蔬菜、水果，各种垃圾若无其事地"驻扎"在马路两边，令人难以理解的柬埔寨语充斥在我们的耳边。

"他们就把菜放在地上卖吗？""这样的肉会不会不干净呢？""我

们会说的柬埔寨语不多，他们会不会故意抬价啊？"我和另外一位志愿者不由得担心起来，小声嘀咕着这个国家和"穷"之间千丝万缕的羁绊。有经验的志愿者看出了我们的忧虑，她笑着塞给我们两个椰子："我敢保证不出三天你们肯定会爱上它，柬式菜市场欢迎你们每天光临！"

穿梭在人群中，各种各样的热带蔬菜和水果不久就让我们眼花缭乱了！拐角处正巧有位卖烤香蕉的老奶奶。我兴致勃勃地想尝试一次柬埔寨风味，于是鼓起勇气走向前，心里默练的柬埔寨砍价小金句还没说出口，奶奶却微笑着，用磕磕绊绊的中文问我是不是学校新来的汉语老师。我点头说是，她激动地扭头和身后另一位卖榴梿的老奶奶用柬埔寨语交谈了几句，又急匆匆包好了两只烤香蕉塞给我，一边用手势告诉我"快尝一尝吧"。

连任的志愿者走过来告诉我，这位老奶奶是我们学校六年级的一个学生的奶奶，每次她来菜市场都会收到奶奶的小零食。我听了，又看看手里的烤香蕉，它们看起来一点儿也不"脏"，真是小巧可爱，吃一口香甜软糯，充满了东南亚风味，一如这里跳动着的阳光和笑容，热烈而美好。

后来，我们果然没有逃脱那个志愿者所说的"三天魔咒"。之后的每个星期六，是我和室友们"集体采购"的时间。我们四个人浩浩荡荡骑着自行车，穿梭在各个摊位之间，渐渐学会了用简单的柬埔寨语充满自信地去砍价，然后大包小包地满载而归，最后在餐桌上绽放出家的味道。有时我们也会在买菜时遇到学生家长，聊起来才发现他们大多是在菜市场做小生意的普通人。他们生活于此，生存于此，亦释放善意和诗意于此。

每到这时，我就会想，也许融入一个地方生活的最好方式，就是每周去逛当地的菜市场……

生存攻略

做"诗意"生活的独特叙事者

柬埔寨的生活看似"贫穷",却充满了"诗意"。如何在这样一个"穷而诗意"的国度,做一个好的叙事者呢?

第一,学会修剪自己的欲望,努力接纳新的生活条件,并调节自己的生活方式和节奏。从最开始的新奇兴奋到陌生害怕,再到最后的怡然自乐,心境的变化往往是从接纳与习惯开始的。柬埔寨是个热情而美好的国家,"高棉的微笑"在这里随处可见。当我们抱着开放而兼容的心态,正视它的贫穷,多和学生聊聊他们的生活和自己的生活,我们就可以打开自己的朋友圈,融入当地的生活。和柬埔寨人交流时需要注意情绪的及时回馈,面对微笑报以微笑,面对善意也报以善意。尤其要注意尊重柬埔寨的一些禁忌,比如不能用左手去摸学生的头等。微笑、感谢和尊重,是融入这里的开始。

第二,在保证人身安全的情况下,老师们可以利用假期旅行等机会去探索柬埔寨这个国家独特的美。拥有灿烂文明的柬埔寨有着吴哥窟、女王宫等古迹,它们神秘而肃穆;西港则分布着浪漫而秀丽的大小海岛;漫步贡布小城则会有置身巴黎的错觉。不过在出行前一定要做好攻略,注意结伴同行。柬埔寨的交通以公共巴士为主,租车也可以,而且价格合适。了解一个国家最重要的莫过于了解它的美食了。舌尖上的柬埔寨有传统的早餐如粿条、猪肉饭、长棍面包等,还有独特的柬式火锅、阿莫克鱼、高棉红咖喱。柬式咖啡是柬埔寨不可或缺的休闲饮料,冰甜浓香,是早餐时的最佳佐饮。

诗意生活的乐趣之一来源于多元化思维,以及感知、想象和环境之间的潜在互动。柬埔寨是一个有着强烈表达欲的国家,作为一个细心的聆听者,我们要关注它诗意的细节。身边每天都在发生各种趣事,我们可以用相机、文字等记录下来,使之成为可视的记忆。柬埔寨人很喜欢聊天儿,他们白天边喝咖啡边聊,晚上边喝水果奶昔边聊。如果能学会用简单的柬埔寨语和当地人聊天儿,柬埔寨人将会更加接纳你,欢迎你。语言交流是一个信息交换的过程,过程越久交换的信息越多,对这个国家文化的了解就越深入。友谊无国界,只要我们以坦诚的心态去发掘柬国生活的多样性,就会慢慢融入这里,爱上这里。

结 语

一场诗意的自我发现之旅

从中国到柬埔寨,脱离了熟悉的现代化生活,一瞬间穿梭回父母那个时代,接纳的过程是曲折而艰难的:贫富分化的社会,兼容了肮脏和整洁的街道,混杂着简陋的房屋和高级的别墅……关乎生活的一切,无一不在其中,坦率而刺目。另一方面,金边纤细的街道两侧栽满了法国梧桐,咖啡馆和酒吧细密地散布在城市的各个角落,佛教文化浸染的柬埔寨虔诚贯穿了生命的始终,善意的微笑里隐藏着人们独特的生活智慧……

回国后有人问我:"柬埔寨真的那么穷吗?"

我想了想,回答说:"是啊,很穷,但也是个被贫穷掩盖了太多魅力的地方。"

作者简介

卿青，就读于武汉大学比较文学与世界文学专业。曾在柬埔寨金边公立崇正学校担任汉语教师志愿者；2017年至2018年在美国匹兹堡大学孔子学院担任汉语教师志愿者。

思考与实训

1. 在"我的故事"部分，作者提到柬埔寨和国内生活环境的差异，她是怎么去面对这种差异的？你认为应该用何种心态去面对在异国生活中可能遇到的困难或窘境？
2. 阅读"生存攻略"部分并查阅相关资料，谈一下在柬埔寨如何有效地满足衣食住行方面的各种需求。你认为应该怎样与当地人进行良好的沟通？
3. 很多人总把柬埔寨和贫困、危险、落后联系在一起，所以不愿意去深入了解它真实的样子，你如何看待这种观念？有没有其他国家也经常被人这样"误解"？请选择一个常会被人"误解"的国家，查询相关资料，谈谈你对这个国家的新认识和新看法。

11 不一样的伊朗：关于钱币的一切

/李 娟/

伊 朗

▇ 我的故事

"分不清"与"取不出"的伊朗钱币

2018年11月，我来到伊朗德黑兰。院长在行前告知我们这里不能使用国际银行卡，提醒我们带足现金到当地换钱，美元或人民币都可以。落地第二天，我们在孔院老师和学生的带领下，找到了伊朗换钱钱庄，用100美元换了11,250,000里亚尔（按2018年11月自由市场美元兑换里亚尔汇率计算）。看到手里花花绿绿的一把钞票以及数字后一长串的零，我的第一感受是：我晕！

没想到这只是我晕钱路上的一个开始。面对超大面额的货币，伊朗人为了方便，还自创了货币单位以及独特的口头报价方式。

刚到德黑兰的几天，我总是被色彩缤纷的贩卖新鲜果汁的商店所吸引。听孔院前辈老师们介绍说，伊朗的果汁都是无添加剂、鲜榨的纯天然果汁，又便宜又好喝。下班回家，路过诱人的果汁店，我终于按捺不住，邀请和我一起任教的小伙伴去品尝一下伊朗果汁。小伙伴那天没带钱，我看了看自己口袋里的许多张纸币，面额都挺大，于是就大方地拉着她踏进了果汁店，说："没事，我有钱，我请客！"

我们每人点了一杯红石榴汁，然后默默观察老板的制作过程。一杯取自于 6 个石榴的鲜红并充满精华的果汁原汁，不掺水不加糖，尝起来果然十分爽口。喝完以后，我一边赞赏伊朗果汁果然名不虚传，一边走到柜台付钱，老板伸出两个巴掌，告诉我"10"。我十分疑惑，"10？伊朗钱币里就没有 10 呀，我钱包里纸币最小的面额是 10,000。"我从钱包里小心地拿出一张面额 10,000 的钱币递过去，老板却一边摆手拒绝接收我的钱，一边努力重复着"10 千（ten thousand）"。我更加疑惑了，"我递给他的明明就是 10 千啊，怎么就不对了呢？"看着我还不明白，语言也解释不清楚，老板从收银机里拿出一张绿色的钱币，对我示意，是这样的钱！我把钞票拿来认真地看了看，发现它的面额是 10 万。

原来老板嘴上说着 10 千，实际价格竟然是 10 万！

我们翻遍了钱包，掏出几张面额看起来都很大的钱，可是凑起来也没有 10 万。尴尬之余，我只好道歉说明天我们再来付钱。这以后我才知道，伊朗人日常生活中为了省事，总是会去掉货币面额上的 1 个零。人们在日常谈论价格时习惯使用的货币单位为土曼（Toman），但货币上的单位是里亚尔，1 土曼 =10 里亚尔，所以老板说果汁的价格，其实是指 1 万土曼，10 万里亚尔。

除了超大面额的货币和民间自创的报价体系，在伊朗还会遇到"有钱取不出"的困扰。由于伊朗的本地银行卡只有在取得居住签证以后才能办理，而大笔的现金携带起来又不是很方便，所以孔院的学生主动把他的一张银行卡借给我们几位老师使用，而我们也把钱都转存在卡里。一次，我们几位老师手上的现金都用光了，而每个人又都急需一笔钱作为生活费，于是我们就来到 ATM 机前准备取钱。不过让我们惊讶的是，虽然我们账面余额很多，但是 ATM 机每天的最大取款面额只有 200 万里亚尔！按照当时的平均汇率，这也就相当于 110 多元人民币（根据 2018

年11月到2019年11月自由市场人民币兑换里亚尔的平均汇率，1元人民币约等于18,000里亚尔）。超过此数额的话，只能提前预约去银行取款，可是银行又永远人满为患，我们语言又不通，因此很不方便。无奈之下，我们只好将能取出来的200万里亚尔一分为三，保证每人手里都有一点儿现金，此后每天还要"不辞劳苦"地去ATM机上一遍又一遍地取出200万里亚尔，直到我们有了自己的银行卡……

生存攻略

关于伊朗钱币的锦囊

我任教的孔子学院位于伊朗的首都——德黑兰。对外界来说，伊朗是一个陌生又神秘的存在。由于美国实施的40多年的经济封锁制裁，伊朗成为一个自给自足的封闭国家，它的银行系统几乎完全与外界断开，汇率也不稳定。在这种制裁和封锁的背景下，即将赴任伊朗的汉语教师能了解到的信息很少，这也是我想在这里跟大家分享关于使用伊朗货币的一些经历和经验的原因。

第一，维萨（Visa）和银联（UnionPay）行不通，微信与支付宝转账受限制。

伊朗不支持国际银行卡存取货币，所以来伊朗工作生活时，要携带充足的现金以便换取当地货币。在伊朗，通过微信和支付宝转账都受到限制，微信的提示语是"你的账号因触发高风险国家或地区限制，暂时不能使用该功能"。不过，借助上网工具还可以转账。支付宝也不能使用，提示语是"你所在的国家暂时未开通业务"。所以如果想要通过转账换汇的话，可以留一些钱在微信钱包里。

第二，伊朗货币汇率波动大，官方汇率与自由市场汇率差别大。

自美国重启制裁以来，伊朗的经济遭受重创，经历了通货膨胀，货币严重贬值（目前正在稳步回升），汇率不稳定，所以不建议大家大额换汇。根据多年来伊朗央行官方公布的汇率，伊朗货币兑美元的官方汇率为 1 美元 =42,000 里亚尔，不过因为国际形势，自由市场的汇率与官方汇率差别甚大，有时甚至是官方汇率的 3 倍多。在伊朗的银行、钱庄（货币兑换处）都可以换钱，但钱庄的手续比银行简单得多，还能够按照自由市场的汇率换钱。钱庄货币兑换处窗口上通常悬挂着英文标志和标注了汇率的电子显示屏，在城市里很容易找到。除此之外，还有一些换汇的散户，大多集中于菲尔多西广场或者清真寺附近。换汇前，可以提前通过 Bonbast.com 查询了解自由市场的汇率，避免吃亏。因为伊朗的钱币面额较大，换汇时也应当认真清点，避免在"零"上"上当"。

第三，民间货币单位"土曼"与官方货币单位"里亚尔"。

伊朗的官方货币其实只有里亚尔一种，但在德黑兰的市场上，常常是两种货币单位混用。标牌价格用波斯语的数字，货币单位有的是里亚尔，有的是土曼，部分会用波斯语注明。

在口头报价时，有时候伊朗人只说一个数字，比如 10，如何识别这一类数额很小的口头报价呢？通常，最简单的方法是直接将它脑补成 10 千土曼，也就是 10 万里亚尔。更谨慎的判断方法是根据实际汇率估算一下价格，也能大概知道是里亚尔还是土曼。比如一杯标价 10,000 的果汁，要换算成人民币的价格，一种粗略的计算方法是先去掉 4 个零，然后除以 1.8（根据 2018 年 11 月到 2019 年 11 月自由市场人民币兑里亚尔的平均汇率，1 元人民币约等于 18,000 里亚尔），大约是 5 角 5 分钱。而一杯果汁的价值大概是 5.5 元，不可能是 5 角 5 分，所以就可以判断价格单位是土曼。同理，一餐标价 16,000,000 的烤羊排的价值约是 88 元，不可能是 888 元，所以价格单位应该是里亚尔。另外，需要说明的是，伊朗官方汇率和自由市场汇率差别很大，官方汇率一直稳定不变，但自由市场的汇率受多种因素影响瞬息万变，每一天的汇率可能都是不同的。

第四，关于伊朗银行。

伊朗的国内银行卡在取得居住签证后可以申请。德黑兰的街头随处可见各种银行，大大小小，鳞次栉比。商业银行的利率高，但破产和倒闭的情况也很多。伊朗的国家银行为 Bank Meli，其他大银行有 Bank Mellat 等，也比较可靠。另外，外国人的银行卡与移民系统关联，在向银行提交了开户申请表后，需要等银行向相关部门确认才能得到银行卡。银行卡只在允许居住时间内有效，超期就会被立即冻结。各个银行的自动取款机每天最多只能取 200 万里亚尔，转账限额为 30,000,000 里亚尔，超过此金额的业务需要到银行预约排队办理。

伊朗的波斯日历采用自己的星期系统，换算到公历后的周末及工作日另有其日。公历周六到周三为伊朗的工作日，周四和周五为周末。周五是伊斯兰教的"礼拜日"，大部分人前往清真寺做礼拜，很多商店会关门，银行也不开门。如果到银行办理业务的话，要记得在工作日去，工作时间为上午八点到下午四点。

结　语

偏见，有时只是因为缺少一次遇见

我到伊朗以来，因里亚尔贬值，外币兑伊朗货币的汇率很高，所以虽然伊朗的物价普遍在上涨，对外国人来说还是相对便宜。现在的伊朗也从不缺乏魅力。车水马龙的首都德黑兰，是一座古老与现代文明相结合的中心城市，博物馆和宫殿之间有着各种别致的咖啡馆、艺术家公园、画廊和剧院，还有富有民族特色和国际化的餐馆。伊朗拥有数千年的文明史，自然地理壮观，古代文明遗产丰富。你可以去北部品尝来自里海的海鲜，在森林中和伊朗家庭一起野餐烧烤，也可以去南部波斯湾观看海豚跃出水面，在沙漠里骑骆驼走过连绵的沙丘，你还可以在城市里欣赏宫殿里璀璨炫目的镜宫以及清真寺的独特穹顶。色彩斑斓的光与影，让人惊喜的伊朗美食，热情友好的伊朗人，聪明勤奋的学生，都是让我舍不得离开这里的理由。

人们对伊朗的偏见，也许只因为缺少一次遇见。

作者简介

李娟，云南大学汉语国际教育专业本科毕业。在校期间多次作为中文语伴和在线中文教师，参与美国沉浸式中文项目、新西兰中国游学项目以及美国在线中文课程项目。曾在泰国暖武里府小学任教，也曾在伊朗德黑兰大学孔子学院担任汉语教师志愿者。

思考与实训

1. 在"我的故事"部分，作者遇到了伊朗独特的口头报价方式。请问在伊朗，官方货币单位"里亚尔"与民间常用货币单位"土曼"有什么差别？你知道其他国家也有类似的情况吗？
2. 阅读"生存攻略"部分，谈一下在伊朗换汇时应该注意哪些问题。如何判断只有数字的口头报价的货币单位是什么？
3. 本文提到了在伊朗换钱的"锦囊"。请选择一个国家，利用你所了解的信息平台，查一下这个国家的货币，了解其汇率波动、外币兑换的情况以及与货币相关的其他需要注意的问题。

12 越南——一个可能被误解了的国家

/赖 迪/

越 南

我的故事

我给自己买了份"保险"

来越南工作已经两年多了,每次回国,亲朋好友总会好奇地问:越南是不是经济水平不怎么样呀?越南人是不是不喜欢中国人呀?越南是不是很危险呀?他们常常纳闷儿:为什么我在一个大家看来经济水平不怎么高、对中国人貌似也不太友好的陌生国度竟然待了这么久?对于大家的疑惑,我一点儿都不觉得奇怪,因为我也曾经有过这些疑惑。

两年前九月的一天,我收到了HR发来的邮件,让我前去新加坡国际学校越南分校报到。短暂的开心后,我开始有点儿担心:这个自己将要前往的国家可能环境恶劣、经济水平落后,也可能治安不好……总之,我开始犹豫要不要去报到,而父母和朋友的劝阻更加深了我的忧虑。但HR的邮件已经发来了,我也是好不容易才得到这份工作。一番考虑后,我最终决定前往这个还存在于大家想象中的国度,去探究一下面纱背后的越南究竟是什么模样。不过,虽然好奇心战胜了疑虑,我最终还是托朋友给自己买了一份平安保险,一方面是让父母和朋友们放心,另一方面也是以防万一。

就这样,怀着既好奇又忐忑的心情,我来到了越南。步行上班的第一天,我就被越南混乱的交通吓了一跳。好不容易找到一条斑马线准备过马路，但来来往往奔驰的车辆却似乎没有要停下来的意思。我鼓足了勇气，往前挪动了几步，却又被经过的车辆吓得退了回来。这样几番尝试后，我依然站在路边不敢动。就在这时，不远处一位正在喝咖啡的青年男子走到我面前，用他的手挡在了我的右边，示意来往的车辆暂停下来。在他的带领下，我终于顺利地过了马路。不仅如此，这位热心带我过马路的青年男子，在得知我是中国人后，更加热情地跟我寒暄了好久。

在之后两年多的时间里，不论是在南部的头顿还是北部的下龙，我都得到了当地人各方面的帮助。在和他们的相处中，我没有感受到敌意。这让我渐渐明白，人和人的相处，很多时候还是看人性本身。这一点，无论是在越南，还是世界上其他国家，其实都是一样的。任何一个国家都有友好的人，也有不友好的人。不存偏见，以诚相待，这也许才是我们在任何国家和平生活下去的最好的"保险"！

生存攻略

越南生活全方位贴士

交通安全小贴士

越南是一个出门就得和交通杠上的国家。跟大多数东南亚国家一样，摩托车是这里主要的交通工具。越南的马路不是很宽，多以单行道为主，而且窄巷子很多，骑摩托车出行无疑是较好的选择：一是因为摩托车的价格一般不会太高，二是骑着摩托车在各条窄巷中穿行比较灵活。但密密麻麻的摩托车和自行车也带来了很多隐患，再加上这里城市街头很少有斑马线或红绿灯，即使有，有些本地人也不太在意，所以车和车、车和人相撞的事件时有发生。我在越南头顿工作时，有一天在斑马线对面绿灯还亮着的情况下过马路,竟被突然驶来的摩托车撞倒,不过所幸只是受了点儿擦伤。所以,我建议大家一定注意以下问题:

1. 在越南过斑马线时,最好先确定车都停下后再走,同时,伸出一只手示意驾驶员。如果路上没有看到斑马线,也可以伸出一只手示意来往的车辆停下,但最好是先确定车辆离我们比较远才行,毕竟车的速度太快。

2. 出行打车时,可以选择出租车,绿色、黄色、白色的都可以;也可以用手机在网上预订 Grab（类似国内的滴滴,有摩托车和汽车两种类型）。交通拥堵时,建议预订 Grab 汽车型,虽然价格上比摩托车贵了近一倍,但一来安全,二来计费是固定透明的,可以避免被多收费。此外,出行打车时,注意打开 Google 或当地可用的软件导航,避免司机多绕路或走错路。若是在胡志明或河内这样的越南大城市以及头顿、芽庄这样的旅游城市游玩儿时,尽量不要在路边暴露自己的手机等财物,以免被往来的"飞车党"盯上。

3. 驾驶或乘坐摩托车时佩戴头盔是越南的法律规定,所以出门乘坐或骑摩托车时记得戴上头盔,否则会被罚款。如果自己骑摩托车出行,可以提前在修车的地方让工作人员给自己的摩托车配上一两个轮胎以增加车的平衡性,从而增强出行的安全性。

越南租房小贴士

越南消费水平的高低,其实要看是与哪里相比。物价方面,越南的大多数城市和国内的二三线城市相差无几,在租房成本上甚至要比国内二三线城市贵一些。以我工作过的头顿和下龙为例:在越南南部的头顿,如果外国人想租一套基本设施齐全、环境不错、交通又方便的两居室公寓，价格一般在每月550万至700万越南盾（按当时的汇率，约1682元至2140元人民币）之间；同样条件的房子，在北部的下龙则需要650万至800万越南盾（约1988元至2446元人民币）之间，这可能跟下龙是省会城市有关。当然，如果租的是一居室，价格会便宜一点儿，不过我在越南很少看到一居室的房子。在租房买房方面，我建议大家注意以下两个问题：

1. 在越南租房或买房，可以提前在Facebook和Zalo等当地人比较常用的网站或软件中输入相关的网址，然后输入自己的需求，这样比较容易找到满意的房子。选房时一定要多看看，选择采光和通风比较好的。毕竟这里大多数时间的温度都在30度以上。同时建议租房尽量靠近自己的工作单位，这样既减少上下班路上的时间以及无法确定的交通隐患，还减少了交通开支，一举两得。

2. 外国人在越南买房，可付全款或按开发商的进度分期付款。不过据我所知，越南对外国人买房的限制很多，比如不能买本地人的房子、不能向当地银行贷款等。事实上，即使在越南的外资银行，外国人也很难贷到款，除非已经是永久居住者或有当地伴侣的人。

越南饮食小贴士

作为中国的东南邻国，越南也是一个"一双筷子一个碗"的国家。饮食方面，越南人爱吃大米，使用筷子，中国有的瓜果蔬菜在这里基本都可以找到。并且，由于受历史上"汉文化"的影响，当地人也有过中秋节、端午节和春节的传统，过节时也吃与这些节日相关的糕点和食物。不同的是，以头顿、胡志明为例的一些南部城市偏爱吃米粉，街头各色各样的米粉店随处可见；以下龙、海防为例的一些北部城市的街头，则更多的是海鲜店或以炒菜为主的餐馆。关于越南的饮食，我有两点说明，具体如下：

1. 越南的饮食大多比较健康，比如一碗米粉会配上大量不同的蔬菜，此外还有纯粹的蔬菜火锅或蔬菜沙拉等。在没有找到合适的中餐馆前，我们可以放心地多品尝一些越南本土美食。如果你在越南南部生活、工作或旅行，想要吃地道的中国菜，可以约三两个好友预订小巴去胡志明或平阳等地吃。在北部，吃地道的中国菜相对来说是一件比较容易的事，因为北部中国企业比较多，中国人也比较多，以中国人口味为主的餐馆自然也少不了。

2. 建议喜欢吃酸的老师去越南之前最好带上两瓶上好的醋。因为在越南，很难找到中国的醋。日常饮食中，本地人多以小柠檬来增加酸味，酸中带涩，涩中夹苦，与我们想要的酸味并不一样。

结　语

内心深处的种子，终究还是发了芽

2017年的10月30日，当我踏上从成都到越南的征途时，对我来说，这是一个崭新的开始。27岁的我，克服了各种困难毅然决然地来到了越南。前面等着我的是什么，我不知道，也没细想。我只清楚地记得，那天飞往越南的飞机窗外，朵朵精灵似的轻快的白云，在湛蓝的天空中飞速奔跑。望着它们，我内心竟有些许平静和轻松。

越南虽有令人头痛的交通、不漂亮且品质不高的服装，且有着并不低廉的生活成本，但这里有暖心的同事朋友、可爱的学生，还有令人心旷神怡的风景。在这里，你可以骑着车和恋人或朋友，穿梭在右边是翻滚的海浪左边是郁郁葱葱的林荫大道上，也可以一个人静静地坐在教室里，思考接下来的课程规划。我曾以为，长期奔劳于心爱的国际汉语教学之后，内心的种子会永埋深土，却不想，这颗种子对阳光和雨水的渴望会让它再次破土生长。如果说在印尼工作的那段时间里，这颗梦想的种子还在摸索和跃跃欲试，那么在越南，它已经找到了明确的方向。

作者简介

赖迪，2015年毕业于四川大学锦江学院汉语国际教育专业。曾任职于印度尼西亚雅加达敏特汉语语言中心，新加坡国际学校越南头顿校区。现任新加坡国际学校越南下龙校区中文教师。

思考与实训

1. 在"我的故事"部分，作者在越南遭遇混乱的交通状况时，她是怎么顺利走过斑马线的？如果是你，你会怎么应对？
2. 阅读"生存攻略"部分，想一下在越南租房时，如何才能找到自己满意的房子。在这个过程中需要注意什么？
3. 假设赖老师一个人在陌生的国度出行时，叫了一辆当地的出租车，无奈司机找错了位置，此时天已经黑了，她该怎么做才能既保证自己的安全又顺利到达目的地呢？请选择一个国家，查阅相关资料，为赖老师设计一套解决方案。
4. 在文中，作者谈到自己在越南生活时所遇到的问题和应对技巧。请查阅相关资料，谈一下如果你在赴任国遇到类似问题，你会怎么应对。

13 多元文化集聚地——马来西亚

/ 罗晨阳 /

马来西亚

我的故事

黑风洞的多元文化之旅

刚到任教的学校，我就迫不及待地查找了从我家附近地铁站坐地铁可以到达的地方，然后就发现了马来西亚非常有名的黑风洞，于是我打算先去那儿看看。第一个周末，早上七点，我就赶去了地铁站，因为据我了解，去黑风洞需要等待一些时间，而且路线较长。不过到了站点，我却发现地铁站牌上竟然没有去黑风洞的相关信息。我心中一惊：难道去黑风洞的地铁没有了？

我急忙询问了当地人。一问才知道黑风洞还在，只是第一班去那里的列车要中午十一点才出发。在当地人的建议下，我换了一个路线，先坐地铁到吉隆坡中心广场再转车。虽说到吉隆坡中心广场只有七站，但是地铁却足足开了一个小时，这个速度有点儿像中国的绿皮火车了。在地铁上昏昏沉沉地睡了一个小时，辗转之后，我终于到达黑风洞景区附近。

黑风洞的英文名字是 Batu Caves，是拥有一系列洞穴与寺庙的石灰岩山丘。它的名字"Batu"来自山丘旁边的巴都河。除此之外，黑风洞也是当地的一个村名。黑风洞是马来西亚的印度教圣地，每年一月底二月初的大宝森节期间，很多虔诚的印度教徒游行步入石洞参拜，场面极其肃穆庄严。景区里不仅有鸽子，还有随处可见的猴子，它们不害怕人类，反而喜欢与人亲近。要想到达黑风洞的顶端洞穴，需要攀登一段陡峭的彩虹阶梯，彩虹阶梯尽头的洞穴里，有印度教的寺庙。我去的时候由于临近印度新年，很多印度人都在里面祈福祭拜。

不过最令我惊讶的，还是黑风洞旁边的纪念品店，里面物品的价格居然比山下商店里的还要便宜，而且种类繁多——首饰、扇子、挂件，样样都有。很多物品都被做成孔雀的形状，有些扇子整只都是用孔雀羽毛制成的，还有的纪念品商店里直接售卖孔雀羽毛！我心里暗暗吐槽他们怎么能卖孔雀羽毛呢！不过询问了当地人才知道，这些孔雀的羽毛大多是自然脱落的，而不是人为拔掉的。原来，孔雀在印度人心中有着至高无上的地位，孔雀羽毛寓意着"平安幸福"，其中的含义无比重要。

从黑风洞回来的路上，我跟着人群走进了一节粉色的车厢。由于车站的人比较多，排在队伍后面的人几乎都没有座位。地铁快要启动时，一个警察突然走进车厢，对车厢内的男士说："这节车厢只能女士坐，男士们请离开。"刚开始我还比较惊讶，再仔细一看，发现整节车厢不仅外围是粉色的，就连车厢内部也有女士的标志，而且座位上方明确地写着"女士就座"的字样。这让我想起此前出门时，看到女性常常裹着头巾，穿着长袖长裤，全身只露出一张脸，而男士们则衣着随意。我当时还有些愤愤不平，心想为什么不让男士也裹得严严实实呢？后来跟当地的老师请教后，才知道这是宗教的要求。

的确，来到马来西亚，我才真正体会到了宗教的仪式感。记得刚到学校的第一晚，凌晨五点我就被类似咒语的声音吵醒，之后再也不敢入睡。第二天咨询了当地人后，我才知道那是伊斯兰教教徒每日必做的祈祷，一天五次，分别为晨礼、晌礼、晡礼、昏礼、宵礼。五次礼拜是根据太阳的升落来划分的。到学校的第二周，我还见识了印度人的屠妖节。屠妖节虽然是印度人的节日，不过马来西亚却放假三天。我清晰地记得屠妖节那天凌晨起，整个加影（Kajang）就被此起彼伏的爆竹声充满，场面不亚于中国的春节。

总的来说，黑风洞那天前后的经历，让我对马来西亚的多元化有了更加深入的认识，也让我对这个国家在宗教和民族上的包容有了更切身的体会。

生存攻略

马来西亚生活面面观

衣食

马来西亚是热带国家，分旱季和雨季，不过即使是雨季，天气也不会太冷，一般常年穿短袖。马来西亚室内空调温度调得比较低，所以建议老师们随身备一件外套。作为一名海外汉语教师，一定要注意自己的着装，上衣尽量带领子，裙子须过膝。因为马来西亚信仰伊斯兰教的人比较多，女性着装都比较保守。在马来人和印度人较多的社区，着装尤其要注意。

由于是多民族国家，马来西亚的印度菜、马来菜、越南菜、中国菜应有尽有，但较为地道的当地菜大致有三种：沙爹、叻沙粉和肉骨茶。尽管生活在马来西亚的各个民族的生活已经相互融合在一起，但是各民族的早餐却极具特点：华人早餐与广东的早餐相似，有肠粉、糯米鸡、皮蛋瘦肉粥等；印度人一日三餐都少不了咖喱，早餐常见的是印度薄饼和奶茶；马来人的早餐常常是椰浆饭或马来咖喱饭。总的来说，马来西亚是食客的天堂，其饮食文化丰富多彩，各个国家的风味美食琳琅满目。除此之外，马来西亚也有不少西餐厅和快餐店，肯德基、麦当劳随处可见。此外，马来西亚的凉茶店、咖啡馆也很多，咖啡很便宜，但是奶茶的价格却出人意料地贵。由于天气较热，建议大家最好随时备一个水杯，以便及时补充水分。

关于购物方面，马来西亚几乎每个社区都有购物中心，常见的连锁超市有全家、711、九九超市、KK超级市场等。当地的老师告诉我，她一般会去九九超市，那个超市不仅物品种类齐全，而且物价也比其他几个超市低。

住行

作为曾经的亚洲四小虎之一，马来西亚的住宿还是相对不错的。你可以选择自己租房子，但是安全问题一定要注意。当地的老师经常提醒我，晚上八点以后尽量不要一个人出门。因为马来西亚外来的劳工比较多，他们做的工作一般是廉价劳动，所以工资较低，生活水平不是太高，另外还有一些失业的人，因此晚上会出现一些治安问题。

马来西亚的公共交通不是很发达，公交车一般一两个小时一趟，可选的路线也很有限。当地老师说，由于公共交通不发达，地铁时间又长，一般他们开始工作后就会买车。我的学生们也是每天开车来上学。马来西亚的马路上几乎没有行人。

下面我再简单介绍一下马来西亚常见的交通工具及出行方式。

◆ 飞机：马来西亚是一个旅游业较为发达的国家，位于吉隆坡的机场有两个，分别是KLIA和KLIA2。一般亚航的飞机都在KLIA2。

◆ 出租车：马来西亚人几乎都用Grab软件打车，费用根据路程的长短来计算。几个人一起拼车，价格还不算太贵。如果我从当时任教的学校出发到KLIA2机场，一共需要60令吉。

◆ 地铁/火车：马来西亚常见的轨道交通工具有四种：KTM（通勤火车）、MRT（电动火车，类似于地铁）、LRT（捷运）、ERL（机场快轨）。它们的速度相对较慢，距离不远的四站地就要半个多小时。

消费

消费方面,马来西亚的在线支付方式并不太普及,只有极少数商店可以使用支付宝,所以大家需要提前准备现金。提前准备好人民币,到马来西亚再换钱也是可以的。在 Mid Valley 换钱,汇率比国内的银行以及支付宝的汇率低。

在物价方面,马来西亚的物价比较适中,景区与其他地方的物价基本没有差别。不过后来我了解到,景区的物价也要看该景区位于哪个民族的社区范围:在马来西亚的印度人社区,物价是最低的,一顿早餐仅需要五六令吉;华人社区的物价相对较高,因为华人比较勤奋,生活水平也较高,所以整体来说,物价就高于马来人和印度人社区。

语言

马来西亚的官方语言是马来语,但由于英语普及度非常高,所以马来西亚人的英语也非常好。另外,马来西亚的华人比较多,用中文沟通一般没有问题,语言上基本没有障碍。马来西亚拥有完整的华语教育体系,很多华人从小就上中文学校,表达方式跟中国人几乎一样。马来西亚的华人大部分是从中国南部迁徙过来的,广东人比较多,所以我所在的小城区,菜单上除了英语、马来语还有繁体字和粤语。每次去吃饭,我听到较多的是粤语。不过在华人社区中,普通话的普及度还是非常高的。另外,华人报纸的标题用的是繁体字,内容却使用简体字,而且对中国的新闻关注度很高。

结 语

多元人群的快乐

马来西亚是一个多民族的国家,在这里,各族人民汇聚一起,形成了奇异独特的风土民情。在马来西亚,我深刻地体验了一把多元文化并存的生活。马来西亚的慢节奏生活给我预留了很多享受自己的空间和时间；它浓郁的文化氛围也让我对不同文化间的交流有了新的思考。虽然马来西亚的生活可能没有国内便利，但是我遇到的每一个人都热情友好。在小城镇上教汉语的我，并没有机会去体验大家向往的海边生活，但是小镇上发生的一点一滴，却让我真正体会到了融入多元人群之中的快乐。

作者简介

罗晨阳，澳门科技大学汉语国际教育专业硕士。本科期间，曾在泰国孔敬府曼乍奇里中学教授初中三年级和高中一年级的汉语课程。硕士研究生期间，作为研究生助教，曾教授来华留学生的汉语课程。在马来西亚新纪元大学学院实习期间，担任该校中文教师一职。除了课堂教学以外，还曾在线上教授泰国学生汉语课程。

思考与实训

1. 在"我的故事"部分，作者提到马来西亚一个景区的一些纪念品是由孔雀羽毛制成的，这是因为当地对野生动物的保护意识比较低吗？另外，商店里为什么售卖孔雀的羽毛？
2. 阅读"生存攻略"部分，谈一下在马来西亚做老师应该在穿着上注意什么。在哪些社区活动时，应该特别注意自己的着装？
3. 本文介绍了马来西亚不同族裔的饮食特点。除此之外，马来西亚与中国还有哪些饮食文化差异？请选择一个国家，查阅相关资料，谈谈这个国家与中国的饮食文化差异有哪些，其背后的原因是什么。

14 诺亚方舟停靠的国度

/ 蒋湘陵 /

亚美尼亚

我的故事

经验主义挖的坑

经常会有老师问我，出国需要带些什么？我的回答是：银联卡、中国风服饰、茶具、笔墨纸砚、乐器。没错！现在的我，赴任的标配就是一张银联卡、一个30寸的托运箱（装有上述物品）、一个20寸的登机箱，外加一个电脑包和相机包。这其中的原因，除了我比较看重工作以外，更重要的是两年志愿者、五年外派教师、十多个国家的游历经验告诉我，其他的东西到了当地都可以解决。要充分相信国人的力量，只要有中国人的地方就会有中国胃需要的东西，中国制造更不在话下。我也由此深信，地域不是距离，语言不是问题。

带着这份自信，我踏上了传说中诺亚方舟停靠的国度——亚美尼亚。

听说俄航可以托运两件23千克的行李，我依然自信地只托运了一个，因为我知道，真正的生活必需品就是一张银联卡，两身换洗的衣服和脚上的那双运动鞋，外加4000美元。下了飞机，我先在酒店安顿下来。我依旧信心满满，大到日常着装，小到洗漱用品，以往我都是落地后再购置，因为当地的衣服，更具有浓浓的本土气息，一些国际常见品牌价位也比国内要低一些，那我何必要飞越千山万水人肉背过去呢？

抱着这种想法，我开启了埃里温的疯狂购物之旅。可是接下来几天发生的事情却让我挠头。我非但没有满心欢喜地买到一堆本地制造或者国际品牌的衣服，反而在一开始的两个月，几乎每天下班都要满大街地找衣服，却始终收获甚微。在工作和生活都还需要适应的情况下，花那么多时间去购置衣物，除了让我借着暴走的名义得以减肥之外，真是得不偿失！

如果说生活用品方面我是被经验主义误导了，那么资金方面我更是被经验主义坑得没商量。以前去了那么多国家，我从来都是一张银联卡走天下，只是在当地需要办信用卡时我才办理，而且这些年我也从来没有遇到过大困难。到了亚美尼亚，我就自信地开始在酒店附近找 ATM 机，试图从上面找到 UnionPay 的标志。可是当我把能力所及的范围内能找到的 ATM 机都扫荡一遍之后，却没有发现任何 U 打头的标志。我这才想起问百度，而百度给我的答案让我彻底断了念想——亚美尼亚根本就没有银联服务！

我全身所剩的只有那 4000 美元。交掉房租、押金和中介费，再加上一开始肆无忌惮的购物开销，剩余的钱可能都撑不过两个月。俗话说得好：钱不是万能的，但没有钱是万万不能的。钱花光并不会让人恐惧，眼看着钱花光还不知道进账在何处，才是最具致命杀伤力的！在资金来源问题得到解决之前的那一段时间，别说买衣服，连日常花销我都得精打细算。好一顿研究之后，我才终于找到了支付宝的跨国汇款功能，算是解了燃眉之急。

以前在国内外任教时，我从来没有体会过衣食住行会成为问题。现在一回想起在亚美尼亚，眼看钱就要花光了却还没法用银联卡取现的情境，我就会觉得后怕。如果当时没有支付宝及时解围，我怕是要真的在异国他乡流浪街头了！即便是支付宝，从中国也无法直接汇款到亚美尼亚，而是需要通过中转行，其间的手续费着实让我心疼了好一阵子。

生存攻略

亚美尼亚的衣食住行小贴士

在亚美尼亚"化险为夷"的经历，在刷新我认知的同时，也让我有机会深刻反思和总结。从我赴任到离任，亚美尼亚的中国人总数不超过 200 人，所以一切以前适用于其他国家的经验，都不能直接套用在亚美尼亚上。以下是我根据自己在亚美尼亚的亲身经历，总结出来的关于衣食住行的小贴士。

钱

初到亚美尼亚，美元的现金一定要带充足，应至少带 6000 美元。到达亚美尼亚后，在 America Bank 或者 Armenia Business Bank（ABB）开一张信用卡，并开通美元账户（用于费用报销）、信用卡账户（用于刷卡消费）以及储蓄账户（用于储蓄投资）。因为信用卡取现是需要手续费的（4‰），建议办好信用卡之后，留一部分现金作为头两个月的日常开销，其余的存到储蓄账户里，最少存一个月，之后取现就不要手续费了，还能得到一笔储蓄利息。America Bank 在萨亚特诺瓦（Sayat Nova）的支行是从早上七点营业到晚上十二点，周末营业到晚上九点一刻。

亚美尼亚的主要经济支柱是外汇，汇率大概是 1 美元可以兑换 520 多亚美尼亚德拉姆（AMD）。5 月至 10 月是亚美尼亚的旅游旺季，汇率较低；11 月到第二年 4 月是旅游淡季，汇率较高，建议在此期间多换一些。埃里温的换汇点较多，可以换购的币种为美元、欧元、英镑、加拿大元、伊朗里亚尔和俄罗斯卢布，SAS 连锁超市的外币换购要比其他地方合适。

吃

在亚美尼亚，日用品商店和食品店是分开的。综合性的连锁大超市有 Yerevan City、SAS 连锁超市和家乐福。Yerevan City 是比较平价的，能够满足基本日常生活所需；SAS 专供进口食品，因此同样的东西价格比其他超市要高一些，品质也稍好一些；家乐福跟其他国家的差不多，东西稍微偏贵。亚美尼亚由于中国人少，基本不可能买到中国的酱料，目前超市能买到的调料就是酱油，亚洲食品的话有寿司、紫菜、鱼子酱（当地自产），还有日本的挂面和粉丝，但是价格偏高。从共和广场往埃里温大教堂方向一直走，有一个大的菜市场（Gumi Shuka），里面蔬菜、水果一应俱全，而且价格便宜，食材新鲜。去菜市场的路上，会路过肉类一条街，还能买到猪肝、猪腰子和猪蹄之类的肉食。

亚美尼亚的水果比较丰富，根据季节的不同，有桑葚、树莓、樱桃、杏子、西梅、葡萄、桃子、香蕉、苹果等，价格非常便宜。因为盛产水果，各种果酒和果汁的品质也非常好，亚美尼亚的白兰地更是世界顶级。

住

由于语言是一个很大的问题，所以我们一般都是找中介租房，这样节省时间和精力。当地人一般会上 List.am 网站查看，这个网站相当于国内的 58 同城，上面二手家具、租房售房信息一应俱全。但很多信息都是亚美尼亚语的，基本看不懂，而且卖家或房东一般说亚美尼亚语或者俄语，沟通起来有些费劲。

虽说亚美尼亚不发达，但埃里温的房子一点儿都不便宜，而且那边的人对房子朝向没有要求，所以各个方向的都有，要找到适合中国人居住习惯的好房子并不容易，尤其是在旅游旺季，房源更加紧张，租金也会翻倍，所以如果要长期生活，可以先找个临时落脚点，再慢慢寻找合适的房源。

因为亚美尼亚人喜欢社交，经常举办派对，所以常见的户型是卧室和厨房比较小，客厅很大。此外，光线不足的房子比比皆是，在看房的时候一定要充分考虑到个人喜好。埃里温地处盆地，气候比较干燥，所以蚊虫很少，蚊帐基本用不着。

穿

埃里温真正像模像样的商场只有两个，即 Dalma 和 Yerevan Mall，主流品牌比较少，北方大街（North Avenue，埃里温步行街）卖的都是比较高端的国际品牌。其他的店面，衣服单就价格来说并不算贵，约合一两百元人民币一件，但是质量和款式真的不敢恭维。鞋子也是如此，总的来说性价比不高。建议条件允许的话，尽量多带一些衣物过来。

行

赴任和离任时的机票，最好买俄航的，因为可以托运两件行李（有时候俄航只有一件行李额，购票时需注意）。如果行李太多，可以在 https://globbing.com 网站注册一个账号，得到客户编码后，在收件人处标明客户编码，从国内任何购物网站购买物品，13 至 15 天就可以到达埃里温。快递到达后，就可以收到系统发送的收件条码，然后前往不同片区的办公室，缴费扫码取件即可。

亚美尼亚的地下水资源非常丰富。其一大特色就是不管大小城市，从开春到初冬，路边都会有不断涌出的小喷泉，所以无论走到哪里，都不用随身带一瓶水或是满大街找水。

在中亚地区，亚美尼亚算是一个比较热门的旅游国度，因为文化独特、消费低，所以备受青睐。共和广场附近的路边停有许多私家车，你要是想逛逛，和司机谈好价格就可以到处走走了，而且有多条经典路线可供选择。如果你在这个被穆斯林环绕的基督教国家来一场教堂之旅，一定会终生难忘：传说中的诺亚方舟就停靠在被亚美尼亚人奉为圣山的阿拉拉特山山巅；附近的深坑教堂 (Khor Virap) 是阿拉拉特山最佳的观景地；离埃里温不远的艾奇米亚金教堂还存有传说中诺亚方舟的残片。另外，找旅行社也是不错的选择。埃里温最大的旅行社叫 Hyur。不同的日期出行路线不一样，你只需要提前在官网上查询或是直接去办公室预订，还可以根据自己的需要进行私人订制。埃里温市区的主要景点，靠步行就已经足够；如果去市郊，可以用 Yandex 软件叫车，到达目的地以后付现金就行。

亚美尼亚 80% 的人会说俄语，年轻人英语也不错，但是也有只会说亚美尼亚语的。亚美尼亚语从字母到发音都非常难，但是如果能学会几句简单常用的亚美尼亚语，用来打招呼、购物、问路，对生活非常有帮助。

结　语

亚美尼亚，缘之所至

亚美尼亚这个全国只有 300 万人口、面积只比北京大不了多少的国家，让我在生活独立性、教学实践性上都有了质的提升。在买不到中国调料、衣服鞋子性价比不高的情况下，我的生活反而变得更简单了。我学会了接受现状，同时想办法利用现有条件去创造自己想要的生活。亚美尼亚虽然经济落后，但整个地区的治安非常好，再加上人们淳朴、热情，足以弥补语言沟通的障碍。在亚美尼亚这两年的美好时光，让我真正看到了自己的潜力和内心所向往的东西。我一直相信，遇到的每一个人、去过的每一个地方，都是缘之所至，这样的安排必然有其深刻的意义。目前，亚美尼亚已经对中国免签，期待有一天能够直航。

亚美尼亚，外高加索的明珠，我一定会再回去的！

作者简介

蒋湘陵，大连外国语大学讲师，孔子学院专职汉语教师，具有丰富的汉语教学经验。曾先后在法国图卢兹第一大学孔子学院、加拿大蒙特利尔担任汉语教师志愿者；后在印度尼西亚、亚美尼亚担任汉语教师。主要承担当地中小学的汉语教学工作，孔子学院的文化活动组织与策划以及本土汉语教师的培训工作。曾带领印尼学生参加暑期赴华夏令营项目，主持了印尼规模最大的汉语文化活动中心的建设。

思考与实训

1. 结合"我的故事"部分的描述，思考一下赴海外工作时，到底有哪些必需品是要带的，哪些是有可能在当地采购到的。
2. 阅读"生存攻略"部分，谈一下如果要去亚美尼亚或其他较小的国家任教，需要提前考虑哪些问题。你认为怎么才能在最短的时间内适应当地生活呢？
3. 选择一个跟亚美尼亚类似的国家，查阅相关资料，了解当地的生活特点，为自己去这个国家任教设计一套可行的准备计划。

欧洲

欧洲位于亚洲的西面，是亚欧大陆的一部分。欧洲的地形，大体上以波罗的海东岸至黑海西岸为界，分为东、西两部分。欧洲近代以三大思想解放运动闻名：文艺复兴、宗教改革与启蒙运动。近些年来，欧洲开始大力推展汉语学习项目。在英国，有5200多所中小学开设汉语课，学生达20万人；法国中小学里学习汉语人数连年增长率达40%；德国学习汉语人数在5年内增长了10倍。[1]

本章的生存攻略案例来自东欧的俄罗斯，西欧的英国、法国和爱尔兰，北欧的瑞典，南欧的西班牙、意大利和塞尔维亚。

本章每篇文章的侧重点各有不同：有英国的租房攻略、餐饮礼仪、旅行建议和安全贴士；有与法国生活密切相关的"约会"概念和"晚会"文化；有西班牙、爱尔兰和意大利的"舌尖美食"；也有在俄罗斯冰封之日和瑞典北欧森林里的出行经历。下面就让我们一起来看看吧。

---

[1] 数据来源 http://www.gov.cn/xinwen/2019-12/10/content_5460063.htm。

英伦安居记

/ 邓 娟 /

英 国

我的故事

我在英国的"安家"历程

休息,是为了走更远的路。在陌生的国度工作,休憩之所万万不可马虎,这关系着一个人的生活质量,所以租房就成了一名对外汉语教师的必修课,修得不好,痛苦和麻烦就会接踵而至。

去卡迪夫任教之前,我和同事做了相当多的准备工作——托朋友帮忙、听前辈介绍、在网上搜索,甚至还拐弯抹角地麻烦了关系疏远的七大姑八大姨……为了租个房,差点儿忙断肠。可真正到达这个城市后,才发现前期的准备工作虽不算白费,但实际情况与网络信息之间却大相径庭:一些网站中介甚至连电话都打不通,预约可看的大多数房屋实际情况与网络图片就是骨感与丰满的差别。

最重要的是,中国人理想中的单身公寓与英国人概念中的大不一样。英国不少单身公寓是传统房屋(house)改造的——相当于国内两层半的房子,被隔成了十来户,

英式传统房屋

新式公寓

跟筒子楼差不多，厨房和卫生间还要共用。有些单身公寓叫作 loft，是由房屋顶楼储物间改造而成的小套间，面积不到 12 平方米，但厨房、卫生间、卧室一应俱全，不过怎么着都觉得局促。还有一种公寓叫作 studio，其实就是一间房（包括厨房和起居室）带一个卫生间，喜欢下厨的话，这种房千万别考虑。只有被称作 flat 的单身公寓，才算我们国人所说的一室一厅一厨一卫。

看房的第一天，我们就遭受了网络与现实差别的冲击，不得不决定再也不把时间浪费在网络上，而是采取实地考察的方法，一家家去拜访当地的中介公司。好在卡迪夫城市不大，谷歌地图相当好用，中介公司又多扎堆在一条街上，倒也不用特别费劲。

我和同事原计划一人租一个单身公寓，价格控制在汉办支持的范围之内。可惜我们到达之时不是换房期，符合我们要求的房源基本没有。好不容易看到一家中介橱窗上的广告有单身公寓出租，去咨询时却发现已租出去了。峰回路转的是，一位中介工作人员告诉我们隔壁公司有两套单身公寓正要出租。我们感慨了一番英国中介为人厚道后，才知道每家中介都有自己的房源，但大家的信息是可以共享的。

经过前后一个星期的比照，我们无奈地接受了租住单身公寓的可能性基本为零这一事实，转而考虑两室一厅——该房源可选择性更高。我们锁定了两家价格差不多的公司。一家公司广告上写着不收中介费（英国的中介费会根据房屋大小及租住人数来决定），可在实际租赁过程中却要收取这笔费用。当我们提出质疑后，中介公司咨询人员耐心地与公司联系，弄清了来龙去脉。原来优惠期已过，但是由于中介公司未在广告页标出到期时间，所以最后默认这个优惠依然有效。也就是说，这位咨询人员将损失这笔中介佣金，依然会按照广告给予我们优惠。不过可惜的是，这套公寓的租金远远超出我们的预算，最后我们只能忍痛放弃。

另一家中介公司的姑娘在再三确认了我们不是学生、不带小孩儿、不养宠物之后，才愿意讨论出租事宜，因为房东声明上述三种情况不让租住。房子的租金仍超预算，好在中介愿意帮我们联系远在香港的房东询价。由于时差关系，房东无法立刻回复，所以我们与中介约定第二天再谈。此时中介提醒我们，由于这套公寓还有人预约看房，所以究竟花落谁家难以预料。幸运的是，房东最终把这套房租给了我们。

这里需要插播一个看第二套房时的小插曲，完全刷新了我对英国人办事的认识。在中介公司咨询时，接待我们的那位姑娘非常热情周到，等我们要出门看房时却突遇暴雨，本以为这位英国姑娘会开车带我们去看房，没想到她却在倾盆大雨中"抛弃"了我们两个没带雨伞的异乡人，自己开着小车先走了。我们在路上招了半天手，也没拦到一辆出租车，最后只能徒步走到看房处。当中介姑娘看到我们沦为"落汤鸡"、听到我们抱怨打不到出租车时，她非常抱歉地告诉我们，她今天开的是私家车，而非公司看房专车，所以不能让我们搭便车。万一出事，她得负全责，而她"担不起"这个责任，哪怕今天做不成这笔生意，她也不能冒险让我们上她的车。

兜兜转转辛苦了两个星期，终于租到房了。租房不易，且住且珍惜。

生存攻略

英国实用租房建议

租房网站

英国有两个常用的租房网站：www.rightmove.com 及 www.gumtree.com。虽说网站上的图文与现实颇有差距，但相对而言，这两个网站提供的信息比较靠谱。大家可以先参考这两个网站的信息，再有针对性地寻求中介服务。

中介公司

到达目的城市之前，你可以先加入当地的留学生微信群、QQ群或关注留学生公众号，他们对当地中介公司及居住地的评价可以作为重要参考。运气好的话你可以直接找到房源，甚至能少带很多物品——群里的二手货基本可以满足所有住房配置。同时，你可以下载一个Google Map，搜索Letting Agency，上面会显示当地人对中介公司的评价，更有参考价值。

你千万不要为了省事或省钱而选择不正规的中介公司。当你选择不按规则办事时，一旦遇到坏人，就很难维权。老牌中介公司可能规则烦琐，却能更好地保障个人利益。而且英国人非常讲原则，金钱也无法撼动。"先来后到"是租房的首要规则，即使给出更高的租赁价格，比你先看房并有承租意愿的人依然拥有优先租房权。

租房选择

租房前先向当地人打听一下街区安全程度，谨慎选择居住区。如果睡眠质量不好，建议不选公寓，应该选择传统的house，因为英国公寓的墙壁实在是太薄了，声音大一点儿就会影响到邻居。半夜受到噪音骚扰时打报警电话 999 也没用，需要打 101（收费）。不过 101 往往会转入智能服务，人工服务也是让你找当地社区投诉，而当地社区凌晨早已下班。千万不要冲动地去找邻居理论，因为半夜吵闹的很可能是醉酒人士或吸毒人群。如果家有恶邻，优质中介公司的作用就体现出来了：写一封信投诉物业管理公司或中介公司，他们的解决速度比当地社区快多了。如果被邻居投诉，会受到相应调查。在确定有不良行为的情况下，房东有理由要求你立刻搬出，而且这些投诉会被记录在案，影响以后租房。

租房合同

英国的银行在你不能出示住址、租房合同（更为严格的银行甚至需要带有你名字的第一个月的账单）的情况下不办理开户手续；中介公司往往不收现金，必须银行转账，使用信用卡缴费则要收 2.5% 左右的手续费。如果租房时还没有办理当地银行卡，那就只能直接去银行将现金存入指定账户。在卡迪夫一般选择 Lloyd 银行，该银行看到租房合同就可以开卡。有了银行卡缴费就方便了。

入住前请认真阅读租房合同，一定要弄清楚各项条款中对租客权利和义务的要求。如果开始怕别人嫌你烦而不好意思问，后面会遇到更多让人跳脚的麻烦。

入住前，要检查中介是否做了 Inventory（房屋全面检查方面的文件，主要内容是对房屋各处质量、装修及清洁程度的描述），该文件对于退租时能否得到全额押金至关重要。如果严格按照这份文件来收拾房屋，基本押金都可以全额退还。在英国租房的很多中国人诟病中介坑人，因为即使把房子收拾干净，押金还是会被扣得所剩无几！究其原因，是因为很多人在台面上（包括桌面、卫生间台面等）留下了碗碟或生活用品，甚至几块抹布——所有这些我们看来为了方便下一名租客居住而留下的东西，却成了没有收拾好房子的证据！如果真的要留下这些物品，一定要告诉中介此物有用且要收纳到相应的储物柜。当然，如果真的不擅长收拾，可以提前给中介打电话要求他们提供保洁公司服务（有偿），千万别辛苦打扫后还被扣掉一大笔押金。

退租时收拾干净的厨房

租房费用

房租从拿到钥匙那一天开始算起。入住后，最好迅速解决水电付费问题。如果做过 Inventory，在该文件中会有明确的水电读数；如果没有，建议迅速查明水电读数，以避免不必要的麻烦。水一般由大楼物业统一管理；电需要本人联系电力公司，弄清付费方式。越早联系越好，因为年付的电费要比月付便宜，月付的要比读卡付的便宜。读卡付费用户要特别注意前住户是否拖欠电费，在联系电力公司时要特别说明你是新住户，前住户如有拖欠，与你本人无关。相对于新式公寓来说，传统英式房屋取暖用电会是一笔高昂的支出，所以早点儿联系电力公司，跟他们沟通好，可以避免冬天冻得跟寒号鸟似的。

英国房屋租期一般是一年，至少六个月。续租需提前一个月向中介提交申请，需再次缴纳 60 英镑及以上的续租中介费；若不想续租，也要提前一个月告知中介，否则得多交一个月的房租。最好一次性选定住处，中间不要换房——再次租房即使选择同一中介，也不得不再缴纳一次中介费（大概会在 250 英镑以上）。

另外，在英国租房的工作人群需缴纳市政税（council tax）。一般入住一个月左右，会收到市政厅的邮件，按照邮件要求填好表格寄出即可。独居者可以申请缴税折扣。

结　语

此心安处是吾乡

离开英国已经一年多了，虽然感慨于这个国家一系列死板的规定，却不得不承认这些规定最终有利于人们形成良好的规则意识。按章办事、入乡随俗，找到合适的住所，才能快乐地教学与生活。最后祝福所有的异乡人，身体有安居之处，灵魂有安放之所，快乐地工作，幸福地生活！

作者简介

邓娟，厦门大学汉语国际推广南方基地讲师。主要负责外派志愿者、汉语教师以及中方院长培训工作。研究方向为课堂组织与管理、汉字教学及中国文化传播等。2010 年至 2012 年任教于美国匹兹堡大学孔子学院碧雅迪职业教育中心，2016 年至 2018 年任教于英国卡迪夫大学孔子学院。

思考与实训

1. 阅读"我的故事"部分,作者在英国租房时遇到了哪些实际困难?她是怎么克服的?

2. 阅读"生存攻略"部分,谈一下在英国租房时,怎么做可以保证在退房的时候不被扣款。租房时还需要注意其他什么问题?

3. 根据本文谈到的英国租房情况,谈一下中英在住房和租房文化上有什么差异。你如何看待这些差异?面对差异有什么应对方法?查阅相关资料,比较一下你的赴任国和中国在租房和住房上的差异及应对方法。

入乡随俗，吃有吃相
——英国就餐礼仪

/ 邓 娟　秦轶犟 /

英　国

我的故事

吃饭的困惑

"邓老师，您不喜欢那个服务员的服务吗？可是感觉你们俩好像早就认识了。"从温暖的餐馆里走出来的我，被学生这句灵魂拷问和英国三月的冷风一激，不禁打了个冷战。

我有点儿蒙——我是认识那个服务员，毕竟这家中餐很地道，不然今天也不会带学生来这家餐馆体验中餐文化。不过说我不喜欢他的服务，这又从何说起呢？

"为什么你觉得我不喜欢他的服务呢？"我问，"我跟他确实认识，因为我常来啊。"

"邓老师，我并没有冒犯的意思，虽然您跟他认识，但是今天您是不是有点儿不太礼貌？"学生说。

说句自得的话，虽然算不上什么礼仪达人，但我自认为还算应对得体，起码在吃饭这件事情上，我是不会犯错误的。不过，着急分辩是没有用的，不如听听学生从哪里得来的这种印象——这种时候，往往是你了解文化差异的最佳契机。

"老师，今天进门的时候您直接就走进去坐到了座位上；点完菜虽然跟服务员打了招呼，但是并没有说谢谢；吃完饭您直接去吧台结账，没有跟他说话。对了，还有一些事我也很困惑，就是吃饭的时候很多中国人说话的声音很大；有两位客人还到另外一桌去敬酒，这样他们本桌的人不会生气吗？"

听完学生的这段话，我才意识到，原来在餐馆用餐竟然还有这么多讲究。中国人在"吃"这件事上，跟英国人差异还真是蛮大的——我们司空见惯的小事，在他们看来却是不得体的表现。吃饭虽是件小事，但是透露出一个人的礼仪和素养，所以说也是件大事。细节决定成败，很多时候，"吃"这件"大小事"的确会影响他人对你的印象，给你的社交活动带来不一样的结果。

生存攻略

英国就餐礼仪

此处标题之所以不用"餐桌礼仪"，是因为我相信大多数人对于西餐的餐桌礼仪不说熟谙于心，也算耳熟能详，所以本篇不再赘述大家已知的西餐礼仪，比如上菜顺序、刀叉使用等。我们这里重点谈谈会让英国人误会且觉得不够文雅的"吃相"。这才是与英国人日常相处时形成印象的关键。

餐馆就餐礼仪

1. 就餐时间

除了快餐店，正规餐馆都要提前预约。预约时应说明用餐时间、人数以及喜欢的座位。如果不能按时到达，请电话说明或者

英国餐馆的外观及内部布置

提前取消。如果没有预约,那就只能安静等待。每个餐馆就餐时间不同。中国人的午餐时间大概从十一点开始,晚餐五点左右开始;但是英国的午餐最好订在十二点半以后,晚餐六点以后,订早了不合适。

2. 进门与点菜

进入餐馆后,千万不要自行入座,应由服务员领座,因为有些座位可能已经被预订了。入座时讲究女士优先,男士要帮女士开门、拉开座椅。若领座员是男性,女性客人可以等椅子拉开后,从左侧入座,等他把椅子推进来、腿弯碰到椅子时再坐下。高级餐厅要注意着装:男士以整洁为要义,短袖T恤不够得体;女士要穿套装和有跟的鞋子。如果穿正装,男士必须系领带,女士最好穿礼服。

一定要看完菜单再点餐,哪怕你对这家餐厅的菜品很熟悉,或者几天前你就想好了要吃什么,也要浏览一下菜单,这样可以表示对厨师的尊重。服务员为你服务时,要看着他的眼睛说"谢谢",否则是不尊重别人的表现。点菜也有讲究。如果不了解酒水的话,可以请服务员帮忙推荐,他们知道什么菜配什么酒更合适。不要只点开胃菜而不点主菜或甜点,虽然有的开胃菜分量很大,而且很美味。

3. 用餐礼仪

用餐时,上臂和背部要靠到椅背上,腹部和桌子保持约一个拳头的距离,避免两脚交叉的坐姿。左撇子吃完以后也要把刀叉顺到右边,方便服务员收拾。需要服务时请用眼神示意或微微举手示意,不要大声喊叫。餐具或其他物品掉到地上时,应该等服务员前来收拾,但是要对他们的帮助表示感谢。

吃饭时不要高谈阔论、大声喧哗。餐馆是公共场所,以不打扰到他人为佳。吃完饭后不应匆匆离去,餐馆是重要的社交场合,吃完饭后与朋友愉快聊天儿才是正确的选择。另外，无论进餐时还是进餐后，都不要玩儿手机。若有人致辞或祝酒，要停止进餐，仔细聆听。千万不要到他桌敬酒，这是对本桌客人极大的失礼，他桌的客人也会觉得尴尬。祝酒时轻轻碰杯，不用非得低于对方杯口。但是切记不要交叉碰杯，这在英国人看来非常不吉利。要是发生了意外情况，如酒水洒落或是打喷嚏之类，一定要轻声道歉，同时可以协助对方擦干。但是对方如果是一位女士，递上餐巾纸或手帕即可。

家庭拜访用餐礼仪

英国人很少会邀请别人共进午餐，除非是工作餐，所以英国人邀请的家宴一般都是晚宴。在此，我将需要注意的事项划分为赴宴前、用餐中、用餐后以及赴宴后四个部分来进行说明。

1. 赴宴前

通常客人应该带一些小礼物送给主人。选择的礼物不必十分贵重，但要让主人觉得你非常用心。如果擅长手工，可以自己制作一些小礼物——亲手制作代表了深厚情谊。如果手工能力有限，那么红酒、巧克力、鲜花或者盆栽，都是不错的选择。选花的时候，要注意习俗差别：英国人喜欢兰花、玫瑰、菊花，颜色不拘，形式不限，应季就好。但是请尽量避免送百合，特别是白色的百合，因为那是送给逝者的花。蛋糕选择要慎重，英国不少人有食物过敏症。

如果是一般的晚餐，日常着装就可以出席。如果是非常正式的晚餐，英国人在发出邀请时，会在邀请函上注明着装要求，比如：黑西装、白衬衫、黑领带和黑皮鞋等。

2. 用餐中

正式的宴会邀请会标明具体的到达时间，比如晚上七点或七点半。

请尽量按约定的时间到达主人家,不要迟到,也不宜早到,提前五分钟左右是一个不错的选择。到达主人家后,一进门就应该将事先准备好的礼物交给主人。如果你带的是红酒,除非主人已经准备好了当晚要喝的饮料,否则晚餐时喝的很可能是你带去的这瓶红酒,这表示对你所带礼物的珍视。不要带气味太浓烈的食品,因为你不知道他人会有什么样的反应(这点在工作午餐场合同样适用)。

英国正式家庭宴请的餐桌布置、座位安排

客人到达之前,主人已经准备到位。入座时请听从主人的安排,不要礼让。无论用餐有多少人,主人已经为你选定了他们认为最佳的位置。用餐时,主人会在征询你的意见后,为你盛装食物。英国人的宴请不仅仅是为了吃饭,更是为了社交,所以,用餐时大家会谈论各种话题,这是深入了解英国人文风俗的最佳契机。英国人也乐于倾听你个人对某些问题的看法或分析,在不伤害他人感情的前提下,勇敢地表达自己也未尝不可。

用餐时还有以下禁忌：（1）不要将手机放在桌子上，也尽量不要在用餐的时候看手机，这样会显得很不礼貌；（2）不要在嘴里还有食物时开口说话，宁愿让人等，也不能让人看到你嘴里的食物，否则会让人感觉很不舒服；（3）用餐时尽量不要发出任何声音，即使是在喝汤的时候也一样；（4）在相互传递食物的时候，一定要尽量多地使用"Thank you""Can you pass me the..., please"以及"May I have..., please"等礼貌用语——英国人之间，即使亲如父子，在需要他人帮助的时候，也一定会使用上述礼貌用语；（5）千万不要将手肘放在桌子上，因为这样会影响旁边的人用餐，非常不优雅。

3. 用餐后

用餐完毕，主人家通常会提供英式红茶或其他饮料。除非主人盛情挽留，否则用餐后不要在主人家停留太长时间，十五分钟以内为宜。主客双方在用餐中已经完成了社交活动，喝茶也仅仅是对先前话题的补充交流，不宜过长。准备一次宴会要消耗大量的时间和精力，主人在客人走后还要收拾餐具和厨房，他们也需要休息。

4. 赴宴后

赴宴后的第二天，如果可以再见到招待你的那位主人，写一张感谢卡表达谢意是不错的做法。如果不方便送卡片，发一封电子邮件或发一条短信表示感谢也可以，什么都不表达才是大忌。

结 语

问俗，才能知礼

"你所站立的地方，就是你的中国；你怎么样，中国便怎么样；你是什么，中国便是什么。"所有外派教师和志愿者，在一定程度上代表着中国受过良好教育的人群。我们的礼仪，我们的行为，在他人看来，就是中国形象的代言。入乡随俗说起来容易，做起来难——多年的习惯浸润，往往让我们失去了观察他人与自身文化差异的能力，在其他国家往往引起误解而不自知。文化没有高低，却有差异，子入太庙尚"每事问"才算是"知礼"，海外汉语教师到了一个新环境，也应先问俗，才能知对方礼。

作者简介

邓娟，厦门大学汉语国际推广南方基地讲师。主要负责外派志愿者、汉语教师以及中方院长培训工作。研究方向为课堂组织与管理、汉字教学及中国文化传播等。2010年至2012年任教于美国匹兹堡大学孔子学院碧雅迪职业教育中心，2016年至2018年任教于英国卡迪夫大学孔子学院。

秦轶翚，北京联合大学讲师，主要研究方向为中国文化传播、酒店商务汉语等。2015年至2019年任教于英国威尔士三一圣大卫大学孔子学院，主要负责孔子课堂的汉语教学工作。

思考与实训

1. 阅读"我的故事"部分,谈一下作者带学生去餐馆就餐时,哪些行为可能会让人觉得有些无礼或不太恰当。遇到类似情况时,你有什么好的处理方法?

2. 阅读"生存攻略"部分的就餐礼仪,假设一位英国同事邀请你去家里赴宴,你应该做哪些准备?就餐时应该注意什么?

3. 你所在的孔子学院要宴请从中国来的一个代表团,因为时值九月,外方接待人员在宴会欢迎仪式上选用菊花摆放在桌面上。查阅相关资料,思考一下面对这种情况,如何处理才能让双方都不觉得太尴尬。

"走马观花",探索文明与美丽
——苏格兰与英格兰之旅

/ 谭雪花 /

英 国

17

在旅途,累并快乐着

深夜,我们坐在利兹汽车站的候车点等待着,困意十足。

这趟超级巴士(Megabus)是凌晨两点开往爱丁堡的。为了避免深夜步行(出于安全考虑),我们特地早早赶到了利兹,准备在站点候车。室友考虑周到,提前看了一下站点的站牌,但并没有发现这趟公交。警惕的我马上上网查了查,结果却让我们惊呆了——原来我们在这里苦等的,竟是开往伦敦的另一趟超级巴士,只是途经我们想去的地方,但不知道停不停车。可问题是超级巴士只接受网上提前一天订票,不接受临时上车买票。没有预订的我们到底能不能上车呢?即使上了车,能不能在我们那一站停车呢?我们不由得惊慌起来。

慌乱之际,我们只能尝试权宜之策。我们先去问了一下超级巴士能不能上车买票,答案不出所料——司机说:"超级巴士只接受网上预订,而且虽然途经我们的站点,但是却不能停靠。"我们只能选择打车了。可是打车时却定错了位,最后到达的竟是一个荒无人烟的地方。无奈之下,我们只能咬着牙让司机再次定位,把我们送到我们想去的站点。

然而"考验"并没有结束。我们到达的站点分南北两个方向,我们要去的是南边的车站,但司机却把我们送到了北边。根据工作人员的指引,我们需要翻过一座山、走过一座桥、然后再爬一段长楼梯,才能真正到达目的地。就这样,我们摸着黑,借着手机灯光,"历尽艰险"终于到达了站点……

去爱丁堡赶车的过程虽然劳累又艰辛,但接下来的旅行却算是苦尽甘来。

接下来十几天里,我们先北上苏格兰,又南下英格兰。在苏格兰,我们踏上了高地,欣赏了绝美的峡谷湖区风貌;又抵达格拉斯哥,感受了教堂的庄严和墓地的肃穆;然后返回爱丁堡,体验到圣诞集市的热闹和节礼日(Boxing Day)购物的疯狂;最后我们登上城堡、亚瑟王座和卡尔顿山,俯瞰了爱丁堡全貌,将城市美景尽收眼底。苏格兰之旅结束后,我们从伦敦来到巴斯,探寻了巨石阵的千年奥秘,追寻古罗马浴场的文明足迹;又去牛津和剑桥,欣赏了学院的精美建筑和剑河两边的美景,深切感受到扑面而来的学术氛围和文艺气息。回到伦敦后,我们花了一整天时间逛大英博物馆,品味来自世界各国的技艺精湛的建筑、陶瓷和绘画作品;又乘坐游船,沿着泰晤士河欣赏了伦敦市景以及伦敦眼、伦敦桥、伦敦塔等一个又一个地标性建筑……

总之,这十几天的旅行中,我们欣赏了美景,感受到了文明的魅力,遇到了一些人,也经历了一些事,整个旅行过程愉悦而浪漫。在此,我把自己在旅行过程中积累到的一些经验和感受分享给大家,希望能让大家少走一些弯路,减少不必要的花费,多欣赏一点儿美景,多感受一些历史与文明带给我们的震撼。

生存攻略

打卡景点和出行攻略

打卡景点

苏格兰之旅一定不能错过的是高地、格拉斯哥和爱丁堡。

高地：如果喜欢自然风光，高地一定不会让你失望。不过这里交通不便，可以考虑自驾游或者跟团游，爱丁堡和格拉斯哥也有当地的导游团可以报名。个人印象比较深刻的，是 A82 最美公路周边的峡谷风光。如果这时再有导游在旁边绘声绘色地讲述苏格兰各大家族的恩怨情仇，整个旅途会更有意思。罗蒙湖也如仙境一般，适合放空身体。另外，尼斯湖的湖水是黑色的，游船内会有显示湖深的仪器，最深处大概有 300 米左右。

格拉斯哥：格拉斯哥的建筑风格偏维多利亚风。凯文格罗夫艺术博物馆和格拉斯哥大教堂（苏格兰唯一一个保存完好的哥特式建筑）都是值得参观的地方。教堂附近的山上有一片墓地，视野开阔，可以俯瞰格拉斯哥的整个美景。此外，当地有名的格拉斯哥大学，校园内的麦金托什故居和亨特美术馆，也值得一逛。格拉斯哥交通便利，有两个机场、两个火车站和一个公交车站。公交车站内可以寄存行李，寄存费用为每天 4 英镑。市内还有迷你地铁，地铁的车厢很小，高大的人需要弯着腰。饮食方面，由于附近有大学，所以中餐馆也很多，各种饭菜既经济又实惠。

爱丁堡："文化城"爱丁堡是我见过的最美丽的城市，也是周杰伦拍摄《明明就》MV 的取景地。登上爱丁堡城堡，可以一览全城景色。在荷里路德宫（自 16 世纪以来一直是苏格兰国王和女王的主要居所），可以驻足欣赏女王遗留下来的文物。爬上卡尔顿山和亚瑟王座，可以模仿电影《一天》（One Day）中男女主角相拥聊天儿的场景。进入修建于 12 世纪且保存完好的圣吉尔斯大教堂，可以感受一下宗教的神秘和威严。爱丁堡在每年 8 月会有国际艺术节和皇家军乐节。在这里，你可以欣赏到来自世界各地的一流文艺团体的精彩演出以及军乐团的不同演奏风格。11 月 30 日是苏格兰国庆日，那天苏格兰人会穿上传统的服装，举办盛大的聚会。圣诞期间，还有美丽的圣诞集市，各个摊位售卖圣诞礼品和美食，耀眼的灯光和孩子们的嬉闹声，很容易将人带入一种欢快的氛围中。

关于英格兰，需要打卡的是以下几个城市。

惠特比：坐落在英格兰北约克郡的海边小城惠特比，是吸血鬼"德古拉"诞生的地方，因此这里随处都透着一股神秘的气息。惠特比修道院，虽然只有断壁残垣，但是从讲解器里听到发生在这里的种种事情，依然能够感受到它的魅力。古朴的圣玛丽教堂离修道院不远，旁边立着大大小小的墓碑，布莱姆·斯托克（Bram Stoker）就是在这里完成了著名的吸血鬼小说《德古拉》的创作的。在惠特比海港，可以逛逛周边的小店，听听海鸥的叫声，海风的呼啸声，还有海浪拍打岸边的声音。如果天气暖和，在这里安安静静地坐上一天，真是好不惬意。

巴斯：这座留下古罗马文明影子的城市里，最著名的就要数古罗马浴场和巨石阵了。古罗马浴场其实就是古罗马人"洗澡"的地方，旁边还连接了一座神庙。浴场现在还能用，温泉水仍在源源不断地涌出，输送到各个温水池、冷水池、热水池。浴场还有一个女神浴池，游人不得入内，但可以往里面丢各种各样写着字的石头，大抵写着"谁谁谁偷了我什么东西，请女神惩罚"之类的话。巴斯的巨石阵是人类历史上的一大奇迹，它是 5300 年前的人们把一块块重达数吨的石块搭建到一起而形成的。巨石阵里，较重的砂岩来自 32 千米以外的近郊，较轻的蓝砂岩则来自 225 千米以外的威尔士。巨石阵不仅在建筑学史上有重要地位，在天文学上也有重大意义。据说它的主轴线、通往石柱的古道与夏至那天初升的太

巨石阵

阳在同一条线上；其中还有两块石头的连线指向冬至日日落的方向。不过这里究竟是用来做什么的还是个未解之谜，它可能是朝圣地，可能是疗养地，也可能是祭祀场所。巨石阵方圆几十米都被绳索围了起来，因为地下有太多古迹无法解开，有待考古学家们去指点迷津。

牛津剑桥：牛津的学术氛围更浓一些，相比之下，剑桥则更多了一丝文艺气息。牛津的拉德克里夫图书馆和基督教会学院值得一逛。牛津大学分设各种学院，每个学院独立存在，需要购买门票才能进去（可以提前在官网上预订）。剑桥最著名的景点非国王学院莫属，成人门票是 9 英镑。我们去的那天恰逢新年，所以只能由导游带入，门票比平时贵些，为 15 英镑，但是有当地导游讲解，也是一种不错的体验。剑河附近有很多撑船的船夫，他们一边带领着游客游览数学桥等名胜，一边讲述着剑桥大学的历史。

交通出行

英国作为资深资本主义国家，交通四通八达，但是也劝大家不要期望太高，这样才不会有太多失望。

飞机：英国几乎每个大一点儿的城市都有自己的机场，但价格不一。建议大家最好提前一个月订好机票，这样性价比最高。大家可以采用"天巡"比价。英国比较廉价的航空公司有瑞安航空（Ryanair）、易

捷（EasyJet）、付林（Vueling）、弗莱比（Flybe）、途易（TUI）等。但是廉价飞机可能不包含机餐和饮料，有的可能只允许携带一件免费的手提行李。

火车：几乎每个城市之间都通火车。英国的火车不是国营的，而是由很多私人公司运营，比如北方铁路（Northern Rail），各个公司之间的车票不能通用。网上订票可以用火车线（Trainline）这样的第三方订票平台，或是去各家公司的官网订购。不过我推荐大家使用英国火车资讯（National Rail）预订车票，比较安全有保障。火车票分预售票、任何时段、非高峰期、超高峰期和日票等多种车票，一般预售票的价格比较便宜，但是不能退票和改签。任何时段票的时间比较自由，只要是同一天、同一个公司的票任何时间段都可以，但价格会比较贵。非高峰期比高峰期的价格偏低。日票就是同一天内所属同一家公司的火车可以多次乘车。英国火车有时会因为工人罢工出现停运现象，晚点和取消的状况也时常发生。如果乘车人年龄在16岁至25岁之间，可以办一张青年卡，价格可以优惠很多。在网站购票，可以在车站直接扫二维码，或者去机器上输入订购的"参考号码"（Reference Number）取票，当然在车站直接买票也行。一般在火车出发前一刻钟到达站台就行。

大巴：如果出门旅行要坐大巴，建议大家选择英国长途巴士资讯（National Express）和超级巴士。大巴一般比火车便宜。超级巴士的票价要比英国长途巴士便宜，但是站点少，有些站点还很偏僻，服务也没有英国长途巴士好。英国长途巴士的价格比火车便宜，但没有火车快，不过有很多时段可以选择，比较准时，是一种不错的出行方式。

公交：公交车票也可以直接在网上订购。以西约克郡为例，主要的汽车公司是抵岸公司（Arriva），他们有自己的网站和应用程序，比现场买票便宜，可以自由选择日票、周票或是月票。但是总体上英国的公共交通并不给力,经常晚点,有些公交的卫生状况也不太好。

住宿:在英国预订酒店,比较常用的有缤客(Booking)和爱彼迎(Airbnb)两个不错的应用程序。爱彼迎以民宿为主,环境和服务态度一般都比较好。缤客上房型很多,一般情况下,越早订价格越便宜。

旅行贴士

1. 及早做好规划,越早规划,性价比越高。如果城市或景点之间距离较远,需要留出足够的缓冲时间来应对意外情况。交通和住宿是旅游中开支最大的部分,可以在网上做好预订工作。如果计划不确定,不要选不可取消的项目,以免造成不必要的损失。

2. 在英国的大城市,如果能坐地铁就不要坐公交。因为有些公交车不报站,也不是到站就停,需要自己按红色按钮,司机才会停车。同理,想上公交时,需要先向司机招手,不然可能会眼睁睁看着车从你身边开过。

3. 旅途中虽然有很多打卡胜地,但是不推荐像我们这样"走马观花"似的旅行。旅游可以休闲放松,但是必须带上"有趣的灵魂"出行。"有趣的灵魂"来源于内部知识的积淀和对外部事物的好奇,所以通过旅游提升自己的学识,才能真正充实自己的精神世界。英国每个景点都有免费的宣传手册,可以收集起来做手账。

4. 该花钱的地方要花,避免因小失大。住宿尽量选好一点儿的地方,有的酒店含早餐,不过一般是英式面包夹各种酱,还有咖啡、牛奶之类。午餐、晚餐也不要马虎,吃自己喜欢的就好。英国一般有给服务员小费的习惯,所以在餐厅吃完饭后需要留下小费。有些中餐馆账单中已经包括服务费,那就无须再给小费。

5. 如果遇到成群结队大声叫喊的青年人,尽量不要与他们的眼神相对。走在路上不要一直看手机,因为英国没有我们想象中的安全,流浪汉也比我们想象中的多,请客观对待,不要同情心泛滥。

6. 最后推荐大家使用一个应用程序——"英国红领巾"(Red Scarf),里面几乎涵盖了在英国衣食住行的所有攻略,有兴趣的可以多研究研究。

结 语

尊重文化的多样性

仔细观察,你会发现英国其实能旅行的地方真的很多。在旅途中,我们看到了各种文明的交织与融合,也看到了英国文化的多样性。真的可以带着自己的知识到处走一走,知识底蕴不够的也可以带着书走一走,多体验一下各地不同的文化,才能更加欣赏这个国家的魅力。所谓"读万卷书,行万里路",我们平日读的书如果能在现实环境中加以深化,就能更透彻地理解书的内容。如果你觉得自己对欧洲历史了解甚少,不妨迈开脚步大胆去探索。

旅行的乐趣,除了遇见一些有趣的人和有趣的事,更是一种拓宽思维和生命维度的体验!

作者简介

谭雪花,澳门科技大学汉语国际教育专业硕士。曾任教于韩国某孔子课堂、英国某公立小学。曾在早安汉语、易桥汉语等机构担任兼职汉语教师,并参与汉语教师培训工作。同时创办"对外汉语的那些事儿"微信公众号,原创文章达百余篇,主要探讨针对不同年龄层次和学习目的的学生的教学方法。善于教学反思,善于表达自己的见解。

思考与实训

1. 在"我的故事"部分,作者在去爱丁堡旅行时遇到了什么问题?她是怎么解决的?如果是你,你会怎么处理?
2. 本文"生存攻略"部分提到了在英国的订票攻略。请仔细阅读,谈一谈在英国订票时应该注意什么问题。
3. 李老师和同伴在一起出游时,不小心走散了,此时她的手机没电了,充电宝落在旅馆了,她应该怎么做才能找到同伴并继续下一个景点?请选择一个国家,查阅相关资料,为李老师设计出一套解决方案。

18

你在他乡还好吗

/ 杨如月 /

英 国

我的故事

从安心到不安

来英国之前，虽然我知道英国发生过恐怖袭击，但想到政府对枪械控制比较严格，总体来说治安相对较好，所以并没有太多安全上的顾虑。我所在的城市卡迪夫是威尔士首府，有不少来自世界各地的移民、学生和游客。但相对英格兰来说，城市规模还是比较小，人口也没有那么密集。在这里生活大半年了，我接触到的人大都友善礼貌，温文尔雅，所以我也渐渐减少了对治安的隐忧。

直到有一天。

那天风和日丽，我和同事去市中心逛街。在这个30万人口的城市，无论是工作日还是周末，上午还是下午，市中心总是人来人往，街头挤满了提着大包小包购物的时尚男女，还有长椅上晒太阳的老人、商场门口驻唱的歌手、中心广场上的杂耍艺人。海鸥，时而停留在行人脚边，时而惊飞追逐，时而伫立在街头名人雕像的头顶傲然俯瞰众生。在这个美好的下午，我和同事像其他行人一样漫步街头，享受着美好的悠闲时光，我们感到轻松愉悦。

突然，一个陌生男子远远朝我们走来，大声嚷嚷着什么。一开始我们并没有特别留意，直到他距离我们只有一米远了，才惊觉他表情愤怒。他用英语说着辱骂中国人的话，挥舞着手臂，直接对着我们冲了过来！情急之下，我们赶紧侧身躲闪，和他擦肩而过！我们在人流中疾步往前走，却能从发声的方向，听出他还在我们身后大声叫骂着。

那一天，我虽然平安到家，但是心却揪了好久。一方面深深地感受到莫名的恶意，一方面突然产生了强烈的不安全感。东西方制度文化不同，但不同背景下的人性是相通的——有善有恶。无论在哪里，都有人会怀着极大的善意与人相处沟通，也有人不惮以最深的恶意去伤害他人。或许是一贯邪恶，或许是在瞬间陡生恶意，无论怎样，这邪恶都能摧毁我们的信任，给我们带来威胁。

同事田田，一个瘦瘦的年轻女孩儿，还曾在街头遇到过骗子乞丐。那个乞丐是一个挺着大肚子的年轻妇女。她头发散乱，脸色暗沉，衣服脏兮兮的。她说自己怀孕了，想回家但是没有钱，问田田能不能给她凑点儿车费。田田当时没有零钱，就很为难地说了一句："抱歉，我没有现金。"大肚子妇女不甘心地说："你有银行卡吗？那边街角就有个取款机。"田田感到不妥，拒绝之后就离开了。后来田田跟本地老师谈起这件事，本地老师说大肚子妇女可能是个瘾君子，幸好田田当时没用银行卡取款，否则可能被抢劫。

这让我联想到平时在商场门口或者路上，常常会有年纪轻轻的男女乞丐问："有零钱吗？给点儿零钱吧！"起初我感到很奇怪：发达国家的低保福利制度一般比较完善，为什么街头会有这么多乞丐？后来听本地人解释，才知道他们大多是吸毒者，有了钱就去买毒品。为了避免麻烦，面对这些人，原则上应该敬而远之，不去搭理。

除此之外，还有我知道的更严重的治安案件。

2019年6月2日星期日早上，细雨霏霏，因为要送朋友去伦敦，我们早早出发，打算到 Cathays 车站乘火车。刚走到路口，我们就惊呆了——马路被警察封锁了！路口停着好几辆警车，几名警察站在警戒线处，阻止行人和车辆通行。疑惑之中，我们询问警察出了什么事，警察神色严肃地说不能透露。

后来我们才在 BBC 新闻中看到，当天凌晨，在 Cathays 火车站后面的一条小巷，一个 18 岁的男生被几个人持刀刺杀，送医后不治身亡。事发路段正是我们所在的语言学院办公楼附近。同样据 BBC 报道，就在一个月之前的某一天，一个 21 岁的女孩儿在卡迪夫大学继续教育学院对面的出租房内被刺死。一个月内，大学周边突发多起杀人案件，而且就在我们每天工作和生活的区域，想想就后怕！

生存攻略

面临安全危机该如何应对

英国虽然不像美国那样持枪合法、种族矛盾严重，但最近持刀袭击案件却越来越值得人们警惕。据媒体报道，过去 10 个月，英国的持刀袭击案件增长了 20%，新闻里几乎每天都有各地刺伤杀人的案件，除此之外，各种暴力袭击、抢劫和强奸案更是层出不穷。看到这些，内心脆弱的人难免会感到压抑和不安，甚至会恐惧抑郁，因为不知道谁会是下一个悲剧新闻里的主角或是另一场刺杀案件的受害者。

从事海外汉语教学的老师们很多都是远离家人亲朋、孤身一人在国外工作，面临安全危机，我们该如何应对呢？我通过阅读相关文章及一些亲身体会，总结出以下几点建议。

1. 让内心足够强大

还记得汉办组织的选拔考试中有一项心理测试吗？——请画一棵

树，一栋房子，一个人。当时我还不太明白这幅画能测试出什么结果，后来慢慢悟出，这幅画不就是喻指我们在国外生活的境遇吗？一个人的生活可以简约却不能简单——当自己独处的时候，不沉溺于自我，安排好自己的生活，让自己过得愉快而充实；遇到挫折时，不自怨自艾，要积极振作；遇到麻烦或者危机时，不惊惧恐慌，努力想办法解决。总而言之，就是要经常给予自己积极的心理暗示，保持积极的心态，这样，才会让我们的内心足够强大，也会让我们的生存能力大大提升。

2. 绝不放松安全意识

西方社会人们的文明礼仪在日常生活中处处可见，比如"谢谢""抱歉"常挂嘴边，进门礼让，公共场合排队有序，没有碰瓷，等等。这种表面上的文明礼仪会让人觉得安全，渐渐地就卸掉了防御的盔甲。于是，在街上双肩包大大咧咧背在身后，手机随手放在外口袋里，甚至晚上十一点钟后独自回家……然而，我们必须认识到的是，文明礼仪虽然根植于西方生活的诸多细节之中，但并不能说明西方社会人人都是高尚、守法的人。英国也有小偷，有不怀好意的搭讪，有可怕的跟踪尾随！树立安全意识，保持警惕，是自我保护的第一要诀，这无论在什么时候、在什么地方、怎么强调都不过分。

3. 自我保护小贴士

第一，英国一些大学的安保部门有免费发放的个人报警器。任何人都可以领取。报警器也就是钥匙扣大小，遇到紧急情况时，拉出金属拉环，报警器就会发出警报响声，十米之内人人都能听到，晚上安静的时候声音还能传得更远。这种报警器一定要领取，随身携带很方便，遇险能起到报警和震慑作用。

第二，尽量避免独自一人夜归。朋友聚会在所难免，但还是要结伴同行。夜归时优先选择人多、明亮的路线。越早回家越好！特别是晚上，不要为了少走两分钟路，就去走没有路灯的公园或是僻静的小巷子。特别是女生，一定要早回家，走大路。

第三，搭乘正规的出租车。如果用电话叫车，提前把出租车公司的电话存在手机里。英国出租车公司很规范，司机都会在车来的时候给你打电话或者发消息，告诉你车到了以及你所搭乘的车的车牌号等。如果是网约车就更方便了。你可以下载正规公司的软件，既可以避免自己说不清楚具体的位置和目的地，还可以看到车什么时候到以及车主的详细信息。谨防搭乘路边的假的士。

第四，在外随时注意身边潜在的危险。路上遇见醉汉要避开，喊你时不要答应。不要理会别人的挑衅。万一遇到抢劫的能跑就跑，跑不及就把钱物扔给他，避免又被抢又被打，但是事后一定要报警！很多人因为没看清对方的长相或害怕报复而不报警，这是不对的。因为如果报警的人多，警方会因犯罪率高而加大巡逻警备，对自身和他人都好。

第五，去外地游玩儿最好报团。旅行团有统一的交通住宿安排，多人一起出行会更加安全。如果独自一人出行，要做好充足的预算。最好住当地好一点儿的酒店，不要为了省钱住便宜的旅馆。晚上在酒店住宿时，房门一定要反锁，不认识的人，绝对不开门。

第六，保存当地报警电话及中国驻英国大使馆或者领事馆电话，保存外交部的紧急求救电话。紧急联系号码除了存在手机上，还要另外保存手写备份。万一遇有紧急情况不要怕报警，也不要怕麻烦中国大使馆。

结 语

光明下的阴暗角落

随着社会越来越发达,警察机构、司法制度、安全专家、技术专家都在努力地保护我们的安全,但我们仍需保持自我警惕。因为总有一些"恶"根植于人性,总有一些阴暗的角落,隐藏着一些野兽,正在虎视眈眈地看着我们。一旦预感或察觉到危险,不要心存侥幸,要相信直觉,立即采取一切办法自救或求救。谁都不希望自己沦为犯罪分子的目标,所以加强心理防范,树立安全意识,采取预防措施防患于未然,才是最佳策略。

作者简介

杨如月,武汉纺织大学外国语学院副教授。曾在英国卡迪夫大学孔子学院任公派汉语教师。

思考与实训

1. 在"我的故事"部分,作者写到她和同事在街头曾被人辱骂恐吓,她们是怎么处理的?你同意她们的处理方式吗?为什么?
2. 阅读"生存攻略"部分,谈一下如果你在任教国家面临安全危机,该如何应对。
3. 请选择一个国家,查阅相关资料,谈一下在国外遇到极端言论或暴力举动时,我们应该如何应对。

19 初来乍到，我和所有人有个"约会"

/ 高亦霏 /

法　国

我的故事

至高无上的 RDV

提到法国，你第一时间想到的是什么？是埃菲尔铁塔在夜空下闪烁迷离的灯光还是街头巷尾的咖啡馆内那些烫着大波浪、涂着玫红色口红的妙龄女郎？是貌似童话里绵延不断的翠绿丘陵中突然出现的沧桑古堡还是山村平整开阔的麦田中翻滚着的金色浪花？

法兰西的缓慢和优雅是镌刻在骨子里的。但如果第一时间你能想到的只是这些，可能是因为你并没有在这里真正地生活过。无论到法国学习还是工作，其实第一时间要学会且将频频接触到的一个词是 Rendez-vous，也就是"约会"（以下简称 RDV）。虽然本人是法语科班出身，也系统地学习过法国文化，但初来乍到，还是在这熟悉又陌生的 RDV 上栽过不少跟头。

当我作为一名汉语教师志愿者第一次赴任法国，经历了中国大使馆的暖心接机，感受了当地中文教师的热情接待之后，激动无比的我怀着一腔热情，想尽快投入到工作中去。我一边忙着听课备课，一边忙着熟悉校园、认识学生……直到一周以后，一位当地中文教师悄悄问我："你的邮箱号码是多少？你跟银行、保险公司和法国移民局 RDV 了吗？"我疑惑地回答："移民局的材料我是寄了，可银行和保险公司还要 RDV 吗？"

那时习惯了使用现金的我，根本没觉得没有银行卡会对生活造成什么影响。直到一天下午，我去住所附近的一家小超市采购，当我拿出在中国银行兑换的 500 欧元纸币结账时，收银员一边震惊地看着我，一边"慌乱"地按下了款台封锁按钮。红色的应急灯顿时闪烁起来，一阵"哔哔"的提示音过后，经理慌慌张张地跑了过来。他仔仔细细观摩了好几遍我手中的 500 欧元，然后很认真地告诉我："你要办一张银行卡，像我们这样的小超市很少收到这样大额的纸币，这样是不安全的！"

我只好抱着试试看的态度去了银行，心想："办个银行卡而已，难道还用 RDV？"进了银行，前台人员微笑着让我在大厅坐等了半个小时，然后一位银行专员从办公室出来，送走了客户。他简单跟我交流了两句，写了个清单，又给了我一张名片，说："请带齐材料来办理银行卡，并请提前发邮件跟我预约。""怎么又是邮件预约？"我一边思考着，一边默默地看着材料清单——法国移民局证明（OFII）赫然在列！我有些慌张，马上跟移民局联系，结果被告知：收到材料以后还需要审核，约一个月以后，我才能收到一封"召见"信。那时，我要按照信上约定的时间报到、体检并上交全部材料，通过后才能给我法国移民局的证明。也就是说，我急需的银行卡至少一个月以后才能真正开始办理！这对于在中国习惯了办卡"立等可取"的我来说，简直是一件不可思议的事！

无独有偶，初到法国，也许是因为换了环境，水土不服，嗓子一向不太好的我开始咳嗽。于是我打算去医院看看。结果到了医院，前台人员提醒我："看诊是需要跟自己的家庭医生预约的，来医院的一般是急诊，而且症状比较严重。"说着，她指了指旁边那个被抬进来的骨折患者，又说："即使是这种严重程度的患者，没有预约的话也需要排队等候，并且费用较高，所以最好办理保险以后再来。"自认病得不严重的我，只得离开了医院，开始了新一轮 RDV 流程……至于咳嗽，嗯，后来就自愈了。

生存攻略

初到法国的各种行政手续

初到法国，面对陌生的环境，需要办理很多手续，一个个接踵而来的 RDV 不免让人等得望眼欲穿又无可奈何：公事会面需要 RDV，私事联络需要 RDV，连吃饭、理发、修车这样的日常小事大多也需要 RDV。看着法国人动不动就掏出口袋里的日程本，最初我还觉得不解，后来才明白，这众多的 RDV 不记下来还真的会忘掉。经历了法国低效而烦琐的行政手续之后，我慢慢地摸索出一套赴任经验。

第一步，开通国际漫游或在法国烟草店（Tabac）买一张临时电话卡。初到法国需要跟很多人打交道，办理银行卡等各种手续时都需要填写电话号码，因此有个临时的电话号码是非常必要的。银行卡办好以后，再去较大的电信公司（SFR, Orange, Bouygues, Free 等）网点或者在其官网上办理电话套餐。套餐价格一般是每月 19.9 欧元或者 29.9 欧元，套餐费会按月从绑定的银行卡中扣除。由于法国的电信公司竞争激烈，有的电信公司经常会推出每月 9.9 欧元甚至 2.99 欧元这样的优惠价格，因此需要你平时多关注官网或者网点的广告。值得一提的是，现在很多运营商为吸引外国客户而推出部分国家（含中国）国际长途免费拨打的套餐，这很划算。

第二步，办理法国移民局证明或长居卡。第一年到法国的时候，一般先申请的是法国移民局证明，之后才能换成长居卡。法国从 2019 年 2 月 18 日起开始实行法国移民局证明简化办理流程，实现了网上操作。现在只需要完成以下三个步骤即可：（1）在相关网站完善个人信息；（2）在网上购买电子印花税票；（3）确认后下载 PDF 格式的证明。需要注意的是，上述手续必须要在三个月内完成，且只有需办理 6 至 12 个月的长期居留签证才需要办理这个手续。长居卡通常每年更新一次，需要在长居卡过期前两到三个月内跟警察局预约,按照预约的时间递交材料即可,但从递交材料到拿到新证件会有一定的周期,如果在此期间上一个长居卡已经过期的话,需要先申请一个三个月的短居卡,避免成为黑户。另外,材料一定要按要求准备好,不符合要求的话可就要重新预约啦。

第三步,办理银行卡。中国有很多银行都有境外提现的业务,这些业务在一定程度上缓解了入境初期无当地银行卡、需携带使用大面值现金的不便。然而境外提现的额度限制以及法国行政手续中对银行卡信息的要求,确定了办理当地银行卡的必要性。法国的银行卡兼具储蓄卡和信用卡的功能。除此之外,还配有一本支票,支票在法国的使用范围很广泛。办理银行卡,你可以选择 BNP、SG、LCL 等较大的银行。第一次办卡通常有卡费的优惠。中国大多数的银行卡是免除管理费的,而法国的银行卡管理费用则相对较高。银行卡的办理除了需要预约、递交材料以外,银行还会核实你的收入来源。银行审核材料通过后,会分别给你寄来银行卡和密码,请一定要妥善保存密码页。

第四步,办理保险。到了法国,有两种保险是必须购买的——疾病医疗保险和多风险住宅保险。法国疾病医疗保险主要分为两大类:社会保险(sécurité sociale)和补充医疗保险(mutuelle)。社会保险由法国医保部门(Assurance Maladie)管理,在法国拥有合法居留权的人都必须购买,对于一般诊疗可报销 70% 的医疗费用;补充医疗保险是保险公司的产品,可选择性购买。办理社会保险的流程通常为:选择医疗保险机构——付款购买——就近选择一位主治医生——递交材料——审核通过——拿到医疗保险证明——收到医保卡。多风险住宅保险按照法国法律规定,无论住在学校公寓、合租还是单独租房,都需要购买。每年的保险金额在 60 欧元左右,所有的银行都提供此业务,办理相对便捷。

第五步，办理交通卡。这里的"交通"指的是市内公共交通和法国铁路两种交通方式。根据城市的不同，市内公共交通卡的套餐和费用有很大的差异，比如巴黎和小城镇的差异可能是几倍甚至十几倍的。法国铁路交通十分发达，也有很多相应的交通优惠卡可以购买，火车票价随着购买时间的变化有较大的浮动，并且同一目的地根据运营的不同线路和不同车速也有很大的差价。交通卡通常支持在网络上直接申请购买，根据自身的需求自行选择就可以了。

另外，法国人很忌讳在非办公时间被打扰，通常他们会用邮件与人联络。令人难以想象的是，法国人在很多情况下仍使用信件作为行政沟通的方式，甚至申请注销移动网络都是用挂号信哦！

结 语

RDV 中的浪漫法兰西

法国各种行政手续办理相对烦琐且冗长，究其原因，与法国整体人口较少以及崇尚自由的国民性格有关，亦与其循规蹈矩的体制有关。跟低效的工作节奏相对的，是法国的高福利待遇和人性化服务。因此，在法国生活也算是有得有失了。

从对法国的浪漫憧憬，到初来乍到时的"陌生慌乱"，再至后来的习以为常……现在笑谈往事，还真有些依依不舍。有时候觉得，法国人的缓慢和优雅，没准儿就是被这 RDV 制度培养出来的。在法国，无论是大事小情，都需要 RDV。在这个等待的过程中，你不妨冷静地坐下来，试着从法国人的角度去悠闲恬淡地看看这个世界。听一听街头艺术家演奏的欢快音乐，品一品咖啡馆里飘浮着馥郁香气的各式咖啡，再欣赏一下眼前那些穿着黑白灰却精致优雅的人群。这样的时刻，真的会让你重新爱上这浪漫的法兰西。

作者简介

高亦霏,从事汉语教学工作近十年,现任教于大连外国语大学,同时负责本校孔子学院工作处(汉语国际推广多语种大连基地)的行政工作,以及本校汉学院留学生的教学工作。曾在法国担任国家公派汉语教师;后加入法国国民教育部与中国教育部合作设立的中文国际班项目,作为国家公派教师再次赴法,主要教授汉语语言文学。对汉语国际教育的教学实践以及中华文化海外传播的开展有着较为明晰的认识。

思考与实训

1. 结合"我的故事"部分,谈一下作者在赴任初期遇到了哪些问题。你认为造成这些问题的原因是什么?应如何避免此类问题的发生?
2. 本文作者在"生存攻略"部分给初到法国任教的老师提供了一些办理行政手续的相关经验。然而政策永远在变化、更新与完善,请借助网络资源,查一查如果你需要近期赴法国(或其他国家)任教,赴任初期需要办理哪些手续以及如何高效有序地办理这些手续。
3. 阅读全文,思考一下为什么有人会认为法国人的办事效率比较低。谈一谈中国与法国相比,在一些行政手续的办理上有何异同。你如何看待这些异同之处?

20 年轻就是"本钱"

/ 高亦霏 /

法 国

我的故事

你今年多大

除了红酒和奶酪，法国的高福利政策也是广为人知的。据说，在法国的居民，无论国籍，只要拥有合法居留身份，即可享受到从出生到死亡的400多种福利。这些无微不至又慷慨无比的福利政策，让法国成为生活品质最高的国家之一。在这众多的福利中，有一部分是针对年轻人的，这对于刚刚大学毕业就赴任法国的我来说，无疑是个天大的福音。

当志愿者的时候，我的赴任城市是法国勒芒。那是个离巴黎不远、既现代又充满历史感的小城。赴任后的第一个小长假，当然要先去憧憬已久的巴黎走走看看。于是假期的前两天，我来到火车站，准备购买到巴黎的车票。

到了窗口，我跟售票员说了行程和时间。售票员查了电脑后告诉我："勒芒到巴黎的高铁要50欧元左右，车程约一个小时；慢车要30多欧元，车程两个多小时。你想选择哪种车？"囊中羞涩的我自然是选择慢车。看了我递过去的护照，售票员问道："你今年多大？"极注重个人隐私的法国人问出这样的问题，我感到非常惊讶，然而我还是礼貌地回答道："我23岁。""看你刚刚来法国，喜欢旅行吗？"售票员继续问道。习惯了法国人对陌生人那种带着疏离的礼貌和高傲又有点儿冷漠的性格,面对这突如其来的亲切交谈,我显得有点儿不太适应,顿了顿才回答:"是的,想在这个美丽的国家多走走看看。"大约是感觉到了我的情绪变化,售票员笑了笑解释道:"是这样的,我们有一种青年卡是专为12到27岁的年轻人准备的。这种卡每年49欧元,但买票可以享受优惠,而且在出发当天前退票或改签都可以免费。如果你这一年有较多的出行计划,我建议你办一张。"我欣然地接受了他的建议。

买票后我乘车到了巴黎。卢浮宫、奥赛博物馆、凯旋门、先贤祠、巴黎圣母院这些广为人知的地标性景点,当然是我的首要行程目标。几乎毫无例外地,我每到一个收费景点,买票时都会被问及年龄,然后要求出示护照。当检票员确定我不满27岁后,都会"慷慨"地让我免票入内。

这种"一本护照在手,巴黎任我游"的感觉,简直太让人开心了!

生存攻略

针对年轻人的各种福利政策

旅行中享受到的福利政策就像一个个小确幸,丰富了我的旅行经历,明媚了我的心情,然而这只是众多青年福利的冰山一角。接下来就日常生活的各个方面,我来具体说一下年轻人能够在法国享受到的一些福利吧。

1. 火车。上文提到的青年卡根据火车类型和发车时间的不同,可以享受10%~50%的折扣,其优惠也不仅仅局限在法国境内,一些到比利时、意大利等欧洲其他国家的列车也同样适用。青年卡的开卡时间不一定是购买当天，而是可以指定日期。在青年卡有效期最后一个月至过期三个月内续卡，可以享受 10 欧元的优惠。青年卡适用群体在 12 岁至 27 岁之间，也就是说 27 岁依然可以购买，最晚有效期是 28 岁生日前一天。需要注意的是，用青年卡购票后，每次乘坐火车需要带齐身份证件，以供检票时使用。此外，2019 年 1 月，法国国家铁路公司（SNCF）又推出了新的优惠政策，即青年月卡，该卡是为 16 岁至 27 岁在一个月内有多次出行计划的青年量身定制的，每月 79 欧元，可以无限次乘坐高铁（TGV）和城际列车（Intercité）各班次的二等座，基本覆盖法国各大城市，而且同样在发车前一天可以免费取消订票。

2. 公共交通。通常情况下，法国的各大城市会针对一定年龄段的年轻人，以多次卡、月卡、季卡或年卡的形式推出公共交通系统的优惠政策。

3. 住房。在法国，住房是一笔巨大开销，尤其像巴黎这样的一线城市，本身房源就紧张，房租更是高不可攀。好在法国政府生活补助中心（CAF）为符合条件的在法居民，根据地区、申请者身份、住房条件等提供不同的社会福利，即住房补助。申请者只要符合在法国的居所租赁时间超过三个月且有在法国开户的银行卡、与房东没有直接亲属关系、在房屋租赁合同上署名等相关条件即可申请住房补助。如果是非欧盟居民，还需提供法国移民局证明或有效的法国居留证明。正常情况下，学生、26 岁以下的青年或情侣能够拿到较高的补贴。

4. 文化活动。法国这样一个高度重视文化的国家，自然也出台了一系列与文化相关的福利政策，尤其针对一定年龄段的年轻人以及教职人员（主要指在职中小学教师）。这对培养年轻人的艺术情操、提升教职人员的能力素质起到了重要作用。法国一共有 120 座左右的公立博物馆、艺术馆或文物古迹，全都对上述群体免费开放。一些私人博物馆和欧盟其他国家的博物馆,对年轻人也有一定的优惠门票。另外,法国电影事业发达,看电影是大众极其重要的娱乐休闲方式之一。根据题材种类、放映形式、影院设施以及观影人群的不同,电影票价一般在 4 欧元到 12 欧元不等。为了让年轻人更好地体验并了解电影文化,电影院专为 26 岁以下的年轻人以及学生提供半价票和折扣票,甚至无限场次的月票。更让人惊喜的是,很多法国的书店为学生和教师也提供优惠价格,有时学生购买文具也都会有相应的优惠。

5. 餐饮。法国针对学生和教师有一定的餐费补贴,学生和教师在食堂吃饭,大约需要 5 欧元(根据学校性质和地区的不同可能更少)就能吃到一套包含前菜、主菜、甜点的正规法餐了。此外,一些快餐店也为学生提供专门的套餐或者优惠活动。

结 语

年轻就是本钱,但不努力就不值钱

法国这些林林总总的福利待遇,可以填饱你冰冷的胃,可以丰盈你温暖的心,也可以成就一次次说走就走的旅行。正如海明威在《流动的盛宴》中所说:"假如你足够幸运,在年轻的时候住在巴黎,之后的人生无论何时,她都会与你同在。因为巴黎是一袭流动的盛宴。"年轻就是本钱,可以有无限的可能。在享受这满满的福利之时,我们不妨加快脚步,趁着年轻,运用这些得天独厚的条件,多汲取知识的养分,莫要让这稍纵即逝的青春留白。

作者简介

高亦霏,从事汉语教学工作近十年,现任教于大连外国语大学,同时负责本校孔子学院工作处(汉语国际推广多语种大连基地)的行政工作,以及本校汉学院留学生的教学工作。曾在法国担任国家公派汉语教师;后加入法国国民教育部与中国教育部合作设立的中文国际班项目,作为国家公派教师再次赴法,主要教授汉语语言文学。对汉语国际教育的教学实践以及中华文化海外传播的开展有着较为明晰的认识。

思考与实训

1. 结合"我的故事"中的内容,谈一下法国针对年轻人的各种福利政策,通常是按照多大年龄来界定的。你认为这种年龄界定方式以及给予青年人的福利待遇是否合理?为什么?
2. 作者在"生存攻略"部分提到的各种法国青年福利待遇中,对你而言最实用的是哪一种?还有什么其他福利待遇是你认为很需要的?
3. 赴任法国的第一个假期,你准备去旅行。请查阅相关资料,并参考作者提供的各种福利政策,制订一个详细而实用的旅行计划,并计算一下享受各种福利待遇之后,可以节省多少钱。

生日晚会上的文化冲击波

/ 刘莉妮 /

法 国

我的故事

状况频出的生日晚会

刚到孔子学院任教没多久，我就收到一封邀请信。原来是初级班有个男生要举办生日晚会。按照法国人的预约习惯，他提前一个月就发出邀请，受邀者中包括我和另一位中国老师。我俩欣然赴约，毕竟平时都只在工作场合接触法国人，这还是第一次去法国人家里做客呢。

学生的家位于巴黎西南郊区，我和同伴对路线不熟，所以辗转到快八点了才出地铁站，而这就是晚会约定的时间。我们有点儿着急——想象中，其他客人都已就座，就等我俩开餐呢！我们急匆匆地赶路，终于在八点十分前到达。

学生一打开门，我就察觉出他的意外。他可能刚洗完澡，头发还来不及吹干，就热情地欢迎我们进屋。而我和同伴比他更意外，我们居然是当晚的第一名，比谁都来得早！大约过了半个小时，下一位客人才到。那半个小时间我们有点儿尴尬，感觉自己太过守时，有点儿冒傻气，仿佛打扰了主人的节奏似的。还没等我们从惊讶和尴尬中缓过神来，第二波的法式贴面礼就"迎面"而来。

来法国以前我听说过贴面礼，但从未演练过。平时在孔子学院工作，并没有行此礼节的机会。不过我对自己的跨文化适应能力很自信，觉得到时候我一定会表现得大方得体。可是当第一位进门的男士很自然地把脸贴过来的时候，我完全没有意识到他的用意。这位仁兄是个大胡子，这种亲密的近距离和猝不及防的触感，让我很吃了一惊，几秒钟之后才反应过来该如何应对。没想到我左侧脸刚收回来，他又扭过来右侧脸，我只得重新倾身向前。然而我刚收回站定，他左侧脸又杀了个回马枪。在我怀疑他是否会有第四次时，他却又突然结束了。在这一阵手忙脚乱之中，嘴里还要同时发出模拟亲吻的"啵啵"声，感觉又尴尬又滑稽。我忍不住笑场了，在场的法国朋友也笑起来，然后纷纷来安抚我。有的跟我详细解释贴面礼的方向和次数在法国各地的不同习俗；有的表示非常理解，毕竟连他们的邻居德国人也经常被贴面礼闹个大红脸；还有人很有经验地预言，我会很快习惯并爱上贴面礼，因为这是一种人和人之间表达友爱和善意的"可爱的小动作"。就这样，每进来一个客人，所有的人都要起身到门口，一一等待贴面问候。刚一落座，又有客人进门，大家就得再次在门口集合。而每当有人告辞，大家又为了告别而开始新一轮的贴面礼。可以说，我们不厌其烦地打了一晚上的招呼。

　　终于人差不多到齐了，可主人并没有要大宴宾客的意思。客厅的一角倒是有张小桌，上面摆着些薯片、棉花糖、巧克力等，再就是好多瓶各种颜色的葡萄酒和香槟。大家端着酒杯，就着小零食，或站或坐，三个两个凑对儿聊天儿。我和同伴的法语差强人意，而法国人的英语比我们的法语还蹩脚。大家倒是都想试着说汉语，可交流起来实在费劲，只好作罢。我和我那同伴杂糅着这三种语言聊得头昏眼花，肚子还饿得咕咕叫，看来今晚是没饭吃了。

　　这时，有人在客厅中央摆上一把椅子，请过生日的那位寿星就座，再把大家送的礼物堆在他脚下，簇拥着主人。原来到了"拆礼物"环节。真没想到，法国人居然会当着所有人的面，一份一份地拆开礼物示众。

礼物千奇百怪，有围巾、巧克力，比较多的是送书。还有人送了两根香草以及来历不明的二手包，居然还有人送了一个气球小狗。主人似乎并不在意礼物的价钱，但是每份礼物他都要举在手上品头论足一番。我突然有种不祥的预感，开始担心起来。因为我们送他的礼物是一个男士护肤套盒，价格适中，包装精美，好像也比较实用。唯一不好的是，盒子上有句莫名其妙的广告语——"如果你是个男人……"。他果然大声念出了这句话，众人都看着我们哈哈大笑起来，并且开始了意味深长、富有创意的后半句接龙。这真是人生中的尴尬一刻，谁也没想到那句广告语反而成了我们礼物的"亮点"。

生存攻略

生日晚会之温馨提醒

这次生日会的经历让我印象深刻。赴约之时，我是带着一股轻松愉快的新鲜劲儿去的，却在没有防备的情况下，遭遇了一次暴风雨式的密集的文化冲击波。之后很久，一想起那个晚上，我都忍不住想笑，但更多的是反思：为什么这次非正式场合的做客，会出那么多"意外"？为什么当时我们会感觉处处别扭呢？在参加法国人的生日晚会前，我们可以先问自己几个问题：

第一，时间把握对了吗？

以前，我坚持把"守时"作为永远正确的行为准则之一，实际上，这也是一种自己习焉不察的刻板思维。正确的做法应该是事先摸清楚所在国家的时间观念，以及在不同场合约定俗成的做法。法国的纬度较高，夏季天黑得晚，常常是晚上八九点钟还是夕阳晚照，天光大亮。一些饭馆晚间的最早营业时间是七点半以后。可以这样理解，法国人的晚餐时间大约比武汉晚两个小时。在法国人的观念中，晚上八点夜生活尚未开始，如果举行晚会，显然太早了。事后我才想起，学生的邀请中并没有提到明确的时间点。我当时还特意跟他确认了这一点，问他八点到可不可以，他当然说可以。现在我才明白，这种家庭小聚会没有具体的时间限制，不宜太早，也不宜太晚，八点半到九点之间到比较合适。

第二，贴面礼学会了吗？

贴面礼起源于法国，但这跟浪漫不浪漫没关系，只是一种普通的礼节而已，常见于熟人、朋友之间，重逢或是道别之际。初次见面的人如果想表达友善亲近，也可以行贴面礼。男女之间，或者女性之间用得比较多。男性和男性也可以贴面，但一般是关系亲密的朋友。在工作场合，握手也是很常见的。

那么该怎么贴面呢？在说了"你好"之后，双方探出身体并侧过脸，互相用脸颊碰一碰，同时嘴里必须发出声音，贴一下脸就"啵"一声。不发出声音是失礼的，给人感觉很奇怪。同时，两侧脸颊都要贴到，次数以两次居多，左右各一下。也有更热情地贴三下的。据说还有的地方贴四下甚至五下，应该不会更多了。

到底是先贴左脸还是先贴右脸呢？我觉得这是一个谜。各地区讲究不同，每个人的喜好也不一样。倒是有个简单的办法，就是以逸待劳，先观察对方的来向，再从容地见机行事。对于不熟悉贴面礼的人来说，最好不要贸然行动，因为会有一定风险撞上对方的鼻子或嘴唇，酿成一场小小的"事故"。

第三，是晚会还是晚餐？

学生邀请信中所说的生日晚会，我想当然地理解为晚餐。这实际上只是我中国式思维的"一厢情愿"。中国人请客人来家里过生日，那必须整一大桌好菜的呀！像这样只准备酒和简单的零食，以闲聊为主的晚会，也是法国人的一种待客之道。在去参加晚会之前，可以自己在家先吃点儿东西，以免饿肚子。

第四，送什么礼物合适？

在挑选生日礼物时，我没有考虑太多，只是在下班回家的路上顺便买的。礼物外包装上的那行字我也注意到了，但没有当回事——谁会去在意一句广告语呢？毕竟盒子里面的东西才是重点。万万没想到，法国人习惯当面拆礼物，还会当众点评，放大了那句广告语的效果。所以，首先千万不要忽视外包装上的文字。

其次，护肤品、洗护用品等是不太适合作为礼物送人的。因为比较私密，只有关系亲近的人才能送。何况我们也不了解别人的使用偏好、是否过敏等。我们在赴任之前，可以准备一些中国风的小玩意儿，如中国书画折扇、带有中国结的书签、筷子套装、剪纸作品、茶叶、适合他们的汉语读物等，这些都很适合作为礼物送给外国朋友。如果实在没有，按法国人的习惯送红酒或巧克力礼盒，也是比较保险的。

结 语

由做客开始的生活

受邀去当地人家里做客，是一个了解当地社会的好机会。但是在赴约之前应该做好充分的准备。提前熟悉路线、计算好出门时间、准备好礼物等自然必不可少，而最重要的准备就是对当地习俗文化的充分观察和了解以及开放的、接纳的心态。像贴面礼、当面拆礼物等风俗习惯，对法国人来说，是习以为常的事，我们应以轻松、包容的心态去面对，才能更好地融入当地的生活。

作者简介

　　刘莉妮，武汉大学国际教育学院教师，从事对外汉语教学二十余年，有丰富的汉语教学经验。曾赴韩国交流访学，在韩国淑明女子大学中文系讲授汉语课程一年。之后，在法国巴黎德尼·狄德罗巴黎第七大学孔子学院担任公派汉语教师两年。

思考与实训

1. 在"我的故事"部分，作者在赴这场生日之约的过程中，前后一共遭遇了几次文化冲击？分别是怎样的情形？她的感受如何？她又是怎样应对的？
2. 阅读"生存攻略"以后，你学会法式贴面礼了吗？请结合本文，并查阅相关资料，从贴面的对象、时机、部位、方向、次数、声音的配合等角度，说说你所理解的法式贴面礼。你认为行贴面礼时最重要的是什么？
3. 阅读全文，说说法国人在收到礼物时会怎么做。比较一下他们和中国人的做法有什么不同。根据这种文化差异，说一说我们在给他们挑选礼物时需要注意什么。

西班牙的舌尖之旅

/ 黄佳乐 /

西班牙

🎬 我的故事

火腿、烤猪与美味集市

来西班牙之前,我在韩国工作过一段时间,泡菜炸鸡虽然好吃,但还是心心念念地想换个环境,品尝一下不一样的美食,于是一冲动就来了西班牙。来之前我对这里的印象只停留在足球很有名、人民很热情上,对其他事物并没有什么具体的感受,对美食也不抱有什么期待。毕竟谁能比得上我大中国的美食呢。

结果,到住家的第一顿晚餐就让我赞不绝口。

火腿与烤猪

那一顿饭吃的是火腿。一片片切得薄薄的火腿,肥瘦相宜,吃的第一口感觉有些筋道,多嚼两下发现轻轻一抿就可以化在口里,完全不是那种充满淀粉的质感。

市场上售卖的西班牙火腿

这里的火腿根据猪肉部位的不同分成了很多档次。我最喜欢那种深红色的，更有嚼劲一些，吃起来口感很好，有一点儿像吃牛筋的感觉，但如果再柔软一点儿，再搭配上当地的啤酒，就更完美了。我常常在没有课的时候，一个人坐在酒吧的吧台，点上一杯啤酒，再加一小碟火腿配面包，用混杂着英语和西班牙语的语言，与厨师小哥有一搭没一搭地聊着天儿。

说完火腿，再来讲讲烤猪。西班牙烤猪的出名全是得益于作家海明威的宣传。马德里有一家烤猪店是他在作品中多次提到的，每年有很多游客都慕名而来。吃烤乳猪之前，服务员会特意拿烤好的整只猪给我们拍照。我们没有点整只猪，只点了三份中的一份，价格是27欧元，两个人吃绰绰有余。吃烤猪前，店家还特意为我们举行了一个分猪仪式，用一个盘子将猪分开，然后将盘子摔在地上，据说是为了给吃猪的人带来好运。这让我想到了中国文化中的"岁岁（碎碎）平安"之说。

圣米盖尔市场和圣安东集市

到西班牙的第一个周末，我就用谷歌地图找到了这边最大的市场——圣米盖尔市场，位置就在马约尔广场旁边。一开始我以为是那种像中国一样开放式的、类似于卖菜的市场，所以跟着导航绕了很大一圈都没找到。后来才发现市场在一个玻璃房子里，里面也并不卖菜，而是各种西班牙小吃，有点儿类似于武汉的户部巷。住家爸爸告诉我，虽然圣米盖尔市场里面的东西有一点儿贵，但是当地人也很喜欢去，不只是游客喜欢去。几天逛下来，我发现这里的物价还是很友好的，不会有什么特别针对游客的高定价，当然网红店除外。

在这个市场里，我最喜欢的就是车厘子。这里的车厘子个头儿很大，和小苹果有一拼,甜而多汁,是那种多肉的口感,没有涩和酸的感觉,价格也适中,可以随便吃。除了车厘子,还有一种果酒叫Sangria,是最受游客欢迎的。这是一种用红酒加入水果调制而成的酒,既有水果的清香,又不会因为酒精度太高而喝醉。所以我每次去市场都会点上一杯,站在吧台前,一边喝着酒,一边和朋友聊天儿,十分惬意。

除了圣米盖尔市场,我第二喜欢去的地方就是圣安东集市了。这里有很多有名的西班牙美食,以生火腿最有名。放一片手工切割的生火腿到嘴里,浓郁的香味瞬间融入整个味蕾,吃到你完全停不下来。市场里面还有一种软糖,我也要强烈推荐。我一般是不吃甜食的,但这个软糖吃起来就像是在喝果汁一样,口感完全不一样。

生存攻略

火腿、烤猪以及海鲜饭的美食攻略

都说意大利是美食之国,其实西班牙也毫不逊色。它虽不像日本食物那样精致,但食物自身透露出一种豪放与热情,会让你很快沉迷其中。

关于火腿,西班牙朋友告诉我一些挑选秘诀:

1. 看品名,看部位。火腿分为黑猪腿和白猪腿,还分前腿和后腿。挑选的原则是黑猪腿好于白猪腿、后腿好于前腿。西班牙人认为,黑猪腿才是正宗的Jamón Ibérico——伊比利亚火腿;而白猪腿在西班牙语中叫作Jamón Serrano,虽然也很好吃,但比较便宜和家常。刚来的时候,住家的冰箱里有很多火腿,每天我都吃一种不一样的。在完全不知道哪个是白猪哪个是黑猪的情况下，我凭口感就知道深色的更好吃。从这一点可以看出，确实白猪、黑猪是有些不一样的。

2. 看等级。如果确定买黑猪的后腿，也就是 Jamón Ibérico，也得看等级，不同等级的黑猪后腿价格也不同。这与猪的饲养方式有关。猪的饲养方式大致分两类，一类是把猪养在猪圈里喂谷物饲料，叫 Jamón de Cebo；另外一种叫 Jamón de Bellota，即散养的喂橡树果实的猪。吃橡果的猪肉的品质比吃谷物饲料的要高很多，相当于"走地猪"和"圈养猪"的区别。"走地猪"的价格自然要比"圈养猪"的价格高一些。

3. 看颜色。白猪腿和黑猪腿在肉的颜色上很容易分辨，白猪腿发白偏粉，黑猪腿颜色更鲜艳、更深一些。看到颜色浅又粉嫩的肉，一般就是白猪腿；而越好的黑猪腿，颜色质感越好，透着包装就能感受到。

4. 看品牌。在西班牙，不管是在超市还是在专门卖火腿的商店，都可以看到很多不同的火腿品牌，令人眼花缭乱。买的时候，店员会帮你一片一片地切好，再一片一片地装好。如果你想带回国，也可以选择真空包装的。但是有些航空公司是不允许携带肉类的，所以回国前要先查询好能否带上飞机。当然，也有一些知名火腿品牌，品质稳定，买这些准不会出错。比如，5J 是各大星级酒店都喜欢用的产品，国际知名度很高；Joselito 俗称"小荷赛"，是顶级米其林餐厅钟爱的品牌，也号称是西班牙最好的火腿品牌。

关于烤猪，如果你想吃地道的，可以去塞戈维亚（Segovia）吃。那是一个离马德里车程只有一小时的古镇，那里的烤猪很有名。古镇上还有一条历经千年的大水渠，紧靠大水渠就有一家百年烤猪店，但大多数情况都需要提前两三天预约。

最后我们再来说一下最为中国人熟知的西班牙美食——海鲜饭。因为自己对海鲜有点儿过敏，所以来西班牙后我一直没吃过。直到有一天朋友告诉我，海鲜饭也有不带海鲜的，或者我可以选择加入什么海鲜，我才有了第一次尝试。海鲜饭和我预想的有些不一样，虽说都是金黄色的，但却不像中国的蛋炒饭那样干，而是有一点儿像糯米那样黏黏的感觉，好像是使用印度大米的原因。米饭呈金黄色的原因是加入了一种叫藏红花的调料。海鲜饭做好后，是被放在一个平板锅里端上来的，刚上桌时，你会看到金黄的米饭夹杂着大个头的红虾，冒着热气，然后用一把不锈钢的大勺子，一口一口地将米饭送入口中，没有比这更幸福的事了。

结 语

有温度的西班牙美食

提到美食的"温度"，我们最先想到的可能是日本。我去过日本，体验过那种厨师制作美食时专注的"温度"，那是深夜下班后一碗热气腾腾的拉面的温度。但西班牙美食的温度是不一样的，它更为热情。或许是地中海的阳光太过热烈，连带着食物都有那种慵懒的感觉。西班牙的白天时间很长，晚上九点天才会慢慢暗下来，所以你经常可以看见在街边的咖啡店、广场的台阶上、公园里的草地上，三三两两的朋友围坐在一起，大声地聊天儿、大声地笑……这种生活上的悠闲，让我渐渐地也学会了放慢节奏，认真去感受每一次食物入口时那种舌尖上的"温度"。

作者简介

黄佳乐，从工商管理转行到对外汉语教育，曾在韩国工作过三个月后，后获西班牙卡米亚斯大主教大学中西教育研究专业硕士。

思考与实训

1. 在"我的故事"部分,作者提到西班牙有名的火腿与烤猪。除了西班牙以外,欧洲其他国家也盛产美食。请查阅相关资料,看看欧洲各个国家一般都以什么美食著称。

2. 在"生存攻略"部分,作者提到了西班牙美食海鲜饭。其实不仅仅是亚洲,欧洲很多国家的人民也有吃米饭的习惯,比如西班牙和意大利,可是他们做米饭的方法和中国不一样。你知道他们是怎么做米饭的吗?他们的米饭和中国的有什么不同?

3. 本文作者详细介绍了在西班牙鉴定和挑选火腿的秘诀。你觉得了解这类知识,对汉语教师在异国的生活、工作和教学有什么实际的帮助?请举出三个不同方面的实例,详细解释一下你的观点。

一枝独秀的爱岛蔬菜

/ 王酉凤 /

爱尔兰

我的故事

和马铃薯结缘

记得那是我抵达赴任国爱尔兰的第一天。八月的日子里，天气竟像北京的深秋一样，凉风习习，天空湛蓝，和煦的阳光俏皮地洒在沿河的咖啡馆座椅上，景象十分美好。

负责迎接我们的老师说，我们刚到爱尔兰，第一顿要先尝尝西餐。就这样，老师带领我们一行人来到了爱尔兰科克的一家西餐厅。刚看到菜单的时候，我就感到几分疑惑，这不就是我们每天吃的汉堡包吗？和国内的汉堡店没有太大的区别呀。我驾轻就熟地向服务员点了一份牛肉汉堡和一份薯条。可是上菜的时候，我发现别人点的餐都是一份汉堡和一份薯条，而我的居然是一份汉堡和两份薯条。就在我刚要询问服务员是否弄错菜单的时候，同行老师看出了我的不解，忙告诉我说，这儿的薯条是就餐必需品，除非你点完汉堡还想再吃薯条，否则是不用向服务员单独点一份薯条的，每一份汉堡都会配一些薯条。

原来是这样！看来我的爱岛第一餐就和马铃薯结下了不解之缘。

平日在爱尔兰的工作比较忙，如果没时间做饭，我就会去买快餐。吃得最多的当然是马铃薯。这里马铃薯的做法可以称得上是"千奇百怪"了：麦当劳的薯条是很细的那种，可以配些番茄酱。而其他快餐店的薯条形状就大不相同，是约两厘米厚的长条状。厨师会在刚出锅的薯条上撒上一层厚厚的芝士碎，拿起来会扯出长长的芝士丝。薯条香脆，芝士浓郁，味道自不必说，不过可得快点儿吃，否则芝士变凉了，就会和下面的薯条凝固成一盒"大饼"。超市买的薯条就更不一样了。我经常在超市的冷冻区选购各种加工好的薯条半成品，买回家稍作加工即可以当作早餐。熟食区的马铃薯是先用看起来比鸡蛋还要小的"婴儿马铃薯"（baby potato）切成大块油炸，炸好后撒上很多盐和胡椒粉，吃起来有些咸辣味。这种"薯块"价格很便宜，1欧元可以买一大包。除此之外，还有非常西式的"土豆馅儿速食饺子"，其面皮很厚，馅料由土豆泥和芝士、洋葱碎混合而成，吃的时候，有一种说不出的感觉。总之，除了形状像饺子之外，其他的地方和饺子毫无关联。另外，土豆泥也无处不在，可以和各种酱料搅拌——沙拉酱、甜辣酱、番茄酱，还有各种说不出名字的酱料；也可以做成饼，油炸或者烘烤后蘸酱吃；还可以把土豆泥放入蔬菜汤里，加入咖喱饭里……

在爱尔兰的生活里，马铃薯真成了我形影不离的好伙伴。

生存攻略

爱尔兰饮食指南

爱尔兰饮食文化相对单一，食物味道清淡，"一切皆可烤"是不变的定律。如果你和我一样，有一个"中国胃"，那么买菜和点菜则是在爱尔兰生存的必备技能了。爱尔兰和声名在外的"黑暗料理国度"英国有着相似的饮食习惯和菜品，所以可采买的蔬菜种类不会像国内市场一样丰富。不过如果细心观察，也会从生活中发现很多惊喜。

在爱尔兰第二大城市科克，连锁超市主要有Tesco、Lidl两家较大的品牌。市区外的 Aldi 规模较大，日常生活所需的食品、日用品都可以买到。采购时记得带购物袋，这里的购物袋价格是 0.75 欧元，相当于一大包橘子的价格。还有的超市可以申请会员卡，购买时会有优惠。另外，Centra、Supervalu、Spar 等超市店面较小，但分布广泛，主要提供零食、快餐、报纸、饮料等。在爱尔兰公路旁的加油站附近，总能发现这几个品牌店的身影。Dealz 和国内的"十元店"相似，但是货物种类非常丰富，服装、食物、日用品、文体用品，甚至是新鲜的鸡蛋都可以在这里买到，价格实惠，深受当地人欢迎。另外英国市场是主要出售生鲜的农贸市场，里面的生鲜种类非常丰富。调料店也有不少，去那里购物可以感受到地道的欧洲市井气息。但因为新鲜蔬菜和肉类需要大量人工，所以这里的价格相对比超市高。如果想念中国食物，可以去华人超市。那里商品丰富，国内的豆腐、莲藕、韭菜均可买到，火锅底料和调料是最受欢迎的，日常所需应有尽有，甚至还有日本的特色甜点、韩国的辛拉面等亚洲食品。

主食

爱尔兰人的主食中，面包、面条、大米最为常见。

不同于国内的面包，爱尔兰的面包通常没有甜味。全麦面包会放一些谷物粒，其他种类的面包会添加葡萄干、蔓越莓干或是能够促进肠道消化的奇亚籽等食物。切片面包的价格不同，一般在 0.5 欧元到 3 欧元之间，比较便宜。现烤的面包价格略高，通常单个小面包的价格在 0.5 欧元到 1 欧元之间。现烤面包的品质非常好，飘香四溢，外壳酥脆，色泽诱人。面包和蛋糕在超市均有售卖。另外还有一些品牌的面包店，价格相对较高。

爱尔兰的面条以各式各样的意大利面为主，价格非常便宜，通常 0.5 欧元能买一大包意大利面，配上一瓶浓浓的意面酱，至少可以做三顿早餐。盒装的方便面是学生们午餐的最爱，价格在两欧元以内，超市以及爱尔兰"十元店"Dealz均有售卖，十分方便。

爱尔兰的大米主要靠进口，长长的泰国米是最常见的大米种类。但是，这种泰国米没有味道，咬合度也不强，食入口中寡淡无味，一斤大米的价格约5欧元。建议大家在华人超市购买东北大米，香味浓，有家乡的味道。

果蔬与肉类

爱尔兰的水果种类并不多，但常见的水果如苹果、香蕉、橘子、橙子、葡萄、草莓等都可以买到。很多水果靠进口，如石榴、哈密瓜、西瓜等。日常所需的水果价格也不贵，一斤苹果、橘子、香蕉的价格一般不超过1欧元。

超市常见的蔬菜有胡萝卜、芹菜、小蘑菇、青椒、西兰花、茄子、西红柿、黄瓜、卷心菜、生菜、香菜、葱等。除了以上列出的蔬菜种类，有些蔬菜很少出现在超市里。像莲藕、海带、豆芽、豆腐、蒜苗、油菜、白萝卜等建议去华人超市购买。华人超市蔬菜的价格大体上是国内的两倍，最便宜的蔬菜也在0.5欧元以上。令人意外的是，在爱尔兰吃到的大蒜、生姜均从中国进口，这让我这个思乡心切的人有了家乡的感觉。

国内猪肉价格暴涨时，爱尔兰的猪肉价格还在每斤25元人民币左右。在科克，猪肉、牛肉、羊肉、鸡肉是家常的肉类，价格合理，肉质鲜嫩。每只整鸡的价格是3欧元，非常便宜。牛羊肉在超市里更是随处可见，价格比鸡肉稍贵，每斤为4至5欧元。如果你喜欢吃肉，一定要来爱尔兰哦，在这里，吃肉比吃菜更便宜，记得要从国内多带些炖肉料。

海鲜类的食物在科克种类不多，主要有三文鱼、鳕鱼、虾等几种，新鲜的鱼则需要去农贸市场购买。另外有些小镇的路边也有售卖鱼类的小摊。英国著名的"炸鱼条"也可以在爱尔兰吃到,鱼排炸得很酥脆,餐厅里的炸鱼条价格大约在 17 至 25 欧元之间。

饮品

爱尔兰人最爱喝的饮品是红茶和咖啡,学校的教师办公室会提供红茶、牛奶、咖啡三种饮品。地道的爱尔兰红茶除了倒入少许牛奶以外,还可以根据自己的喜好加入适量的爱尔兰红糖。这是一种咖啡色的糖,和红茶相配,味道更香醇。

初到爱尔兰时,我发现了一个"怪现象",即牛奶的价格竟然比矿泉水便宜!一瓶矿泉水 1 欧元,而牛奶竟然只需要 0.8 欧元。此外,这里牛奶香醇,口感顺滑,可以说是我喝过的最好喝的牛奶了。奶制品的品质也很棒,酸奶的种类很多。还有大果粒酸奶,和国内有所不同,这里的果粒非常大,比如蓝莓果粒和草莓果粒都很大。如果你是奶制品爱好者,在这里一定会感到满足。

提到爱尔兰,不得不提到当地闻名于世的 Guinness 啤酒了。这里的 Guinness 啤酒源于 18 世纪。据说 20 世纪初,每 10 个爱尔兰男人中,就有一个直接或间接靠 Guinness 啤酒厂维持生计。这里的饮酒文化十分流行,酒吧不仅是饮酒爱好者的专属,也是人们唱歌跳舞、聊天儿放松的场所。以至于在爱尔兰,如果想说"谢谢"时,人们经常说的不是"Thanks",而是"Cheers"。来到爱尔兰,除了体验风景如画的自然风光,一定要去 Guinness 酒厂博物馆参观,体验一下这里的啤酒酿造史以及爱尔兰人幽默乐观的人生态度。

结 语

用心体验，大胆尝试

爱尔兰的食物种类不是很多，但是总会在不经意间给你一些灵感，让你发出"居然还可以这样吃"的惊呼。爱尔兰的饮食虽然有些单调，但你会发现香料的品种非常丰富，在烹饪和调制菜品上发挥了很大的作用。除此之外，你还可以多用用烤箱。烤箱除了烤鸡和烘焙甜点外，还有其他的"打开方式"。

在爱尔兰的生活中，我不仅尝试了各种特色美食，同时，还了解到了蕴含在菜肴里的深层文化。作为一名汉语文化传播使者，我们要做的不仅是向汉语学习者介绍中国文化，同时也应该以开放包容的心态，感受不同的文化特色。世界是一个大舞台，勇于尝试，才会体验不一样的精彩。

作者简介

王酉凤，中央民族大学汉语国际教育专业硕士。曾任"美国各大学联合项目"春季班汉语教师，教授美国汉密尔顿学院留学生汉语。目前在爱尔兰科克大学孔子学院担任汉语教师志愿者，承担初中年级4个教学点、8个班的汉语教学工作，参与举办各项中文推广和文化展示活动。

思考与实训

1. 本文提到作者在国外遇到了饮食方面的不适应,比如蔬菜种类单一,无法满足日常的饮食需求。请问如何摆脱这种困境?如果在出发之前,你即将赴任的国家有类似的饮食特点,你会如何打算?
2. 阅读"生存攻略"部分,谈一下爱尔兰人的饮酒习惯对当地文化有何影响。如果你赴任的国家也有着悠久的饮酒文化或者其他特别的用餐习俗,你会如何对待这种文化习俗?
3. 本文提到了很多爱尔兰饮食与购物方面的小贴士,请选择其中一个方面(如主食、蔬菜或饮品),将其与中国相对比,列举出二者的异同,预想可能会出现的冲突和问题,并提出相应的解决办法。

24 如何在意大利成功"拿下"居留卡

/ 梅国丽 /

意大利

我的故事

差点儿被居留卡限制了自由

我是 2018 年 9 月 26 日到意大利的，10 月 1 日初次申请了居留卡。带着提前准备好的相关材料来到邮局排队，工作人员帮我在电脑系统上预约了 12 月 13 日按指纹和掌纹，然后给了我一份缴费回执单。

12 月 13 日一大早，我和另外一个同事带着相关材料来到当地移民局，取号排队……对！就算你有预约时间也要取号排队，因为工作人员并没有严格按照预约时间来安排——来得早，就可以早点儿办理；或者来得巧，没有几个人，也不用等很久。在移民局按了指纹以后，工作人员又给了我们一张单子，叫我们去警察局按掌纹。

警察局不是随意进出的地方，在门口我们就被门卫拦住了。出示了在移民局拿到的单子以后，门卫让我们等，然而并没说要等多久。刚开始只有我们两个人，等了大概一个小时，门口一共站了十几个来按掌纹的人后，我们看见三个人从街上慢悠悠地走过来。门卫让我们跟着他们进去。这时我才明白，原来他们才是工作人员。当时已经是上午十一点了，这些工作人员是才来上班呢还是茶歇去喝了杯咖啡呢？Non lo so（不知道）。按掌纹的程序比较简单，拍照、采集掌纹信息、检查身份信息就可以了。

1 月 25 日的时候，我收到了一条短信，通知我 31 日去拿居留卡，于是我就这样成功地拿到了意大利的居留卡。可是居留卡的有效期只有一年，从申请日开始计算。我看了下自己的居留卡，是从 2018 年 10 月 1 日开始，2019 年 9 月 24 日到期。这个时间可太尴尬了！因为 7 月底到 9 月底这两个月是暑假，我要回国。如果我持现有的居留卡 9 月底再回意大利，那么居留卡已经过期，有被拒绝入境的可能。这样考虑之后，我打算暑假回国前再申请一下第二年的居留卡。按照意大利的法律规定，必须在居留卡无效前的两个月内才能申请第二年的居留卡，也就是说，我申请的时间必须是 7 月 24 日到 9 月 23 日之间。可是因为我 7 月 23 日要回国，所以我必须在那以前就开始申请。

这可怎么办呢？

我在网上查询了各种资料，发现虽然规定如此，但是很多生活在意大利的外国人并没有按此规定办事，有的人甚至提前半年就申请也被接受了。欣慰之余，我又发现了一个新问题：按照之前的经验，预约采集指纹的时间大概要在申请后的一个多月到两个多月之间，所以我采集指纹的时间很有可能会跟我回国的时间重合。百思不得其解之下，我只能去咨询帮我填写申请表的国际办公室工作人员。她拍着胸脯说："没问题，你可以放心去邮局申请。如果预约时间恰逢你不在意大利的话，我可以帮你修改。"听了她的话，我就放心大胆地在 2019 年 6 月底就去申请了。不出所料，邮局的申请系统自动帮我预约了 8 月 27 日采集指纹，刚好是我不在意大利的时间。

我打电话给国际办公室的工作人员，请求她帮我更改预约时间，可是这一次她居然说不可以改！不过她安慰我说，如果我错过了预约时间，等回意大利后，可以拿着机票去警察局证明我那时不在意大利，然后重新预约就行。本来错过采集指纹的结果不过是推迟拿到居留卡，但是那张居留卡我必须在圣诞节之前拿到，否则没有签证，圣诞假期我哪儿都去不了。抱着试试看的心情，我提醒她说："你明明说过可以帮我改时间的。"听到这话，她又松口了，说她会帮我试试。

两周以后，她让我的意大利同事问我，我之前请她帮的是什么忙。——她竟然忘记了！不过令人欣慰的是，她还记得我找她帮过忙。于是我向意大利同事又解释了一遍，请她转告。又过了两三周，我已经回国过暑假了，终于得到消息说她帮我成功更改了预约时间——新的预约时间在10月2日上午八点四十分，而我回意大利的机票是9月底。这个时间刚刚好！

10月2日一大早，我带着相关资料来到了移民局。这次的程序和第一次有点儿不一样。进门以后我没有看见取号机，只看见工作人员拿着一个名单，念了几个人的名字让大家进去。我是第三个被念到名字的。移民局早上八点半开门，我的预约时间是八点四十分，所以大概每三四分钟办理一个业务。同样是采指纹，这次的处理方式明显比第一次科学合理了很多。因为是第二次申请，所以不需要再去警察局按掌纹。在移民局按完指纹后，工作人员就让我回去等短信通知。临走时，他还让我放心，说两个月内肯定能拿到新的居留卡。

真希望事情能如他所说的那样"靠谱"，毕竟我圣诞节期间能否"自由"全指望这张"历经波折"的居留卡呢。

生存攻略

成功取得居留卡的注意事项

意大利移民局规定，外国人进入意大利境内，如果停留时间超过90天，必须申请居留卡，即使意大利签证为一年也不例外。因此国家汉办派出的每一位来意大利工作的老师，入境后都必须办理居留卡。想要成功顺利地拿到居留卡，必须处处小心，时时留意，认真查询申请居留卡的相关文件，熟悉办理流程和每一个步骤。

1. 居留卡办理流程主要分为三步：申请、采集指纹掌纹、短信通知取居留卡。各个流程之间一般相隔两个月左右，也就是说，正常情况下，从申请到拿到居留卡，差不多要4个月。

2. 申请时间：如果是首次申请，必须在进入意大利境内的8天之内提交申请；如果是续居留卡，则要在现有居留卡失效之前的60天内提交新的居留申请（例如现有居留卡5月30日到期，则必须在3月30日到5月29日之间提出新的申请）。

3. 申请时必备的证件或文件是：护照原件、护照照片页复印件和签证页复印件、保险（汉办要求出国老师必须购买的意外保险）、邀请函、申请表、16欧元的邮票。申请表装在一个很大的信封里，里面有好几张申请表，可以在任何一个邮局免费领取，但是有些邮局可能会临时被领完了，过几天才有。有些邮局会要求每人只能领一份，不能帮别人代领。不过我曾经一次性领了4份，这得看当天办事人的心情和自己的运气。

4. 申请居留卡的基本程序是：先在邮局领取申请表，然后填好申请表，贴好邮票，带上其他资料，再去邮局付钱，邮寄申请表。费用一共需要101.96欧元，包括办理费用70.46欧元、税1.5欧元、邮寄费30欧元。最好准备现金，意大利储蓄卡也可以，但是不能刷信用卡。

5.采集指纹掌纹时必备的证件和文件是：护照、回执单和一寸照片，第二次申请时还要带上旧的居留卡。

除了这些硬性规定以外，在意大利办事需要注意的地方太多了：

第一，出国在外，护照非常重要，最好不要随身携带，外出可以带上护照照片页和签证页复印件；但是搭乘飞机、办理租车或入住酒店时，请务必记得带护照原件。居留卡办好以后，也是要求随身携带的。

第二，有些意大利人的英语不太好，办理某件事之前一定要提前学会几个关键词的意大利语，就算表达不清楚，能让彼此明白大概意思即可。为保险起见，也可以使用翻译软件同对方沟通。

第三，部分意大利人办事拖拖拉拉，没有时间观念。意大利政府的工作效率也不高，所以能够提前准备或办理的，尽量提前，以免耽误自己的计划。

第四，做任何事情都要仔细检查。我同事在办理居留卡时，因为生日的日期错了，导致她回国的时候都没拿到居留卡。

第五，办同样一件事，各种各样的情况都可能发生。有的同事在移民局领取了意大利国情教育通知单，但是还没去学习，就收到了居留证；有的同事领取了通知单，也按时学习了，三个月以后才拿到居留证；而我，根本就没有见过什么通知单，也顺利拿到了居留证。我第一次按指纹和掌纹都是在同一天，而我另外一个同事按了指纹以后，被安排在几天以后才去按掌纹。一般来说，意大利居留卡的有效期都是按整年计算的，一年或者两年，但是我有一个同事续居留，拿到的新居留卡有效期居然是一年零四个月。所以，如果你也遇见了不一样的情况，不要大惊小怪。一切皆有可能，一切都靠运气！

以上都是我的个人经验和同事的案例，不同时间、不同地点的办事流程可能会稍有不同，而且意大利经常改变规则，没有统一的标准，所以一定要打听清楚当地的硬性规定和办事风格。

结 语

生活依然美好

关于意大利，想要"吐槽"的地方还有很多。意大利人没有时间观念——九点上课，九点一刻以前学生不可能全到。周五不定期罢工——火车罢工，无法去学校；想尽一切办法到达学校后，学校临时通知因罢工取消课程。火车时常延误——你可能会因为上一趟火车晚点而赶不上下一趟火车。公交车不准时——意大利的公交车站虽有时刻表，但最多就是一个摆设。工作人员办事不严谨——活动之前，他们会给你一个大致的行程安排，活动期间却临时改变计划……可"吐槽"之后，你却依然无法忘记意大利带给你的美好和惊喜：古罗马帝国留下来的历史文明，文艺复兴时的文化瑰宝，地中海的美景，托斯卡纳的艳阳，米兰的时装周，还有那难以抗拒的意面比萨冰激凌……在意大利工作和生活，不要着急，习惯就好，慢慢地你就会体会到这里的美好。

作者简介

梅国丽，重庆大学汉语国际教育专业硕士。研究生在读期间，曾在泰国勿洞市孔子学院和南非开普敦大学孔子学院担任汉语教师志愿者。毕业后参加美国大理会项目，在犹他州担任小学沉浸式汉语教师。曾在意大利比萨孔子学院任汉语教师。

思考与实训

1. 阅读"我的故事"部分,谈一下按照意大利的法律规定,什么人在什么情况下必须申请居留卡。申请延续居留卡时,在申请时间上有什么规定?

2. 阅读"生存攻略"部分,谈一下在意大利申请居留卡时,需要准备哪些文件,注意哪些问题。除此以外,你觉得还需要怎么做才能保证成功顺利地"拿下"居留卡?

3. 网络上经常出现"意大利是欧洲的中国"这样的言论,意大利驻重庆总领事也曾说过"意大利是欧洲最接近中国的国家"。请查询相关资料,谈谈你对"意大利是欧洲的中国"这句话的理解。中意两国在哪些方面有相同和不同之处?

四时之食

/ 刘 洁 /

意大利

我的故事

不时，不食

每年夏天回国，总是最开心的时候，我摩拳擦掌，大有不胖三斤不罢休之势。逛菜市场必然是清单上不可或缺的一项。我永远爱市场里那熙熙攘攘的人群，碧绿的菜叶通红的椒；这边是活蹦乱跳的水产，那边是热气腾腾刚揭开锅的糕点。伴随着摊主的阵阵吆喝，生之趣味油然而生，那是文明的冷冰冰的超市无法提供的慰藉。

兴冲冲地拎了莲花白回去，盼着吃一顿糖醋莲白。这种在四川随处可见的包菜，在意大利却很难找到，那是真正地让我"牵肠挂肚"啊。谁知我爸瞥了我一眼，不无鄙视地说："现在的年轻人，买菜都不知道应季，春初早韭，秋末晚菘。不管哪种白菜，都是冬天的好。"我愕然，这是什么说法？于是我爸从蔬菜种植二十四节气开始讲了一大堆。难得有机会在家，总是要耐心听听才好。

其实早在两千多年前孔子就说过：不时，不食。世间万物生生不息，都有自己的规律和周期，食物也有自己的时节。而按时令季节来决定膳食，往往无须费心加工，就能享受食材最纯粹的美味。这，也是道法自然的一种体现吧。都说意大利和中国的友谊源远流长，两国古老的文明交相辉映，其实在饮食习惯上也可见一斑。"吃"文化也是意大利人引以为傲的，对于四时之食，他们和我们有着同样的认识和执着。

记得一次上班，是一个春意融融的下午，意大利同事悄悄塞给我一把白芦笋，用草藤绑着，还带着水汽。她神秘兮兮地问我："芦笋你知道吗？现在是吃芦笋的季节，芦笋就三四月最好，一定不能错过。我这可是 DOP 的，在园子里买的刚挖出来的。"我上网查了一下才知道，DOP 是原产地保护认证。我瞬间感觉这份礼物很高级，又觉得这种朴素的送礼行为很可爱：拎把菜当礼物，像 20 世纪 80 年代，拿土特产送人。晚上回家，同事又不厌其烦地打来电话询问芦笋做了吗，是怎么做的。自然少不了热情洋溢地指导一番，言语间对自己的分享精神颇为自豪。意大利人就是这样的：奶奶和妈妈做的菜的味道是至高无上的美味；而愿意跟你分享家庭食谱的，无疑就是把你当自己人了。

生存攻略

意大利的四时之食

春食 意大利也有"春节"，只是跟我们的日子不一样，习惯也不同。在这一天，意大利人会到郊外踏青，感受一下春日，沾一沾春天的气息，正式告别寒冷潮湿的冬季，庆祝美好春天的回归。芦笋，意大利语是 asparago，从词源学的角度看，来自希腊语 aspharagos，是"芽"的意思，寓意着这是春天带来的礼物，是厨房里新季节的象征。因此，芦笋深受意大利人的喜爱。其实芦笋的历史非常悠久，两千多年前就广泛分布在地中海沿岸和小亚细亚地区了。据公元前 200 年的古罗马书籍中记载，早在那时芦笋便已经是送往宫廷的美食了。随着罗马军团的四处征战，更是被种植于帝国的各个地区。

据说芦笋有一千种做法。它可以做成各式各样意大利面的浇头，可以做成烩饭，还可以和白肉一起烹饪；它可烤可煮可蒸，还能做成丝绒般的浓汤。绿色的芦笋是最常见的，春天随处可见它的身影。其风味浓郁，是厨房万能选手，以博洛尼亚附近的小城阿尔特多（Altedo）产的最佳。白芦笋则生长在地下，它就像唐代美人的手指，饱满白皙，脆生生的，一碰就断，最适合简单清爽的烹饪方法。而紫芦笋最为罕见，全世界只出产于利古里亚大区的阿尔本加镇（Albenga）。同事向我介绍紫芦笋时带着骄傲的神情，因为它是"独一无二"的。

夏食　意大利的夏天是七八月份，炎热少雨，阳光中强烈的紫外线直射在人的皮肤上。人们纷纷到海滩上悠闲地躺上一整天，把自己晒得黝黑。像我这样的白皮肤常常招来同事们同情的目光，一看我就是没时间度假的。

高温天气容易让人胃口不佳，意大利人在夏天也偏爱"凉菜"，其中最有代表性的应该就是卡普里沙拉（Caprese Salad）了。这其实是一道开胃菜，起源于意大利南部那不勒斯的卡普里岛。对，就是谚语中说的"看一眼那不勒斯，然后去死"的那个那不勒斯！17世纪时，那不勒斯由西班牙哈布斯堡王朝掌控，所以西班牙从美洲引进番茄时，途经那不勒斯，那里适宜的气候和火山土壤让番茄在此地发展壮大起来，远远早于意大利其他城市。马苏里拉（Mozzarella）奶酪是那不勒斯另一标志性食材，同样拥有原产地保护认证。它用当地水牛奶制成，白生生软乎乎的，浸泡在水中时一晃一晃的，煞是令人喜爱。这道沙拉非常简单，却深受意大利人欢迎，颇有些"人间有味是清欢"的意思：红色的番茄，白色的马苏里拉

奶酪，绿色的罗勒叶，再淋上一点儿初榨橄榄油，搭配着晚间温柔的风，真的令人胃口大开。

秋食　秋天是亚平宁半岛最柔和宁静的季节，酷暑退去，而地中海气候的连绵雨季还未到来。栗子，毫无争议的是秋天的象征。它总是让我想到小时候，冬天的街头飘着糖炒栗子的香味，连空气都变得香甜起来，那是幸福的味道。有时候爸妈给我买上一小袋，我捧在手里暖乎乎的，感觉一直暖到心里。刚到意大利时，我住在山区的小城市，每天会路过大片的树林。有时候摘个野梨，有时候吃几颗桑葚，柿子熟了我也摘两个下来，就为一种野趣。有一天回家，看到小路上到处滚着栗子，我赶紧捡了一兜。回到家还没动手炒，想先发个照片炫耀一番板栗大丰收。结果呢，又被我爸嘲笑了。原来此栗非彼栗。这不是中国的板栗，而是欧洲的马栗。因为马栗树叶好看，常被种在马路两旁作为观赏，果实却是有毒的。

其实真不是我贪吃闹笑话。在意大利，秋天去山林里采摘栗子本来就是一项传统，各个区甚至还有自己的栗子节。栗子曾经是穷人的食物，因其淀粉多，营养丰富，又不用专门种植，陪意大利人度过了一段艰难的岁月，所以很多地区都保留着以板栗为基础的地区特色菜。比如栗子蛋糕、栗子馅儿饼、栗子甜酱、栗子烩饭、栗子面疙瘩、栗子饺子、炒栗子、栗子酒、栗子汤，五花八门，各有千秋。"糖渍栗子，让人想到阿尔卑斯山金色的小径，充满甜蜜，最是秋天的味道。"我的学生玛格丽特如是说。

冬食　岁月忽晚，山河入冬。一场秋雨过后便是冬天。意大利的冬季潮湿多雨，阴冷阴冷的，着实让人失去了热情。这种季节，我们中国最热衷的就是汤了，一碗热乎乎的汤喝下去，从唇舌到肠胃，再到心间，统统都温暖起来，活络起来，整个人感到无比舒畅。

意大利人也是如此。冬天一碗杂菜汤可以将人带回乡间奶奶家的壁炉旁。杂菜汤没有固定的食材，可以用豆角、西芹、番茄、胡萝卜，也可以加入豌豆、鹰嘴豆以及小扁豆，甚至可以加上大米、面包、意大利面。调料也就是一点儿盐，或者再来一勺橄榄油即可。小小一碗汤，却包含着整个意大利的秘密——有西西里海岸的风，托斯卡纳平原的土，波河日日夜夜奔流不息的水，还有热情随性的意大利人。

结　语

饮食人生

寒往则暑来，暑往则寒来，寒暑相推，而岁成焉。四时之食，不过一碗人间烟火。饮食文化是中国文化桂冠上的明珠，两千多年来缓慢又坚定地塑造着我们。民以食为天，吃是最大的事；吃得苦中苦，是面对困难的人生态度；请客吃饭，共享美食，是我们的人情往来。一日三餐，一蔬一饭，记录着我们的生活。

在跨文化交际中，饮食文化从来都是教学中重要又有趣的一环。而文化交流是双向的，了解对方，才能让对方更好地了解自己。意大利像另一个中国，同样的文明古国，同样的对吃充满热情。饮食文化中也包含着他们的历史，他们的喜怒哀乐。"也许，认识烹饪就等于认识居民灵魂的说法，在意大利比世界上其他地方来得更为真切。"这是我最喜欢的意大利作家翁贝托·埃科说的。

作者简介

刘洁,语言学博士,研究方向为意大利语作为第二语言的习得研究及汉语作为外语的习得与教学理论研究。多年从事汉语教学工作。现任教于意大利威尼斯大学亚洲及地中海非洲研究所,教授本科语言课程以及研究生社会政治文化课程。

思考与实训

1. 意大利人和中国人一样,对生活充满热情,尤其是对食物的热爱,更是他们引以为傲的民族特性。参考"我的故事"部分的描述,谈一下如果你的学生上课时带来自己做的食物或者节日特定美食想与大家分享,你会怎么做。

2. 结合"生存攻略"的描述,谈一下意大利的四季饮食有什么样的特点及与中国的四季饮食有什么异同之处。饮食文化是文化的一部分,各民族间有相通之处,也必然会有冲突。面对不同的饮食文化,你如何通过对比和解释来化解这种冲突呢?

3. 饮食在意大利文化中占有重要地位,在诗歌、小说、民间谚语中随处可见饮食词汇和建立在以食物为表达符号上的集体想象。纵观意大利历史,在建国初期完成了领土上的统一之后,各个地域和各阶层之间还存在着一些固有的对立,除了使用语言文化来推动国民思想意识建设以外,饮食文化也发挥了重要作用。最好的例子就是"意大利美食之父"阿图西(Pellegrino Artusi)1891年所著的《烹饪科学与美食艺术》一书。它不仅描绘了意大利各地菜系的轮廓,从语言方面来看,也是第一部以意大利文书写的食谱,这对完成语言统一、进而促进国家统一有着举足轻重的意义。参考本文描述,并查阅相关资料,思考一下你如何通过饮食视角,用这种更亲切的方式,向学生展示中国语言历史和地区文化。

俄式"冰与火之歌"

/ 郭 莎 /

俄罗斯

我的故事

冰冷是你，火热是你

你或许不知道，大雪可以是无声的。

在这遭遇五十年不遇的暴风雪的次日清晨，我们望着已抵二楼窗台的厚厚积雪，望着门房大叔奥列格扛着铁铲呼哧呼哧去扫雪，才猛拍脑袋，"嘿，面包不够吃！Блин（糟糕）！"我们不担心极寒肆虐，我们担心吃不饱肚子，毕竟这一场雪后，瘫痪的部门肯定不在少数。俄罗斯非一线城市乡镇的基础设施薄弱，这是我们学俄语的学生在看《办公室的故事》《命运的捉弄》等俄罗斯老电影时留下的"刻板印象"。真正在俄罗斯东部这片土地生活两年后，我深深地认识到，这种"印象"并非"刻板"。

奥列格大叔还在扫雪。公寓门前30米的人行纵道已经形成。我们很着急，着急出门买面包。我把自己从短裤短袖包裹到全副武装能对抗零下40度的气温后就出门了。

噔噔噔跑下楼。果然，整栋公寓忙着出门采购的只有留学生和我们。从与俄罗斯人打交道的各种经验得知：严冬里酷劣的气候，反而塑造了他们强健的体魄及与大自然作斗争的勇气和忍耐精神。他们崇尚精神文化而轻视物质利益，常常把经验事例化，也就是说，他们才不管明天面包够不够吃呢，今天不会饿着就好。

"嚯，真够冷的！"

外出只能步行了。纵使对室外恶劣天气预估得再准确，也架不住西伯利亚西北风的猛扇。一个趔趄，我稳稳当当扎进雪里了。雪足足有半米高。我的"全副武装"让我温暖，也让我在雪里挣扎却站不起来。雪花太软，我的四肢没有着力点，周围凄凄然，没人看到这副样子的我倒也谢天谢地。"噗！"我终于意识到这件事其实是好玩儿的。"天空真干净啊，湛蓝湛蓝的，没有一丝云彩，太美了！"我双脚一横，躺在雪地里想。

走到商店的时候，已临近中午。室内暖气的温度很高，我的四肢开始觉醒。口罩的蒸气瞬间蒙住了我的双眼，脸也肯定红了，因为有痒的感觉。我肯定更像一个套娃了。"套娃萨莎"（Матрёшка Саша）是同事给我起的外号。我很清楚套娃长什么样子，也很清楚在冬季教室里上完一天课后自己的样子，这算是一个称誉了。

"好一个大雪天啊！"一个大妈边进门边嚷着。我很认同她，我俩互相点头致意。这是在俄罗斯的第二年，我渐渐收敛了自己西南土家族人无处安放的热情性格，学会了俄式打招呼——面无表情点头致意。这样你会被认为是个稳重可靠的人！冰雪和严冬带给俄罗斯人漫漫黑夜，皑皑冰雪，它使人感到肃穆庄严，并伴随着一种不可言状的压抑。所以不难观察到，大街上人们都是面无表情，脚步匆匆，凝重有余而笑容不足，似乎总是若有所思的模样。可是表象下的俄罗斯人，还有更深刻复杂的性格可以挖掘。那就是他们性格中炽烈火热的一面。

看我背着一大包吃的从雪地里跋涉回来，值班的门房阿姨拉丽萨远远就跑过来给我开门，一边握着我的手，一边说："冻坏了吧，可怜的小萨莎！"我递给她两个橙子，"学校说停课三天，附近的食品店只开了一个，能买的东西不多，还不知道怎么办呢。""没什么大不了的（Ничего страшного）！"这句话是她的口头禅。事实上，这句话是很多俄罗斯人的口头禅。一句"没什么大不了的"有很深的战斗民族性格烙印：

——今天气温零下40度了哦。

——没什么大不了的！

——商店里面包卖完了哦。

——没什么大不了的！（洒脱）

——下周需要开会。

——噢，好吧。（妥协）

——这次聚会不准喝酒哈。

——什么？！（难以置信）

能让俄罗斯人蹙眉不悦的事，很可能会跟酒有关。俄罗斯人嗜酒不是新鲜事，但基本没有哪个国家会有俄罗斯这样大密度的醉汉分布。即使在这冰天雪地的天气里，在回家的路上，还是会在路边碰到瑟瑟发抖乞讨的俄罗斯醉汉。"唉，姑娘，我好饿啊，给我点儿钱吧！"醉汉边说边摇摇晃晃地挡住你的去路，一副你不搭理他便不会罢休的气势。有的时候也可能会跟花或巧克力有关。电影《办公室的故事》里男主角诺瓦谢利采夫去花铺里买花，给暗恋的上司卡卢金娜偷偷送去的情节，成为影片中被人津津乐道的浪漫细节。俄罗斯鲜花极贵，极寒的天气让鲜花变成日常生活中的轻奢品，所以能收到鲜花作为礼物，是送礼人十足的心意。与花相伴的还有

巧克力。俄罗斯是一个很有节日仪式感的民族，每逢佳节，人们会互送卡片、礼物以表达祝福。其中最受欢迎的礼物就是巧克力。在圣诞节（俄历）、新年、"三八"女人节（俄罗斯不称之为"妇女节"），俄罗斯人都热衷于送甜甜的巧克力。我吃过的最甜最多的巧克力就是在俄罗斯，于是在任期第二年智齿严重发炎了，只能靠吃抗生素来消炎。

不过今天，我的公寓里既没有鲜花，也没有巧克力，只有土豆牛肉汤配面包，这是我的晚餐。忙活了一天，终于吃到了热乎乎的东西。人生中，这是我第一次因为冰箱里有食物而感到安定满足。一周前，我还有要买一件貂皮大衣的想法，这是俄罗斯冬天女人们人手一件的装备。"可扛冻了，穿这个根本不觉得冷，小萨莎，你穿肯定好看！这要穿上就像咱们俄罗斯姑娘呢。"拉丽萨的话很有鼓动性，谁不想好看呢？可在此刻，我大口啃着面包，咕噜咕噜地喝着汤，觉得自己重新被世界救赎。

"还是活下去比较重要啊。"

生存攻略

吞冰啮雪，火内栽莲

俄罗斯冬季的严寒气候是对生存的一大考验。俄罗斯几乎6%的领土伸入北极圈内，属于寒带气候。大部分地区冬季漫长消寂。冰雪和严冬带给俄罗斯人漫漫黑夜，皑皑冰雪，它使人感到一种不可言状的压

抑。这种压抑不仅作用于本国人，也使得在俄罗斯工作和生活的我们倍感无力，特别是当好不容易去一趟商店还买不到好食物的时候。

如此恶劣的气候也滋长了俄罗斯人的惰性和依赖性。比如冬季在街头散漫晃荡的醉汉，就是靠酒精打发生活。他们往往不会对你有真正的威胁，毕竟醉成那样，连稳当走路都是问题，根本没有力气去对你挥拳相向。但每次遇到来向你"乞讨"的醉汉们，还是会被他们冷不丁地吓一跳。不过，俄罗斯人也从来不缺乏浪漫细胞。鲜花和巧克力就是他们表达浪漫的最好礼物。俄罗斯人嗜甜，这一点从超市货架上琳琅满目的巧克力就可窥见一二。我在孔子学院工作的两年期间，不论大节小假，都会收到来自朋友、同事或上级的巧克力作为礼物。看着满满一办公桌的巧克力，从最初的垂涎三尺到后来的望而生畏，真可谓是"甜蜜的负担"。

在俄罗斯生活了这么久，有一些生活经验还是要分享给大家：

1. 对寒冷气候做好心理预设，冬季勤储备食物。出发前先了解自己所在城市一年四季的气候如何，特别是冬季温度最低是多少度。情况允许的话，多备些厚衣服，羽绒服以长款为佳。在俄罗斯生活，冬季应多关注气象信息，时刻留意，以防暴雪天气等突发性事件打乱自己的生活节奏。平时可以多买些能长时间储存的食物，如土豆、洋葱、大米、面条、面包等主食也多备些。

2. 所谓"知己知彼，百战不殆"。俄罗斯人民性格最显著的特征就是"极端性"和"无中间性"。这种性格要求任何事物的好与坏之间的对比是极端的，而事物是好是坏则由他们自己的选择来决定。"我们事事不如人和我们比所有人都好"是他们的观念。特别是第一次与俄罗斯人接触时，他们往往会对你持有自己的"刻板印象"，这种"印象"会制造一种无形的距离感，你无法揣测，无法打破。我与俄罗斯人交往的最初阶段，几乎都在"危险的边缘试探"着，他们沉着冷漠，我却热情跃动，这种性格之间的强烈反差对首次认识我的俄罗斯人来说就很"压力山大"。所以我建议在跟俄罗斯人打交道初期，可以按照他们的节奏来，之后通过后续接触，再慢慢"显山露水"，这样会发现表象下的俄罗斯人还有更深刻复杂的性格可以挖掘。

3. 面对陌生的街头醉汉，我建议最好的方式是"冷处理"，快速走开，避免跟他们有太多语言和行为接触。实在纠缠不过，就给点儿零钱，他们会乐呵呵地走开，还会说"上帝会保佑你的，姑娘"。毕竟安全第一，当然乐善好施的确也是一种美德。

4. 礼尚往来是礼节，勿有心理负担。在俄罗斯，朋友同事等会经常互赠礼物。有些刚到俄罗斯的汉语教师看到这样频繁的送礼活动，会感觉不知所措，也不知道应该回赠什么。我建议回赠的礼物不用太贵重，表达心意即可。建议大家可以多准备一些中国特色的小礼品，这样既能表达心意又比较特别。

结 语

冰与火的淬炼

在俄罗斯两年的工作、生活经历，于我是生存大考验，是冰与火的淬炼。经历让人成长。正如丘特切夫所说："智慧无法让你彻底了解俄罗斯，一般的尺度岂能将它衡量？俄罗斯自有它独特的性格，对俄罗斯你唯有信仰。"这个民族复杂独特，但也充满魅力。希望即将到来的你也能在这片广袤的土地上把自己的故事谱成音符，吟唱成歌。

作者简介

郭莎，武汉大学文学院汉语国际教育专业硕士。本科毕业于大连外国语大学俄英双语专业。2014年本科毕业后，赴俄罗斯阿穆尔国立人文师范大学孔子学院任汉语教师志愿者，任期两年。后去美国匹兹堡大学孔子学院格林斯堡分校任汉语教师志愿者。

思考与实训

1. 在"我的故事"部分，作者谈到了一种"俄式打招呼"的方式，这种方式有什么特点？它与中国人见面时互相打招呼的方式有什么不同？请选择三四个国家，查阅相关资料，看一下这些国家人们见面时是如何打招呼的。
2. 阅读"生存攻略"部分，谈一下在俄罗斯应对严寒气候、与人交往、礼尚往来时需要注意哪些问题。另外，还有哪些问题需要注意？
3. 中俄之间有很长时间的语言文化交流历史，查阅相关资料，研究一下近年中俄之间在语言和文化交流上发生过什么重要事件。

27 学习塞语带给我什么

/ 王莎莎 /

塞尔维亚

我的故事

"老师，你是 SSK 三级"

塞尔维亚位于欧洲东南部，首都是贝尔格莱德。塞尔维亚语属于印欧语系斯拉夫语族的南部语支，它通行于塞尔维亚、克罗地亚、波斯尼亚、黑山等国家。所以学会塞尔维亚语，其实就相当于学会了多国语言，想想都觉得很棒。

塞尔维亚语和汉语哪个更难？

我所任教的小镇在塞尔维亚南部，据说是塞尔维亚英语普及程度最差的地方，学生英语水平普遍停留在回答"What is your name"的程度，所以我学习塞尔维亚语的初衷是想和学生课上课下进行更好的沟通。为了上课更顺利一些，在招生之前我就自学了很多塞尔维亚语的课堂用语。有了"当地语言辅助"，我的教学过程明显轻松愉快了很多。比如学习汉语拼音，因为我对两套字母体系都比较熟悉，所以就可以对比教学。我先让孩子们整体通读一遍，再找出与塞尔维亚语发音不同的声母、韵母（如 j、q、x、r 以及后鼻音），让学生有针对性地学习，从而达到事半功倍的效果。

初学汉语时，孩子们的固有印象是汉语很难。而我那时则天天被塞尔维亚语高度曲折的性、数、格、时、体、态整得稀里糊涂：比如汉语一个"是"可以解决的，塞尔维亚语会有"sam、si、je、smo、ste、su"等各种表达，"你、我、他、你们、我们、他们"分别使用不同的"是"来搭配。为了改变学生对汉语的固有印象，在他们学习数字后开始学习星期和月份时，我让学生在课堂上把塞尔维亚语的星期和月份词全部写出来。这样一来，塞尔维亚语和汉语的难易对比就一目了然了：用塞尔维亚语表达这些时间，需要记住整整19个单词；而汉语只要知道"星期"和"月"两个词，然后与之前学过的数字组合就可以了。这种课堂上的对比，加上我自述学习塞尔维亚语时苦不堪言的样子，再加上他们自己学习中文时的轻松姿态，孩子们一下子就明白了两种语言的差异。

这时我再问："塞尔维亚语和汉语哪个更难啊？"他们都哈哈大笑起来。

我们一定要在这里给你找个对象！

学习塞尔维亚语，让自己的教学变得更轻松的同时，也可以让生活变得更便利。来塞尔维亚之初，我就知道这个国家对中国特别友好，但不知道竟然友好到这种程度：你走在路上，会有人邀请你去他们家的院子里小坐，喝杯茶或自家酿制的果酒；你在饭馆吃饭，会有人替你把饮料钱给付了⋯⋯

刚到塞尔维亚，仅凭着入门级的蹩脚的塞尔维亚语，生活就已经给了我重重礼遇：在花店买花时，我跟花店老板用塞尔维亚语多聊了几句，介绍了自己的小园子，就获得了额外赠送的盆栽；在市场买水果，老爷爷通过聊天儿得知我是中国人，一定要免费送给我水果；在市场买菜时，我还能够用磕磕绊绊的塞尔维亚语帮助糊涂的卖主纠错、挽回自己的经济损失。总之，我发现当地人对中国人的情感认同还是非常强烈的。当我能用塞尔维亚语整句输出后，更加尝到了会说塞尔维亚语的甜头。

有一次下课，我和同事一起出去喝咖啡。由于地理老师英语不太好，就一直用塞尔维亚语和我聊天儿，我也用塞尔维亚语回应。这让同事们惊讶极了，她们说："所有来这里的汉语老师，你是最棒的！"她们又拿起菜单让我拼读，我两套字母都读出来了，她们更是兴奋，说："你的塞尔维亚语学得太好了！我们一定要在这里给你找个对象，让你一直住在我们这里。"说着，她们还真的热心肠地给我看了一张她们好朋友的照片，"他人非常好，家里也好，很有钱，下次我们约你们一起出来。"英语老师也在一旁添油加醋："你嫁到我们这边后，可以得到长期居留卡。"就在这时，地理老师突然很兴奋地脱口而出："三百第纳尔（塞尔维亚货币单位）！哈哈哈！"我搞不清楚上下语境，一脸茫然地问英语老师。她笑着说："这是一个梗。因为塞尔维亚遍地都是中国商人，刚到塞尔维亚的中国商人不懂塞尔维亚语，但是对于收多少钱是非常清楚的。问他们什么，他们的回答都是这个商品价格是多少第纳尔。哈哈哈，不过你的塞尔维亚语好多了，绝对不止'三百第纳尔'！"

我们在电视里见到你了！

四月，塞尔维亚南部举行汉语7周年庆祝会。作为一颗小小的螺丝钉，我本来是躲在角落里负责现场节目的调音，后来又被派去负责文化活动的书法体验活动。我给一位来参观的官员介绍毛笔字时，几乎是本能地脱口而出一句塞尔维亚语"你看，像这样写就可以了"，就如同给学生上课一样。这时，电视台的摄影机正好对着我们拍摄，因为会说塞尔维亚语，我也被请求用塞尔维亚语对这次活动做一个简单的介绍。

第二个星期去学校，后勤阿姨们一见我就对我大喊："我们在电视里见到你了！"我一脸惊讶，觉得她们眼太尖了。这时，她们把网站的视频链接发给我让我看，还很兴奋地告诉我："我们看了一遍又一遍，你可是所有中国人中唯一一个用我们的语言接受采访的！"我这才明白，她们对我上电视这件事并不是最自豪的，而是我会说塞尔维亚语这件事。她们比我还要自豪！

SSK 三级

六月，学了两个月一对一中文的一个学生想考 HSK，听完我介绍 HSK 的每个级别对应的汉语水平情况后，她突然来了一句："老师，现在你是 SSK 三级了！"

"你说什么？"我问。

"你已经可以在生活、学习、工作这三个方面用塞尔维亚语沟通了，而且也能在塞尔维亚整个国家进行语言无障碍的旅行了。你的塞尔维亚语肯定是 SSK 三级了！"

"哈哈哈……"

生存攻略

塞尔维亚语学习策略

塞尔维亚语比较有意思的一个地方是境内通用两套字母：西里尔字母和拉丁字母。西里尔字母是比较古老的、官方的；拉丁字母在日常生活中更常见。对于外国人来讲，学习拉丁字母显然更容易，不过若有俄语背景，学习西里尔字母也并不是大难题。我自学塞尔维亚语使用的 APP 就是以西里尔字母为主导的。总结自己学习塞尔维亚语的过程，好像跟儿童学习语言一样，经历了独词句阶段——双词句阶段——电报句阶段——成人句阶段。能够撑住一段你来我往的半个小时的塞尔维亚语对话，除了得益于对方对外国人说外语的宽容度外，也还是需要一些学习策略和交际策略的。

第一，找到适合自己的语言学习 APP，每天学习一课时，坚持就会有效果。学习塞尔维亚语的 APP 推荐使用 50 Languages（塞尔维亚语）。这个语言学习软件主要为主题式课程学习，每个部分包括词汇表、学习卡片以及测试，最后还有一些语言学习的理论知识。不过这个 APP 以西里尔字母为主，刚入门比较难一些。

第二，掌握一段流利的塞尔维亚语自我介绍。作为一名初来乍到的外国人，每天都会遇见很多陌生人，这时候一段流利的自我介绍可以为接下来的语言学习打开一扇大门。塞尔维亚的汉语教学还属于兴趣班学习阶段。我在课堂上采用主题式教学，在教学生的同时，我把对应的塞尔维亚语也学习了一遍。

第三，让交际的另一方充当教师角色，当对方讲话时，你可以认真倾听，积极参与每一次会话过程，针对语言学习现状寻求帮助。比如我在初期学习塞尔维亚语时，挂在嘴边的一些句子就是："你好，我是中国人。我不会说很多塞尔维亚语，只会说一点儿，我正在学习。"对方这时一般会回应："你的塞尔维亚语讲得已经很不错了。"在遇到不会说的生词或句子时，我会问："这是什么？"对方回答时，我则重复该生词或句子，然后说："你是我的塞尔维亚语老师，谢谢你！"这样的一段对话，会让对方很开心，而我的塞尔维亚语词汇库也一天天地扩充起来。这可比枯燥的自学有趣多了。

结 语

不是归人亦非过客

本科时教我们中国传统文化课的栾睿老师曾说过一句话，大意是"你要融入这个城市，一定要有主人翁的态度，不要自己把自己当成客人"。向来不喜欢走马观花式旅行的我，如今在塞尔维亚已经生活了一年零两个月了。我不是归人，也从未把自己当成过客，但因为知道自己总有归期，所以在塞尔维亚的每一天，我都很认真地在生活：亲切接纳当地人的拥抱，主动给予别人帮助……我把塞尔维亚当成自己的第三故乡，学习塞尔维亚语让我收获了这里诸多朋友的友谊，让我的异国生活时有惊喜。我想，这就是我和这个塞尔维亚小镇之间的缘分吧。

作者简介

王莎莎，新疆师范大学对外汉语专业本科毕业，武汉大学汉语国际教育专业硕士在读。曾在福建参加"三支一扶"项目，支援农村建设两年；在泉州一家教育机构从事少儿英语教育。曾在塞尔维亚科尼亚热瓦茨从事汉语教学工作，并于2018年2月至2020年1月赴塞尔维亚继续开展汉语教学活动。

思考与实训

1. 在"我的故事"部分，作者在塞尔维亚教兴趣班学生学习中文时，都运用了什么方法来鼓励学生学习中文？如果是你，你会怎么做？

2. 阅读"生存攻略"部分，谈一下作者在当地是如何快速掌握塞尔维亚语的。你认为学好一门外语，第一步应该做什么？还有没有其他学习赴任国语言的好方法？

3. 作者刚到塞尔维亚，生活上就得到了当地人的重重礼遇，感受到了当地人的热情。请结合本文描述，查阅相关资料，谈一下中国和塞尔维亚的关系在历史上有什么样的变化。你知道中国人和塞尔维亚人在表达热情的方式上有什么异同之处吗？

28 迷失在北欧森林里

/ 施闪闪 /

瑞典

我的故事

森林中的迷失

瑞典的大街小巷，遍布着彰显人们生活细节及美好家庭氛围的家居用品店。在这些各有千秋的商店里，蜡烛虽是一个微小的存在，却从未缺席。你甚至能找到一些蜡烛专营店，里面琳琅满目地摆放着款式不一、大小齐全、香味独特、颜色纷呈的各种蜡烛。在瑞典，蜡烛并不只是被美美地展示在货架上，不同的场景里也总会有蜡烛来"锦上添花"。前段时间我买了一个名为"Walk in the Wood"的白色蜡烛。这个带着雨后森林淡淡清香的蜡烛，让我回想起了自己那段独自穿越北欧森林的经历……

那时，我在瑞典达拉纳大学中文系任汉语教师志愿者。达拉纳大学位于瑞典中部城市法伦，我则寄宿在离法伦市中心比较远的一个华人家里。从家步行至大学大约需要四十分钟，中途会穿过一小片森林，还会路过一块静谧又美丽的墓地。刚到法伦时是九月初，体感温度已似北京的深秋，只是这里更多雨。瑞典公交费用相对昂贵，所以我选择在九月、十月步行上下班，等到下雪时再坐公交。

每天花近两个小时走在路上，亲近自然成为日常。森林里的空气清新到让人感觉"醉氧"；很少能碰到路人，但会遇上一两只活蹦乱跳的小兔子、小狐狸。不过，也就是在这片令人"身醉"和"神醉"的森林里，我迷路了。

上班第一周的一天，一位中文系老师从斯德哥尔摩来法伦开会。下午快下班时，她的手机没电了，我的手机电量也不足20%。但是她还要回斯德哥尔摩，所以我将数据线借给她充电，自己则带着电量不足的手机踏上回家的"征程"。

那天，一直淅淅沥沥地下着小雨。过了一会儿，天变晴了，天边挂出巨大的彩虹。这是我来瑞典第一次看到彩虹，觉得实在有必要拍下这美丽的景象，于是我不顾手机的电量危机，找了多个角度一顿乱拍。拍满意了，还恋恋不舍地边走边回望那绝美的彩虹。

在这之前，穿越森林时，我通常会用手机自带的地图软件导航。那天，也许是因为拍照损耗了太多电量，也许是因为温度过低，手机竟然自动关机了！眼看着导航地图在我面前消失，我顿时傻眼了。无奈之下，只能先凭着记忆和直觉摸索前行，走过那片墓地，走上一片两侧都是北欧风格小屋的大路（路上空无一人），然后走进全是碎石小径的森林……天色越来越暗，我的内心也越来越慌乱起来。雨开始越下越大，我愈发想赶紧回家，于是一刻不停地往前走，走到腿也酸了。

一定超过四十分钟了，可是为什么还没有看到家的影子呢？而且为什么这个鬼地方连个人影儿都没有呢？

我越来越焦急害怕，但除了不停地走，什么也做不了。终于，我看到了一个带着儿子遛狗的女士。我赶紧上前询问，但张嘴的那一刻，我发现自己竟然不知道自己的住址用瑞典语怎么说！无奈之下，我只能用"白色的墙，蓝色的门，里面住着一个腿脚不好的中国男人……"这些句子来描述自己住的地方，但这位"从天而降"的女士却只是连连摇头，对我的描述一无所知。情急之下，像是抓住最后一根救命稻草，我突然记起住处附处有一家大型超市叫 Willys，所以赶忙问她。这下她总算明白了，但是她说法伦有两个 Willys，她猜测我想去的应该是离我现在位置更近的那一个。接下来，这位热心的女士带着我走了大约五六分钟，终于到了这家大型超市，果然就是我住处附近的那一家。看到我找到了想要找的地方，好心的女士跟我说了"再见"，还祝我好运。我觉得家已近在咫尺，自己找回去肯定没问题，结果却还是在许多幢白墙蓝门的小房子中间绕了好久，才看到了停在家门口的房东的车，于是赶紧狂奔回家。

回到家后，我暗自庆幸自己的好运。虽然当天我的微信步数已破了三万，我也在路上被雨淋得像只落汤鸡，但最后还是在好心人的帮助下，走出了那片荒无人烟的森林，毫发无损地回到了住处。

生存攻略

北欧生活建议

看完我的故事，也许你会好奇：北欧真的人这么少吗？森林有这么普遍吗？路上没有商店可以问路吗？我的回答是"是的"。

虽然法伦已经是达拉纳地区的首府，相当于中国的省会级城市，可整个城市人口不过五万，人口密度为每平方千米 26.9 人。根据网络上的资料，世界森林覆盖率约为 30%，欧洲约 47%，而瑞典则高达 66% 或者更高。所以如果你不是住在瑞典的城市中心，你的住处周围遍布森林真的是很正常的。由此可见，在北欧森林中迷路且无人可询的情况也绝非少见。那么，如何避免这种"惊险"情况的发生呢？在这里，我给即将到瑞典工作的小伙伴们提一些出行、生活方面的建议

(主要应对冬季的瑞典):

第一,学习一些实用的瑞典日常用语。虽然北欧人民的英文水平已经相当高,但很多地名路标,包括火车站的站台信息、超市商品等使用的都是瑞典语。如果了解一些基本的日常用语,一定会给生活、出行等带来便捷。记得我还曾遇到过一次因不会说瑞典语而造成的尴尬情况。有一次,粗心的我在逛街时把背包落在了店里,却不记得是哪一家商店。等我一家一家找回去时,遇到了一位上年纪的比较冷漠的服装店售货员。无论我当时多么着急地跟她用英语解释,她只是面无表情地摇头,最后丢给我一句"Sorry, I can't speak English"。

第二,尽早掌握当地的交通信息。智能手机里的通用导航软件一般已经可以解决大部分问题。具体到我所在的城市,可以下载一个 Dalatrafik 的 APP,上面可以看到所有公交线路的实时信息。瑞典十月以后就开始频繁下雪,不适合长时间待在户外,所以建议大家早些办理公交月票。公交单程票价是 30 瑞典克朗,如果是学生,包月的公交卡只需要 318 瑞典克朗,另加 30 克朗的制卡工本费,卡片可以每月循环使用。

说到学生身份,持有瑞典学生证除了可以购买学生公交卡之外,还可以购买火车优惠票,但是瑞典只认本土学生证,国际学生证不认。我在别人的建议下,下载了一个叫作 Mecenat 的 APP,然后去达拉纳大学的学生会组织,请工作人员给我一个学生 ID,从那之后才拥有了电子学生卡。大家可以根据自己和学校的实际情况去操作。

另外,乘车时得注意把握时间。虽说和南欧的意大利和法国相比,公交晚点的事情在北欧比较少见,但我的亲身体验是,公交车晚几分钟不足为奇。但如果你太大意了,晚到半分钟没赶上车,那可能就得再等半小时甚至一小时才能坐上下一趟车!

第三,衣物选择上以实用为主。也许是因为此前在意大利实习过,来到瑞典后，让我感到落差的不仅是天气，还有自身的"物欲"。"北欧无时尚"，我所居住的瑞典小城法伦在这方面更是令我失望。也许你知道时尚品牌H&M来自瑞典，瑞典本土小众品牌ACNE也曾在中国大火，但我和同在瑞典实习的志愿者纷纷表示，这儿真的很难买到适合自己的衣服，因为这里更追求实用。

法伦市中心的服装店也许就只有一二十家，没有什么选择余地，但几乎每家服装店都会出售一种抗风防水的雨衣，并且花色丰富，设计讲究，形似风衣，这也许可以算得上是北欧的"特产"了。没来瑞典实习之前，我曾去过斯德哥尔摩旅游，对斯京的印象就是阴沉灰白的天加上不时而遇的雨。为了对付这种日常的阴雨天，备一件这样的雨衣可以说既实用也"时尚"了。

鞋子的选择也得说一说。十月末，法伦开始下雪，随着雪花的降临，满街"磨人的小碎石"也来了。这些细小的石子儿是用来防滑防摔的，因为这里通常是雪还没化就又会下雨，这样一来，路面常常会变成即时溜冰场。在这种路况下选择鞋子，就要优先考虑三点：一是防滑；二是保暖；三是底儿厚。瑞典的药店里专门出售安装在鞋底的防滑钉，我没有试过，但看起来它们似乎能用于徒步冰川。我曾在这里买过一双很"淑女"的高跟靴，不过穿着这双鞋子走在满是碎石的路上，让我吃尽了苦头：鞋底太薄，每走一步，小石子都十分硌脚，这让我一边脚疼，一边还心疼新买的鞋子的磨损。所以在瑞典的冬天，千万别买这种徒有其表而完全不实用的鞋子！

第四，要有"颠倒黑白"的能力。我可不是说要大家不分是非，而是说要习惯黑夜，有将黑夜当成白天的工作能力。瑞典冬季的黑夜十分漫长，冬令时一调，白昼时长骤降，太阳从下午三点开始就酝酿着落山，常常四点不到，天已经黑透了。天亮得也比较晚，并且总是那种朦朦胧胧的天色。来瑞典之后，我的睡眠质量虽然大大提升，但长久的黑暗也会令人产生迷失感。每天下午四五点钟，看着黑漆漆的窗外，我总觉得到了该睡觉的时间；下班后一个人走在冷风中，四周黑黢黢、静悄悄，也总感到孤独迷茫。因此，我建议大家要提前做好心理准备，习惯黑夜和寒冷，多接触一些充满活力和乐观的事物，提高自己适应环境的能力，并且要合理规划自己的时间，提高自己的学习、工作效率。千万别因为冬季的黑暗冷清而迷失了自己前进的方向。

结 语

在冰天雪地里抱团取暖

法伦隔壁城市的博伦厄孔子学院一名汉语教师志愿者说，他很喜欢瑞典，喜欢这里的自然、宁静、慢节奏，他还说总觉得自己任期结束后还会回到这里；而喜欢热闹的我，在这里常常感到孤独、沮丧和迷失。正是如此，我想在最后告诉大家，来到瑞典，除了做好汉语教学工作、出行时照顾好自己的人身安全以外，还需要多关注自己的情绪问题。如果你天性乐观开朗爱交际，那么就多结识一些当地人，尝试融入瑞典社会，在冰天雪地时也可以抱团取暖；如果你还是觉得孤独，不妨去贴近自然，享受宁静，学会独处。

还有，别忘了，你还可以去挑选一些心仪的蜡烛呢，去点亮这漫长的冬夜，温暖异乡的自己吧！

作者简介

施闪闪，北京师范大学汉语国际教育专业硕士。曾于2017年至2018年在意大利马切拉塔大学孔子学院担任汉语教师志愿者，后曾以实习生和汉语教师志愿者身份在瑞典达拉纳大学中文系任教。

思考与实训

1. 阅读"我的故事"部分，想一想作者为什么会在瑞典迷路。迷路后她是怎么返回家中的？你认同她的做法吗？为什么？
2. 阅读"生存攻略"部分，说一说在瑞典出行、生活方面应当注意哪些问题。
3. 假如你即将赴瑞典（或其他一个欧洲国家）任教，结合本文，并查阅相关网络资源，拟一份从当地机场前往你的住所或教学所在地的行程攻略。

北美洲

　　北美洲是世界第三大洲。它东临大西洋，西临太平洋，北临北冰洋，南以巴拿马运河为界与南美洲相分。据统计，学习汉语的热度在北美洲逐年上升，目前在美国，学习汉语的人数超过280万人。[①]

　　本章相关生存攻略的案例分别来自美国、加拿大、墨西哥和多米尼加。

　　本章关于美国的文章有五篇，分别涉及与北美生活息息相关的信用、医疗、饮食、着装和住房等各个方面的问题；关于加拿大的文章，为我们详细介绍了蒙特利尔这个"北美小巴黎"的生活情趣；关于墨西哥的文章，作者从辣椒谈到小偷，让我们看到这个孕育了古玛雅文明的国度中的乐与忌；关于多米尼加的文章，作者则谈及一个很多海外华人都遇到过的尴尬问题——当地人索要金钱的问题。

　　下面我们一起来看看吧。

---

① 数据来源于 http://www.gov.cn/xinwen/2019-12/10/content_5460063.htm。

"夺命"催账单
——一次在信用社会的危机体验

/ 鲍莹玲 /

美 国

我的故事

突如其来的催款单

"800-×××-××××"又来电了。这已经是两天内第四次接到这个陌生号码的来电了。这天早上,我终于忍无可忍地接了起来。对方操着一口流利但不标准的英语,语气坚定地报出了我的电话和住址,确认我的身份之后,他像法官一样宣判了"我长期拖欠某某电信公司一笔几十美元的费用"这一行为,说现在由他们代为收缴。他还向我说明已经寄出一份书面催款单,如果我未能在规定的时间内足额还款,将会向信用机构汇报我的失信行为。

挂了电话,我有些紧张,赶紧上网查找这个来电号码。发现这个号码所属的公司在网上恶评如潮,关键词只有一个"scam"(诈骗)。看到这些,我想自己八成是遭遇了电信诈骗,便不再理会。

但没过几天,我收到了一封信,打开一看,竟然就是之前打电话的公司寄来的催账单,向我索要约50美元的电话费。难道我真的拖欠了电信公司什么费用吗?为了保险起见,我仔细检查了每一笔电话费。因为设置了自动还款,再次查证后,发现没有漏网之鱼。

没想到的是,这家"骗子"公司似乎还不死心。过了一阵子,他们的信又来了。不同的是,这次信封和账单的颜色变成亮黄色的了,除了欠款，还追加了一些利息。又过了一阵，同样的信又来了，这次信封和账单的颜色已经变成鲜红色的了，加上利息已经接近100美元。看着不断增长的数目，我觉得这件事不能置之不理。

我马上去电信公司说明情况，店员先解释他们公司的确会请专门的机构催收没有缴付的账单，然后帮我仔细核查了一遍所有的交易记录，终于发现这笔欠款是在我名下的一个冻结的账户下。我这才回忆起，几个月前，我跟朋友组建了一个手机套餐，电信公司的服务人员给我开了一个临时账户，产生了一笔手续费。由于他们没及时注销这个临时账户，最终帮我"招"来了讨债公司。电信公司的服务人员立即帮我处理掉了这笔费用。此后，我再也没有受到"讨债"公司的"骚扰"。

生存攻略

如何立足于信用社会

这件事情让我深刻地意识到，在美国这样一个信用社会体系中，每个人的一举一动都可能会影响自己的个人信用，也可能受到信用的影响。因此，在美国生活需要一些经营来增加信用，并且也要规避一些损害信用分数的行为。

一般来说，信用分数几乎是个人信用唯一的衡量标准。信用分数和个人社会保障号码挂钩。美国没有统一的身份证或居住证，社会保障号码（Social Security Number，简称SSN）是一个人唯一的识别代号，类似于中国的身份证号码。不同的是，身份证需要时时携带，而社保卡则要妥善保管，不能轻易把社保号告诉任何人。另一个不同之处在于，外国人在美国工作时也需要申领一个SSN。信用分数与每个人的 SSN 相关，自然也会伴随人们一生，不容小觑。从大的方面来说，买房买车如需贷款，需要良好的信用记录；从小的方面来说，开信用卡、设立水电煤气手机网络账户也需要你的信用记录。总之，信用分数的使用范围是很广的。

有些人不喜欢信用卡，什么都用现金支付，这是否可以呢？当然是可以的，美国社会并不拒绝现金。但对于大多数人来说，利用好信用制度可以优化个人的财务状况。简单来说，使用信用卡有助于增加个人的信用分数。不过，想要取得很高的信用分数不是一日之功，信用机构是相信"路遥知马力"的。一般而言，信用积累时间短的人的信用分数不如积累时间长的。如果刚来美国，信用分数只会在中间偏低的水平。对此千万别气馁，毕竟信用机构对你了解不多，无法判定你的信用水平。通过适度的信用卡消费和及时还款，你可以慢慢累积个人信用。好的信用分数不仅能增加个人信用卡的使用额度，而且在购房、购车中能享受到更低的利率和首付支出。

不过，别以为消费越多，信用记录就会越好。其实，短时间内过度的信用消费反而不利于信用分数的增加。有时，就算你能及时还款，但一次使用信用额度比例过大，也会影响信用分数。除此之外，还有很多行为会造成信用分数的下降。比如，开设新的信用卡和贷款账号将会被调查个人信用记录，这一过程就会引起信用分数的下降。因此，应尽量避免短期内频繁地开设信用账户。

至于本案例的特殊情况，我问过了解这方面知识的朋友。被讨债公司盯上并不会立即影响信用分数，但是到了一定天数，他们就会毫不手软地将你欠钱的信息公布出来，进入你的信用记录档案，从而严重影响你的信用分数。欠债记录对信用分数的影响虽不是永久的，但也会持续好几年，造成多年的生活不便。

对于初到美国的中文老师来说,在学校报到,拿到工作证明信之后,最先要做的事情就是去社会保障局(Bureau of Social Security)申领一个 SSN。美国的每一座城市几乎都有社会保障局的分支机构,在受理之后都会立即办理,并在几个工作日之后寄到你的家中。有了 SSN 就可以去办一张入门级的信用卡,并开始积累你的信用分数了。一般来说,信用分数在 600 分以下较差,800 分以上极佳,绝大多数人在 660 分至 780 分之间。

入门级的信用卡常常只需要网上申请就可以完成,但初始的信用额度只有 500 美元甚至更低。此时,你千万不要着急,记得信用额度的利用率在 30%,每月使用信用卡消费的数量尽量不要超过信用额度的一半,并每月按时还款。经过一段时间后,信用额度会得到提升。

当你有了足够的信用分数之后,可以考虑多持有一两张信用卡。美国的信用卡普遍有 1% 的返现额度,即消费 100 美元就可以有 1 美元的收入。有时为了推广使用,信用卡公司会把某些商品的消费返现提高到 5%。因此,作为已经被认可的信用消费者,你就可以挑选适合自己的信用卡,从而获取更大的利益。

即使偶尔一次忘记还款,也还有回旋的余地,你可以向信用卡公司申诉减免迟交还款的罚款。信用卡公司一般是可以通融第一次欠缴的。当然,如果你对自己的记性没有信心,可以选择绑定工资卡的自动还款。

结 语

虚惊之后的信用意识

这样的一场虚惊,让我经历了一次在信用社会的危机体验,也让我深刻地意识到,在美国社会表面的自由、法治、个人主义价值观下,是信用制度规范着人们的一言一行。也许熟人之间可以用人性化的信任原则来解决一些问题,但陌生人之间,个体与公司机构之间,甚至机构与机构之间的往来则大多依靠历史积累下来的信用记录。现代社会信息科技的发展,使得过去人与人之间互动的熟人社会,慢慢步入彼此不熟悉但需要发生互动的"陌生人社会",这一点在人口流动性大、人种构成复杂的美国社会尤其如此。如果想更好地生活在这样一个社会,就必须遵守大家都认可的规则,充分利用规则允许的权利,避免因违反规则而造成的损失。

作者简介

鲍莹玲,从事国际汉语教学十余年,有丰富的汉语教学经验及海外项目运作经验。曾任教于弗吉尼亚大学、明德暑校。现为印第安纳大学东亚语言及文化系的高级讲师,教授各年级普通中文课程以及高年级领航课程、商业中文等。除了在美国从事汉语教学工作以外,曾多次参与美国大学在中国开设的暑期项目,并参与本土师资培训工作。

思考与实训

1. 在"我的故事"部分,作者多次收到了来自催款公司的电话和催账单,她是怎么处理的?处理的结果怎么样?如果你遇到这样的情况,你会怎么做?
2. 结合"生存攻略"部分,谈一下在美国社会怎么做才可以保持较好的信用记录。哪些行为会损害信用分数?
3. 本文谈到美国是个信用社会,除了文章中谈到的信用卡,还有哪些方面也属于信用体系(比如交税、医疗保险、车险、房贷等)?中国这几年也提出了社会信用体系,请查阅相关资料,比较中国与美国的信用评分系统有何异同。

美国看病记

/宋丹/

美 国

🎬 我的故事

发烧了,医生却不见我们

2013年6月,我开始了在美国的生活。我清楚地记得那天早上,室友突然发高烧,我立马叫了一辆出租车,带她去附近的医院看病。到了医院,我想帮室友挂号,可是工作人员却问我们有没有预约。"什么,预约?我们没有,可是我们怎么知道什么时候会突然生病呢?"我辩解道。工作人员看了看我,无奈地说:"这里就是这样规定的,我也没有办法。但是附近有一个Urgent Care,你们可以去那里看看。"我赶紧用手机查了一下,发现"Urgent Care"就是"紧急护理中心"的意思。

我带着室友去了工作人员推荐的那家紧急护理中心。从等出租车到目的地一共花了一个半小时左右的时间。到了之后,我和室友总算松了一口气,心想这回应该挂了号就能见到医生了吧。一进门,跟工作人员寒暄两句之后,她就开始问室友的保险卡信息。"保险卡信息,这是什么呀?"我和室友都听得一头雾水。这时,我脑子里联想到在国内的时候,有的公司会给员工提供保险,平常去医院的时候能有一些折扣,比如我爸就总说当公务员好,因为福利好,看病还可以报销。但我们在学校时看病都是直接去医院的,也没有什么折扣。想到这里,我毫不犹豫地说:"我们不需要折扣,正常看病就行。"工作人员听了一惊，说："正常看病？对不起，来我们这里的病人，一定要提供医疗保险信息，还要看保险公司是不是跟我们的医院有合作关系，不然就不能'正常看病'。你们如果带了医疗保险卡的话，我可以帮你们查查看。"

"医疗保险卡、合作关系，这都是什么意思啊？"我一脸疑惑地问道。

"你们不知道医疗保险卡是什么吗？"工作人员很惊讶地说。

"不知道，我们是刚从中国来这边的学校的。"

"哦，是这样啊，那你们应该去问问你们的学校，一般学校给你们安排的保险都会指定一些医院或者诊所，具体可以问问学校的相关负责部门。"

"那好，谢谢！麻烦您啦。"感谢完之后，我搀扶着室友，再一次徒劳无功地走出紧急护理中心。

回到家，室友烧得越来越严重了。我先扶她躺下，然后给她泡了一杯从国内带来的正柴胡饮颗粒冲剂，让室友喝了以后好好睡一觉。室友休息的时候，我开始给学校的有关部门发邮件，问如果我们生病了该怎么办，有哪些指定的医院或者诊所可以去。十个小时过去了，室友终于醒了，她昏迷的时候我特别担心，生怕有什么意外，其间唯一能做的就是帮她的额头不停地换凉毛巾，同时给她煮了一些粥，等她醒来的时候可以喝。这样做的时候，我暗暗感慨，为什么先前没有搞清楚这方面的信息就匆匆忙忙地出国了。

室友在旁边静静地喝粥，我对她说："好在你没事，不然我真不知道该怎么办了。"

她安慰我说："别担心，没缺胳膊没少腿，我这不是好好的嘛。不过，经历了这件事，咱们真得一起把医疗保险搞清楚，这样下次不管谁生病都不会像今天这么尴尬了。"

生存攻略

选择适合你的医疗保险

虽然到现在为止，我已经来美国六年多了，但初到时的那一次意外却一直深深地刻在我的脑海中。为了让大家少走弯路，不重蹈我们的覆辙，在这里我给大家总结一下美国医疗保险的一些基本信息。

一般来说，来美国之后，购买医疗保险都是强制性的，否则就是"违法"。每年报税时，还得提供过去一年里购买医疗保险的记录。除此之外，一旦得了大病，如果没有医疗保险的话，可能要承担的将是天文数字的医疗费用，所以在美国购买医疗保险，确实是在美老师的一个"保命锦囊"。

有的老师可能会问，如果来美国教书不只自己来，还拖家带口，而且家人在美国并没有工作，万一他们生病了，该怎么办呢？一般来说，购买医疗保险时，上面会有一个选项，问有没有"dependent（受供养者）"。保险公司会根据保险人数调整保费。虽然受保人越多，保险越贵，但一旦生起病来，的确能省去一大笔医疗费用。一般来说，只要购买了医疗保险，投保人每年支付的医疗费一般会有一个支付上限。比如你和家人每年医疗保险的最高上限是 8240 美元，那么即使你或家人不幸得了大病，医疗账单上是 30,000 美元，那么你最多需要支付 8240 美元就可以了，多出来的 21,760 美元将由保险公司来支付。

下面我们谈一下在美国工作的老师们可以选择哪些医疗保险。一般来说，在美国工作的老师，医疗保险要么由雇主提供，要么自行购买。中文教师的工作单位主要有三种：（1）公立学校；（2）私立学校；（3）培训机构。不管在哪类学校或者单位教书，只要是全职老师，一般雇主都会帮忙买保险，兼职老师能否上医疗保险要看学校或单位的规定。目前，学校和单位选择给雇员上的医疗保险，较为流行的为

PPO（优选医疗机构保险）和HMO（健康维护组织保险）两类。

PPO：选择PPO的投保人，一般保险公司会给他们提供一份优选机构名单，英文也叫"In-Network Providers"，投保人可以从名单上选择自己想去看的医生，可以获得折扣，但跟HMO相比，投保费用较高。

HMO：选择HMO的投保人，保险公司会要求他们指定一位基础保健医生，英文也叫"Primary Care Physician"。如果投保人生病了，一般先去看基础保健医生，然后医生会根据投保人的情况，推荐到指定医院就诊。跟PPO相比，HMO的投保费较低，甚至很多雇主会帮雇员支付每月的HMO医疗保险费。

如果你纠结于到底该选PPO还是HMO的话，或许可以参考下面的建议：如果你比较年轻、身体还不错，一般建议选择HMO投保计划，因为比较划算。拿我们学校和附近一些学校来说，只选择HMO的老师，每个月都不需要支付任何医疗保险费，学校或者学区都帮老师们支付了。年长一点儿的、对医生需求比较高的老师，建议选择PPO健康保险。虽然跟HMO相比，要自己多掏一些费用，但是可以相对自由地选择适合自己的医生。

除了上面我们谈到的保险以外，牙齿和眼睛的保险还得另外购买。假如你已经参加工作、正式当老师了，一般雇主会帮你支付大部分的费用，剩下的需要自己支付的保费并不多。比如我现在每个月要支付的牙科险和视力险加起来不到30美金，其中还包括我的受供养者即我老公呢。

那么，买牙科险和视力险有什么好处呢？

大多数牙科险对预防性治疗都是100%报销的。常规检查和定期洗牙往往都是免费的，还有每年可以免费拍一次X光片和洗两次牙等。除此之外，像补牙、根管治疗等项目，有了保险，费用上也会有部分折扣。

很多老师曾跟我说，每次洗完牙后，牙科诊所还会发一些免费的牙刷、牙膏和漱口水给他们。

视力险和牙科险一样，每年的常规检查都是免费的。给大家举个我配眼镜的例子吧。去年，我去一家眼镜店找眼科医生配眼镜，她说镜片我只需要支付20美元，镜架如果在150美元以内的保险都包，超过的部分还有八折优惠。当时我选的是一个180美元的镜架，所以我只需要支付24美元。不过这样的折扣一年只能用来配一副眼镜。

结 语

未雨绸缪

在大家赴美开始实现自己的理想抱负前，请一定先给自己求一个"保命锦囊"，也就是买一份适合自己的医疗保险、牙科险和视力险。这样才不会像我和室友那样在看医生时手足无措。不管大家最后购买的是哪一类保险，都请在看医生前仔细阅读保险计划，搞清楚哪些是保险能报销的，哪些是需要自己支付的，这样才能做到心中有数，胸有成竹。

除了"保命锦囊"，我也建议老师们加强日常锻炼，坚持每天晚饭后至少散步半个小时。这样就不用总是担心该不该打开锦囊、什么时候该打开锦囊了。"锦囊诚可贵，理想价更高。若为健康故，两者皆得抛。"身体是革命的本钱，请大家每天都坚持问自己一句："今天，我锻炼了吗？"

文章附录

常见的保险行话和专业术语：

Premium：每月保险费。

Deductible：自付额度，表示自掏腰包的金额要达到一定额度之后才由保险公司开始支付。

　　Coinsurance：共同保险，指自己与保险公司共同支付时自己需要承担的百分比。

　　Copay：挂号费。指有了保险后，每次去医院看病支付给医院的费用，一般金额不会太大。

　　Out-of-Pocket Maximum：一年之内自己支付的最大额度。

　　Maximum Annual Benefit：一年里，保险公司承担的最大额度。

作者简介

　　宋丹，华中科技大学汉语国际教育专业硕士，获得美国加州教师资格证，目前在美国洛杉矶米尔曼学校教授中文。曾赴泰国担任汉语教师志愿者。曾担任美国AP中文考试的阅卷人，并获得美国外语教学委员会（ACTFL）中文口语测评官和中文写作阅卷官证书。曾与其他几位老师共同撰写"AP中文核心系列"绘本。

思考与实训

1. 作者在"我的故事"中提到，她带生病的室友去医院看病时却吃了"闭门羹"，作者做了什么？如果你来美国教学时碰到类似的情况，在去医院就诊前，你需要先做什么？

2. 结合本文"生存攻略"部分，谈一下美国医疗保险中PPO和HMO有什么区别。如果你来美国教学，你觉得这两类保险哪一类更适合你？为什么？

3. 本文谈到了美国医疗保险系统的基本状况，请查询相关资料，谈一谈中国和美国在医疗保险系统上有什么异同之处。

当窗理云鬓，对镜贴花黄
——破解美国人的穿衣密码

/ 刘安祺 /

美 国

我的故事

小丑带来的欢乐

我来到美国后不久，便迎来了万圣节。古灵精怪的打扮是万圣节的习俗之一，按照传统，人们会在这一天身着奇装异服来吓跑鬼魂，在夜晚时分打扮成妖魔鬼怪去邻居家索要糖果，敲着门大喊："Trick or treat!"

为了融入美国生活，万圣节前一周我就开始积极准备那天的服装了。超市里五颜六色、个性十足的万圣节服装让人眼花缭乱。我根据自己活泼开朗的性格，选了一套点缀着红色绒球的银色服装，大方可爱又能彰显个性，古灵精怪的形象一下子就展现出来了。

转眼到了万圣节，我穿上早就准备好的服装，把自己扮成小丑的模样，还搭配了小丑的妆容，一大早就来到了实习学校。当我穿着点缀着红色绒球的银色小丑服穿梭于学校走廊时，老师们都惊喜地瞪大了眼睛，看着我，露出既惊讶又赞美的神情。在教师休息室，老师们都对我伸

出了大拇指说："你的小丑服装太好看了！"还有位老师在征得我同意后，用手机拍下了我的"小丑样子"，告诉我他要给同学们展示一下"中国老师"的万圣节装扮。

进了教室，学生们的另一波赞美让我拥有了一整天的好心情。有个可爱的女孩儿下课时悄悄告诉我，我的装扮太像美国的小丑Pennywise了，那是她最喜欢的人物形象。下午的时候，我去单独辅导另一个班的孩子（特殊教育），一推开教室的门，一个平时很文静的孩子立马从椅子上跳了起来，激动地跑到我跟前，一边大喊着"Pennywise! Pennywise"，一边紧紧地抱住了我。

就这样，幸福和喜悦伴随了我一整天，晚上也不例外。夜幕降临，我重新整理了一下身上的小丑服，提着南瓜灯，跟同伴们一起喊着"Trick or treat"，敲响了一个个邻居的房门。我的"精心"装扮让我比同伴们得到了更多的糖果，不一会儿，原本空空的南瓜灯里就塞满了五颜六色的糖。第二天去学校，我把万圣节要来的糖果都发给了学生们，他们欣喜雀跃的样子又给了我一整天的好心情！

这应该是只有万圣节的"小丑"才能给大家带来的欢乐吧！

生存攻略

破解美国人的穿衣密码

要想融入不同的文化环境，心态和跨文化交际策略固然重要，但是给人留下第一印象的服饰装扮更不能忽视。美国人虽不讲究衣服的款式，但却十分注意衣服的清洁，着装因场合而异，与身份无关：达官贵人去野餐或爬山，一定着便装、穿球鞋；清洁工人参加正式的宴会，也都会穿西装、打领带。

在美国，很多人从小就养成了习惯，什么场合穿什么衣服，不遵守这个规则就像不洗脸不刷牙一样不舒服。很多活动都会给出着装标准（dress code），服从着装安排也是一种社交礼仪。美国的着装标准大概是五类：正式类、非正式类、商务休闲类、休闲类和运动类。正式类服装包括很多种，这里我们不多说；通常情况下比较实用的一种被称作"半正式类"（semi-formal）服装，也就是男士穿深色西装、白衬衫、黑鞋子，戴深色领带，女士穿晚礼服和高跟鞋；非正式类其实是商务装，即男士西装领带，女士套裙套装（颜色偏暗）；商务休闲类是休闲西服、衬衣、毛衣、棉质裤子或裙子等；休闲类是比较讲究一点儿的便装，例如男士西装上衣可搭配休闲裤或者衬衣搭配休闲西裤，女士可以用毛衣搭配裤子，也可以随意发挥；运动类的服装不讲究品牌，但是重视质量和款式，以舒适的纯棉、纯羊毛质地为主，很少有人穿化纤、混纺以及合成面料的衣服。

出席中美文化交流活动的服饰

到了美国，首先要考虑的服饰类型是出席中美文化交流活动的服装。在这种场合，男士比较适合穿西装、内搭衬衣，系领带。当然，皮带、皮鞋和袜子也是必不可少的配件。尤其需要注意的是，西装的肩部必须十分合适。另外，袜子的颜色需要格外注意，不适合穿浅色或者白色的袜子，比较恰当的是穿黑色或者深色的袜子，以不露出小腿为宜。女士要准备长裙或者西装裙、化淡妆，并佩戴合适的配饰，还要选择一双具有"点睛之笔"的高跟鞋。选中的服装最好以单色、庄重色和淡雅色为主色调，花色繁多、颜色杂乱的不宜选配。

男士和女士还可根据文化交流的类型，选择具有中国特色的服装，如中山装、旗袍等，如若旗袍上点缀着梅花、牡丹等图案，更能彰显中国文化。在此基础上，女士应适当搭配具有中国民族元素的配饰，如中国风的项链、耳环、胸针等，更能为装扮添彩。

工作服饰

汉语教师志愿者展示给学生的不仅仅是汉语的博大精深，还有中国的文化形象和教师形象，因此，除了授课的内容和形式以外，教师的教态和服装都属于中华文化的符号。志愿者教师可根据学校风格、课堂环境和教学对象选择合适的服装。

男教师应在经常洁面、修剪胡须和头发的前提下，选择整洁大方、颜色庄重、款式简洁的服装，服饰要以合体舒适为主，避免过紧过露。同时还要熟知当地的风俗习惯和禁忌，避免穿图案含义不明的服装。在选择有数字或者字母的服饰时，要确保数字或字母不触犯当地的禁忌文化，以免引起不必要的误解。

女教师的工作服装应具有色彩清晰亮丽、简洁明快、舒适得体的特点，可以搭配合适的高跟鞋或者舒适正式的平底鞋。女教师的服装要避免紧、薄、透、露，如果任教学校允许穿运动鞋或者休闲鞋上课，也要注意卫生清洁、勤洗勤换，不能有异味。还需要格外注意字母和文字的选择，避免触碰禁忌文化。

参加文化或者娱乐活动的服饰

参加文化或者娱乐活动，精心准备服饰也是必要的。正式的文化活动，可以选择穿着与之相匹配的服饰，例如春节可以着唐装，茶艺活动可以着汉服等。去野炊或者去球场看球赛时，越休闲越合适，一条你最喜欢的牛仔裤搭配颜色鲜艳的T恤或棒球衫，绝对会为好心情再次加分。参与休闲活动，则可以选择运动款，避免穿不适合活动的长裙和高跟鞋。

入乡随俗"过洋节"也是跨文化交际的重要环节之一。美国人会把圣诞节的氛围带进穿搭中，"ugly Christmas sweater"（丑陋的圣诞套衫）就是一个例子。所谓"丑陋的圣诞套衫"，其实不过就是色彩艳丽、图案夸张、肥肥大大、看上去有点儿花里胡哨的大毛衣。老师们如果愿意，不妨也购置一件带有圣诞元素的夺人眼球的毛衣。每年3月17日是圣·帕特里克节（St. Patrick's Day），在这一天，所有吃喝玩乐的装备都必须是绿色主题，因为大家相信绿色能带来吉祥如意！那我们也就穿上绿色的衣服，一起蹭点儿好运吧！至于万圣节，多元化的装扮越来越受到欢迎。这一天不妨突破常规，勇敢尝试不同风格的服饰，如恐怖的角色、电影角色，甚至名人复古风角色等。

出席其他重要场合的服饰

针对一些出席频次较少的场合，也需要用心装扮自己。毕竟有些人一生只见一面，服饰装扮的重要性不言而喻。当你被邀请参加大型宴会或者婚礼时，恐怕随意的装扮就显得不合时宜了。在大型宴会上，男士要穿燕尾服，配套的是马甲、衬衫和领结，裤子两侧要有两道笔直的竖条，不要用皮带，最好用背带。女士要穿大裙摆的长晚礼服。当然你也可以根据晚宴的规格，适当调整服饰的正式程度，不过总的原则是穿着正式比随意要好。婚礼是人一辈子的大事，着正装出席是最基本的礼貌。在国内的婚礼上，新人和家人都穿得很正式，但宾客不太讲究，有的甚至穿牛仔裤，这在美国是万万行不通的，因为是不尊重他人的表现。

参加不同类型的音乐会，可选择不同的服装种类，例如参加休闲音乐会，男士可以穿常礼服（深色西装和皮鞋）；正式的交响乐类音乐会，可以穿小礼服（深色晚礼服、白衬衫和领带）；歌剧类音乐会，可以视场合而定选择合适的礼服；重要场所的音乐会，大礼服（深色燕尾服、白马甲、白色礼服衬衫和白色领结）是最合适的了。女士则可以穿商务一些的服装去参加音乐会。

结 语

有形的服饰，无形的文化

除了出席各种场合的服饰准备，教师们还要备足不同环境、季节的服装，服装应以健康阳光、清新大方为主，确保充分展示汉语教师志愿者的个人审美和修养。同时，在中国传统节日或者文化活动中，穿着具有中华文化元素和魅力的服饰，也会将无形的文化化成有形的服饰展示出来。

"随风潜入夜，润物细无声。"——精心的准备会让无声的服饰融入多彩的生活。在这里衷心祝愿每一位汉语人都能够将中华文化的美好带到自己的课堂和生活中，祝福每一朵"瀚宇之花"都能够在世界各地怒放。

作者简介

刘安祺，北京师范大学汉语国际教育专业硕士，在美国俄克拉何马大学孔子学院合作的圣塔菲学区圣塔菲高中担任汉语教师志愿者。

思考与实训

1. 在"我的故事"部分，作者初到美国就赶上了万圣节，她采取了什么方式来应对第一次"跨文化交际"活动？你对她这种入乡随俗的方式有什么看法？为什么？

2. 阅读"生存攻略"部分，谈一下在美国担任汉语教师、出席各类活动时，哪些服饰可用于两个或两个以上活动场合中。除了着装，还需要注意其他什么问题？

3. 本文提到了在美国出席各类活动着装的小贴士。美国是一个多种族的国家，不同地区、不同种族的着装方式和礼节不尽相同。如果你被分配到拉丁美洲裔人口居多的得克萨斯州，同样参加一个节日活动（比如万圣节），你该如何准备服饰呢？请再选择美国的一个种族，查阅相关资料，谈一下这个种族的人士出席不同活动、庆典时的服饰礼仪。

32 客厅与老鼠
——美国租房历险记

/彭芙飔/

美 国

我的故事

我的房间里有老鼠!

你住过客厅吗?你的房间里有老鼠吗?来美国以前,我从未想过有朝一日我会住客厅或是我的房间里会有老鼠——这可是发达国家美国呀!

先说老鼠吧。我不止一次在房间与老鼠狭路相逢,第一次是在佛蒙特州。2014年,我去当地一个学院实习教中文,学校为我安排了树林里小木屋的一个套间。当时发朋友圈的时候,大家都纷纷赞叹:"哇!跟度假一样,太幸福了吧!"可是我的朋友们未曾细想,度假只住三天,而我要在人烟稀少的树林中住三个多月。当时踩着吱吱呀呀的木头楼梯,看着屋外悬挂的蜘蛛网时,我还没有意识到可能会有更多的动物来跟我"做朋友"。

十月天气逐渐转凉,一天晚上,我正在客厅里孤独地伴着月光备课,突然"咻"地一下,似乎有团小黑影闪到冰箱或者橱柜下面(厨房是开放式的)。我心中猛然一紧,有种不好的预感——可能是老鼠!那一

瞬间，我整个人吓到僵硬。后来也证实了我的猜想，确实是老鼠，而且不止一只。在求助于学校维修室并获得他们的花生饼干碎、粘鼠板、老鼠药、门缝修补等种种帮助前，我一共见到了九只老鼠（也有可能我被吓得意识模糊，所以算错了）！我还曾与其中一只老鼠对视过，在它飞快跑掉以前，我看着它，它看着我，那一刻竟觉得它小小的有些可爱，虽然下一秒整个人全身僵硬，冷汗直冒。那些小老鼠们，后来据学校维修室的人说，可能是小田鼠。维修室的师傅用各种办法帮我将它们抓住以后，又放回了田野。现在回想起来，那段实习的时光其实很单纯美好，学校所在的地方也极美，但是正因为那些小老鼠，我几乎每天都害怕夜幕降临，害怕入眠时分耳畔的吱吱声响，担心它们会爬上床铺，又因为担心而整晚整晚睡不着觉，几乎神经衰弱。终于熬到了实习结束，我欣喜万分地回到了没有老鼠的地方，紧张的神经终于放松下来。

从那以后，我以为自己再也不会遇见老鼠，直到在耶鲁工作结束后搬到纽约。我在纽约的新工作单位位于皇后区，于是就在皇后区的某一个社区租了华人房东的一间卧室。搬进去的时候，我其实已经淡忘了与老鼠的"往事"，再次体验那种神经衰弱、全身僵硬的感觉是在住进去差不多一个月后。那一次，我又在狭小的房间里与老鼠相遇，只不过不再是灰色的小田鼠，而是更让人害怕的黑老鼠。当时自己崩溃大哭跟妈妈打电话的场景现在还历历在目，被老鼠折磨的我当时甚至想立刻辞职买机票回家，不过最后还是坚持了下来。朋友给了我一种防老鼠的仪器，房东也帮我抓到了老鼠，封死了空调口和门缝。最后，我有惊无险地度过了在纽约的第一年。

这两次"与鼠同居"的经历，让我坚定了要住新公寓的决心。然而租房并没有想象中简单，纽约当地社区多以老旧的小楼或者旧式公寓为主，新公寓大多走豪华路线，微薄的教师薪资实在负担不起高昂的房租。

怎么办？后来我只好选择将就一下，租了一个不那么豪华的新公寓里的隔断客厅居住。这个词，国内的亲朋好友们可能从未耳闻。在来美国以前，我也不知道原来客厅还可以住人，而且还并不便宜。当时在纽约皇后区，稍微好一点儿的公寓客厅每个月的租金都要1000美元左右。在用帘子和衣柜隔断的客厅，狭小且并不那么私密的空间，我住了一年。虽然公寓条件不错，但是我一直羞于启齿自己的居住状况。毕竟，在美国留学生群或者大城市职场新人圈里司空见惯的"客厅招租"与"二手家具"，对于国内亲友来说是一个难以理解的全新世界。记得有一次，我在朋友圈发了一张关于二手家具的照片，国内的同学惊讶地问我："二手家具也有人买吗？"试想如果他们知道我住客厅，真不知会有何感想。

生存攻略

美国租房小贴士

前往一个陌生的国度，最迫切也是最基本的需求就是衣食住行了，而租房则是重中之重。因为只有安定了下来，有了遮风挡雨的小家，才能更好地去应对每天的学习、工作和生活。我希望将来去美国的留学生或者汉语老师不会租到类似的房子，也不需要跟老鼠同住，但是有备无患也未尝不可，知己知彼百战百胜嘛。以下是我总结的几条租房生活小贴士：

如何找到靠谱的房子

在美国的六年时间，我搬过六次家，找过各种资源，也被新人询问过"如何找到靠谱的房子"。我的经验是：

第一种办法，也是最直接有效的办法，就是找到学生和职场白领常去的租房论坛，因为论坛上房源最多。举个例子，假如你是前往美国留学的学生，那可以直接找到你们学校的论坛；假如你是前往纽约等城市工作的老师，也可以找当地留学生论坛（比如 NYU CSSA 租房版块）。论坛基本上会有各种各样的房源介绍，还有各种招租、转租信息，你可以快速地实时了解各个房源、房间的基本情况以及价位。一般情况下，房间的条件与价位成正比。要是你不想跟老鼠或者各种小虫子"狭路相逢"，那我建议在浏览完感兴趣的房源信息后，可以拜托学长陪你去实地考察一下。若没有这样的朋友，可以尽可能地让房主或者原租客多拍一点儿视频，看清楚细节。通过视频大体上是能感知房子的新旧和干净与否的。当然，记得考虑房源的安全性。

第二种办法是加入 Facebook 群组或者微信租房群组。2016 年暑假去耶鲁大学工作以前，我花了很长一段时间找房子。我先到处查找耶鲁新生群组；然后加群，询问耶鲁附近有何房源；最后经过比较，决定向某个公寓直接申请，而没有转租别人的房子。向公寓直接申请有个好处是，在你搬入之前，他们会请专业的清洁公司打扫这套公寓，高层公寓遇到老鼠的概率也会大大减少。

第三种办法是熟人介绍或者朋友转租。虽然看似比较省力，但是选择面会很窄。

在这个信息时代，很多资讯其实都可以通过网络查找到，因此搜索与辨别能力十分重要。租房这个过程不但可以锻炼这两项能力，而且也能提高我们的沟通与决策能力。

如何应对房间里的虫鼠蚁

我的房间里出现过蜘蛛、老鼠和蟑螂。要是去某些特定地区，可能还会碰上别的动物。若想避免，在租房前就要考虑到这些可能性，在源头上能杜绝就杜绝。若是条件实在有限，或者资金比较紧张，也尽量选择同等价位中较为干净的。我第一次遇见田鼠，因为是住在学校分配的树林木屋中，并没有选择的余地；第二次在纽约租房碰到老鼠，是由于自己的疏忽，找房子的时候忘了考虑这一点。

若真是碰到房间有这些小生物，那你可以落实以下几件事情：(1) 尽快找到房东或者公寓负责人，让他们处理，并检查门窗、空调暖气口是否有"藏匿点"；(2) 上亚马逊买 Pest Repeller，可能有预防作用（但是，有个朋友告诉我似乎不起作用）；(3) 着手寻觅新房源，重视房间的干净程度和细节。总之，调整心态，不要害怕，一定会有解决的办法。

房子是租的，生活是自己的

我们离家在外，都在寻找属于自己的一方小天地。这个过程中可能会有苦涩，有孤独，有害怕，有无助，但是每一个人都渴望在经过一天的辛苦学习或者工作之后，有一个既安全又干净、既舒适又温暖的小窝，接纳疲惫的自己。我从小镇阿默斯特（Amherst）搬到佛蒙特，搬回阿默斯特后又搬去了纽黑文（New Haven，耶鲁大学所在地），之后又在纽约同一个社区搬了两次家。但无论搬到哪儿，无论住的是林间小木屋还是客厅，我都会把属于我的那一方小天地布置成自己喜爱的模样。因为房子是租的，生活是自己的。

结 语

过去的经历，今天的自己

现在回头看，一切都仿佛加上了滤镜。彼时的孤独、害怕、担忧、焦虑，种种强烈的情绪都被时光温柔地抚平。那段与老鼠斗智斗勇以及住客厅的生活经历，也让我更加了解自己——喜欢什么，重视什么，害怕什么。所以，别担心生活中的那些"不速之客"，惊慌失措终会变为淡定自若。我相信，正是过去的经历造就了今天的自己——独立、勇敢、具有更强的适应能力的自己，而我也将充满感激地继续前行。

作者简介

彭芙飐，2012年赴美国攻读中文硕士学位，并在美国马萨诸塞大学阿默斯特分校担任中文系助教。2014年至2018年间，曾在美国佛蒙特州的马尔波罗学院、康涅狄格州的耶鲁大学以及纽约市皇后区的一所私立高中实习工作。曾在韩国一所私立高中担任中文教师。

思考与实训

1. 在"我的故事"部分，作者发现房间里有老鼠后，是如何处理的？故事中提到了哪些办法？如果你遇到类似情况，会有何反应？
2. 阅读"生存攻略"部分，谈一谈在美国租房时如何找到靠谱的房源。万一房间里出现虫鼠蚁时，你应该如何应对？如果遇到其他令人崩溃、始料未及的问题，你怎么想办法解决？

3. 请结合文章中提到的找房渠道并查阅相关资料，搜索一下你将赴任的城市的房源信息。假设你将去美国北卡罗来纳州的某一个城市任教，你会通过哪些网站搜索信息？如何确认房源的干净及安全程度？请思考一下在租房及居住的过程中还可能出现什么问题以及具体的应对策略。

舌尖上的黑暗料理：美式中餐

/ 朱 琳 /

美 国

我的故事

左宗棠鸡，吓傻眼

八年前临赴美国，堂哥来了个电话，问我要去美国哪个城市，当得知是东部城市匹兹堡时，他开了个玩笑："那是什么好吃的汉堡？"我笑着想：我们中国人，还真是以"食"为天啊！真是什么都会想到吃。

就这样，我踏上了赴美求学之路。仿佛注定一般，初到匹兹堡让我印象最深刻的一件事，还真的就是一个字：吃。

出国前总是听说，来美国，要想不饿死就得会做饭。大学刚毕业的我哪里下过什么厨房，每天煮着只敢给自己吃的饭菜，就这样混沌地过了第一周。第二周的一个阳光明媚的中午，前两天带我认识校园的新朋友 Tim 邀请我去吃"Chinese food"。终于可以换换口味啦！我连奔带跑地跟着去了住家附近的一家中国饭馆，开启我美国的首次中餐之行。

一进去，老板用英文热情地招呼我们坐下，问我们要喝什么。Tim 要了冰水，从不喝冰水的我要了水。不一会儿，老板端上了一盘看起来像馄饨一样的东西。在上海长大的我，看到家乡的馄饨，激动地告诉 Tim 这是上海人最爱的食物。只是……这个馄饨，怎么是油炸过的呢?而且……旁边一盘红色的酱是什么?这馄饨是菜肉馅儿还是纯肉馅儿的?带着疑问,我一口咬下去……结果差点儿没一口喷出来,里面是黏黏的、豆腐脑样的东西,而且带着一股奶味儿。Tim在一旁吃得津津有味,告诉我,这叫"芝士馄饨"。什么?!这是什么操作!这样的神菜直接颠覆了我的三观。看着身边的屏风、佛像等"中国装饰",我突然有种穿越时空之感。

看菜单以前,我想可能会看到红烧肉、烤鸭、糖醋小排这样的中国美食;打开菜单以后,却发现了一些从未见过的菜名:芝麻鸡、橘子牛肉、蒙古牛肉,还有这个General Tso's Chicken。什么将军?谷歌一下,左宗棠鸡!左宗棠什么时候成了中国菜的菜名了?除了苏东坡,没料想左将军也在饮食界有"一席之地"了!为了让对面的美国朋友理解我惊恐的表情,我告诉他,这些菜我从来没有在中国见过!

那顿饭我们一共点了三道菜:左宗棠鸡、橘子牛肉和亚洲蒜炒豆腐。不一会儿工夫,三道油光闪闪的菜就上桌了。品尝过一轮后,我惊奇地发现三道菜居然味道没什么分别,关键词都是:酸、咸、甜。跟国内的小炒不同,左宗棠鸡里的肉每一块都有半个拳头那么大,而且还没有骨头;橘子牛肉的味道则有点儿像咕咾肉,酸酸甜甜;而亚洲蒜炒豆腐,吃不出蒜味,过于焦脆的外皮,更贴切的名字也许应该是"回锅豆腐"。

临走前,凭着Tim的"人脉",老板送了我们每人一块粉红色方形小蛋糕,还有两个塑料纸包着的小饼干。我打开包装,一口咬下去,居然吃到了饼干里的纸条!Tim连忙解释,这叫fortune cookie(幸运饼干)。我从嘴里掏出我的"幸运小纸条",上面用英文说我的幸运数字是7,另外还附赠了一句:"The wise man is the one that makes you think he is dumb

（聪明人会让你以为他很笨）。"这不就是中国人所说的"大智若愚"吗？嗯，我同意。

几个月之后，我又去同样的餐馆吃了一次，老板看我们一行都是中国人，神神秘秘地塞给我们一份"秘密菜单"，上面全都是中文，满满的家乡味：辣子鸡丁、红烧排骨、水煮鱼、北京烤鸭、四川牛肉面……

初来乍到，就品尝了美国的"黑暗料理"。这样说可能有些夸张，毕竟这些菜虽说不上是正宗的中国菜，但味道既然能让普通美国人民接受，就还不至于太难吃。但是它们给我的印象，就跟曾经在国内大学食堂吃到"葡萄干炒南瓜"一样，各种格格不入。总的来说，这次的"美国中餐初体验"让人难忘，以至于直到现在，每次美国同学相邀去吃中餐前，我都要提前问："那个餐厅有没有左宗棠鸡？"进入一家中餐馆后，也要试探地问一句："有没有中文菜单？"

生存攻略

入乡随俗，懂差异

不仅是"左宗棠鸡"这种中餐上的差异，中美两国在"下馆子"的习惯上差异也很大。那初来美国的中国人要注意些什么呢？

餐前

美国饭馆大致可以分快餐和"慢餐"两种。快餐一般在柜台前点菜、付钱、取餐；"慢餐"就得有服务员服务，会有人领位，坐下后，服务员上前点菜。与国内不同，点菜前他们会先问你想喝什么。如果你说"水"，一般餐厅会直接给你冰水。若是你不想要冰，你得加一句：

Water with no ice, please（不加冰）。只是我发现，就算这样说了，端上来的水可能仍然是冰的。喝冰水是美国人平日里的习惯，就是冬天也不例外。另一个差异在于菜单，一般的菜品会按肉的品种分类，牛肉、鸡肉是普通美国人的首选；一般的餐厅也会提供素食（vegetarian diet），方便素食主义者就餐。菜单一般也会标明食物里的食材有哪些，而且会给就餐的客人每人一份菜单。

餐中

"圆桌饭"在美国很少看到，人们一般会自己点自己的主菜，各吃各的。虽然也会给身边的亲朋好友尝一尝，但如中国人几个人一同吃几道菜的情况并不多见。

另外，美国人吃比较正式的晚餐时，一般讲究前菜、主菜和甜点的顺序。当服务员收完了主菜的盘子后，常会问想不想来些甜点。说起甜点，美国的甜点一般比中国的甜很多，尤其是在美国南方，有时甜到让人怀疑人生！记得有一次给我的美国同学吃芋头酥，美国同学评价道，这根本不配叫"甜"点，因为一点儿也不甜……

在吃饭的过程中，服务员会时不时地"关心"一下客人的用餐体验，经常会走过来问"你觉得今天的菜怎么样"。殷勤的服务是有回报的，这就引出了下一个话题：小费。

餐后

付账的时候，顾客会根据他对服务的评价给出15%至20%的小费。在这方面，我常常很"小气"，总是给15%。而我发现我的许多"无产阶级"美国大学生们，大笔一挥就是20%，甚至25%。我的学生的解释是：Tipping is good karma（给小费会有好报）。另外，在美国买东西的时候是不包含税费的，所以一道菜单上10美元的菜，加上税和消费，最后结账可能会变成13美元。

"餐桌浪费"在美国并不常见，一方面是由于各吃各的，另一方面也是由于美国人总体来说有打包的习惯，餐馆一般也不会收取打包费用。价格方面，下馆子的价格随着餐厅环境、服务态度、食物质量而变化，一般人均在10至30美元之间。如果人均超过了30美元，就是比较高档的餐厅了。一般高档餐厅对穿着打扮也会有所讲究。付账的时候，除非事先说好，朋友、同事之间一般是AA制，这在美国是一种共识。每个人把信用卡交给服务员，他会按照顾客的要求分好就餐费用。

中餐

在美国的中国人很容易怀念家乡美食，美国的多数大城市，例如纽约、洛杉矶，不乏各种地道的中餐厅。但是如果住在一个小城市，甚至一个小镇，正宗中餐就很少了。由于历史原因，美国两百年来发展出了独一无二的"美式中餐"，比如产生了跟历史相关的中国菜名（左宗棠鸡、李鸿章杂碎），也衍生出了"幸运饼干"这样的美国特色。在口味方面，也进行了本土化改造，以酸甜、油腻为主，采用油炸的方法。尽管很多中餐馆还保留了给中国食客的"秘密菜单"，但不可避免地会带有一些美国特色。

可喜的是，随着中国文化的流行，更多美国本地人愿意尝试正宗的中餐。这不，最近在纽约第五大道上新开的"西安名吃"里，只见一个个手捧肉夹馍的美国食客，不住地赞叹："这个'中国汉堡'可比美国的好吃多了！"

结 语

美国味道，中国情

中美的用餐文化各有特色，而既有趣又"有料"的美式中餐，不但是美国饮食文化中独树一帜的存在，更是美国"文化大熔炉"的符号之一。每年的圣诞夜，当所有餐厅几乎都关门歇业的时候，你会看到这里的一家家中餐厅人声鼎沸，勤劳致富的中国人在遥远的异乡放弃了休假，尽心地在平安夜为美国人提供美食，也为家人挣一份美好生活。不论是"美式中餐"还是"中式中餐"，都让异国他乡的我们，深深地为自己国家的美食与文化而自豪。

作者简介

朱琳，美国杜兰大学中文系教学教授，美国密西西比大学中文旗舰项目讲师。在中美两国高校有十年的教学经验。主要教授课程集中于美国密集型高级汉语文化课。所教授的大小班课程具体包括：中文媒体、新闻播报、中国当代社会与文化、初级汉语、中级汉语、商务汉语，另包含旗舰项目高年级一对一的领域培训（domain training）课程（该课程旨在结合高级汉语和学生的兴趣、专业、职业发展，培养汉语专业型人才）。

思考与实训

1. 在"我的故事"部分，作者在美国的中餐厅遇到了什么意想不到的情况？她点的几道美式中国菜体现出了美国中餐的什么特点？

2. 在"生存攻略"部分,作者提到美国人去餐厅用餐时有什么特点?请你对比中国下馆子的特点,总结两国在用餐时的差异。
3. 本文探讨了作者在美国用餐的经历以及美国人用餐的习惯。现在假设你刚到美国,第一次去中国餐厅用餐,请你上网找到一家美国中餐馆,研究一下那儿的菜单,给你和你的美国朋友制作一个就餐计划,包括预订、用餐时需要注意的问题、应该点什么菜、怎么点菜等。

34 北美小巴黎的"枫"情万种

/ 蒋湘陵 /

加拿大

我的故事

出发前的"枫"起云涌

当我决定去加拿大的时候,我对这个国度的想象跟大多数人一样:枫叶之国,移民天堂。想象中的我,应该也是拉着小行李箱,气定神闲地走在机场里,脚下生花,走路带风。而事实证明,我脚下没有生花,但走路确实带风了,只不过带的不是和风,而是飓风。

因为要先到北京转机,那个时候也还处于穷游省钱的阶段,于是我选择了坐机场大巴去机场。也许是因为之前办签证、准备材料太累了,出发时我已是身心疲惫,想着在大巴上能够稍微休息一下,就打了个盹儿,然后下车取了行李,准备打的去亲戚家。

十月的北京天气有点儿凉。一开始我还以为是刚下车的缘故,大概走了几分钟,我忽然发现有些不对劲,我上车时穿的那件新买的呢子外套呢?外套?外套!等等,我的外套哪儿去了?我的护照还在外套里呢!!这时候的机场大巴,已经在前面的路口拐弯了。于是我拎着俩大箱子,在偌大的帝都的大街上狂奔。

到了路口,一位民警叔叔把我拦下来,问我要去哪儿,我说我外套落车上了,我得去追。好心的警察告诉我大巴的终点是民航大楼,并给了我路线。一阵疾走,总算是到了。看到大巴的时候,我内心那个激动啊。我跟司机说，我的大衣忘在车上了。司机问是毛呢的吗？我怎么能告诉他是淘宝货呢？于是跟他说，衣服不是毛呢的，但是我护照在里头。司机大哥对我的评价是：你跑得可真快！说着，我拿了衣服，开始检查护照，却发现……没有护照！我又习惯性地检查了一下身上所有的口袋和包，这才想起上车之后我本能地担心出现类似的情况，早已把护照转移到背包里了。唉！真不知道是该为我有先见之明而感到庆幸，还是为我的神经大条而感到悲哀。

晚上在亲戚家，我打算上网查一下加拿大过海关要注意的事项。我坐在沙发上，把电脑放在腿上，正在QQ群里热火朝天地向大家咨询，结果亲戚从我面前跑过，一不留神绊到了电源线，眼睁睁看着我的电脑摔到了地上，然后电脑就蓝屏了。亲戚本人是搞IT的，各种捯饬后，得出的结论是排线松了，得去找售后修。那会儿已经是晚上十点多了，只能等第二天一早去修，而我的飞机是下午两点，算了下时间，应该还算宽裕。

第二天一大早，亲戚陪我去中关村找华硕售后，但是诊断的时间比我想象中的要长很多，最后的结果是，只能是暂时恢复，具体问题要等全部检查完才能确定，如果现在拿走，后期会有什么问题不敢保证。可是现在不拿走，我到了那边根本没办法上课，还是先凑合着用吧，有问题再说。

回家吃了个午饭，想着这都要出发了，应该不会出什么幺蛾子了，于是我拎着箱子，坐上车准备出发。车开出几百米后，我心里总觉得不踏实，突然想起我的箫，还有我的MP4，我的天哪！！！不得已我只能回去拿。好在那个时间不是高峰，路上没耽误太多的时间。

到了机场，柜台前面已经没有人了，我内心无比绝望，想着是不是要改签了。不过每次关键时刻，我的人品适时爆发。对面柜台来了一个工作人员，我急忙跑过去，说明了情况。她查了一下，还有十分钟彻底停止办理，而就是这十分钟救了我的命。办理好托运后，我以最快的速度过了安检，出了海关，然后就是一路狂奔。这以前，我还从来不知道，北京机场登机口和登机口之间的距离会那么遥远；也从来没有想过，我会在机场里面进行百米冲刺。

我的加拿大之行，就伴随着这一路狂奔的"飓风"拉开了序幕……

生存攻略

小巴黎的旖旎"枫"光

也许是之前准备材料的各种忙乱，临出发时又经历了两次不大不小的"惊吓"，所以等我在温哥华转机、顺利渡过海关、上了到蒙特利尔的航班后，我悬了很久的心才算落了地。高度紧张过后的突然放松，让我大大提高了睡眠质量，我几乎睡了一路。等我醒来时，我看到了飞机下方的一片灯海。那一刻，我就知道我一定会喜欢蒙特利尔，不仅仅因为它在加拿大，更是因为它给我的第一印象，就是灯火辉煌的温暖。

买到手软

蒙特利尔是加拿大第二大城市，也是加拿大重要的经济中心之一。基本上欧洲的大众服装品牌，如H&M, Zara, Mango等在蒙特利尔都能够买到，因为税率关系，并不会比国内同款的贵。至于鞋子，全世界都有分店的Aldo本身就是加拿大的本土品牌，所以在当地买，价格更是优于国内。我记得在二手店淘了一双Aldo的恨天高，款型很不错，价格大概10美元左右。美国的运动品牌Vans什么的，在加拿大买更是合适。我当时从国内带来的淘宝货，穿着拍了几次照，后来全扔了。又因为遇上打折季，品牌服装多得让人眼花缭乱，价格和淘宝相差无几，我索性买了个够。蒙特利尔的12月中旬到1月中旬是打折季，衣服鞋帽、电子产品、护肤美妆，应有尽有，价格绝对合适。12月24日是他们的节礼日，电子产品的打折力度最大，所以可以事先瞅准，24日果断下手。我现在正使用的那个笔记本电脑，就是那时候买的，到现在已经快十年了，依旧非常好用。

走遍蒙城

蒙特利尔虽然是个岛，但交通非常发达，主岛上有四条地铁线，呈井字形贯穿了东岛和西岛。地铁加公交，基本上就能到达所有地方。有些太偏僻的地方，在抵达公交站以后，步行也能到达。说到公交，一开始的时候让我极度无语，因为不报站，得自己看着站点，然后提前按铃提醒司机停车，问题是车站并没有标注站点名称，只是在站牌上标注了一串数字作为代码。我头一个星期坐车，因为时差关系，上车就开始犯困，一觉醒来发现又回到了坐车的原点，一度让我感到十分崩溃。后来熟悉了，我又觉得公交车其实非常方便，因为每趟车都严格按照时间停靠，这就非常方便出行。即便是错过了车，拨打站牌上的服务号码，输入上面的数字代码，也可以查询到接下来三辆车的抵达时间。除非特殊情况，一般的信息都是准确的，这就避免了一不小心错过车时心如死灰地等待下一辆的窘况。

玩儿转加国

魁北克是加拿大唯一的法语区，所以和北美其他城市不一样，具有浓浓的法兰西风情。而蒙特利尔更是享有"小巴黎"的美誉。老港的蒙特利尔圣母教堂，被人誉为"小巴黎圣母院"，皇家山的圣约瑟夫教堂更是巴黎圣心堂的翻版。春天到植物园,看百花齐放,领略春意盎然;夏天到步行街,听天籁之音,感受炎天暑月;秋天登皇家山,观层林尽染,体会风情万种;冬天逛地下城,赏琳琅满目,迎接秋去冬来。总之,蒙特利尔是一个四季都不会寂寞的城市。

除了蒙特利尔,北部的魁北克城也是一个必须要去的地方。你可以报个旅行团,来个省心几日游;也可以定个carpool,来一场说走就走的旅行。从蒙特利尔到魁北克城大概两个半小时的车程。到了魁北克,一定得去看看鲸鱼。魁省观鲸是当地的一个特色旅行项目,一般的旅行社都会组团过去,提前一天预订就行。我在加拿大的时候,大概是150美元一个人,包含三餐。去观鲸单程大概需要四个小时,虽然路程较长,但中间会路过一些小镇稍作休息,还能买到一些当地的小吃,比如脆奶酪。但观鲸现场不一定如你想象的一样壮观,可能你看不到鲸鱼在船只周围悠哉地游来游去的场景,而是导游发现鲸鱼以后,让船只以最快的速度赶过去。即使这样,我们也只能远远地看到鲸鱼的项背和喷出来的水柱。我去的那次运气还不错,离船身不远恰好有一条鲸鱼露出水面。我看到了鲸鱼的大半个背,至于到底有多大,就靠自己脑补了。观鲸回来,你还可以在靠岸的古镇上逛一逛,拍拍照,购购物,喝杯咖啡,体会一下西方人的慵懒和惬意。从蒙特利尔往南,你可以到加拿大第一大城市多伦多游玩儿一下。此外,你还可以前往尼亚加拉瀑布(虽然尼亚加拉瀑布在美国也可以看,但是公认的在加拿大看会更美丽壮观)参观,这会让你有种赚翻了的感觉。国外的旅行团很少有拉着游客购物的,一般就是把你拉到景点，然后差不多就是自由行了。

融入当地

其实到了国外，真正有意思的地方是体验当地人的生活。这需要我们有足够的勇气去做从内而外的改变。在加拿大，也许在整个北美，二手文化绝对是很独特的一道风景。二手商店随处可见，每个月还有定期的跳蚤市场。所以很多时候，我没有去逛商场，而是在这些旧货店里徜徉，大到衣服鞋子，小到装饰摆件。我离开的时候，最舍不得的，就是那些我精心淘来的非常有特色的小物件。也许在中国文化中，很多人不太接受二手物品，会觉得很廉价，或者是穷人的专利。但是加拿大的那些二手物件，很多都非常精致，而且实用。另外就是家具处理，加拿大人会把一些不要的家具放在门口，需要的话看见了，跟主人说一声，自己拿走就行，有的甚至都不需要跟主人说。这种方式，确实节省了资源，也达到了各取所需的目的。所以但凡看到自己用得着的东西，二手的也好，丢弃的也罢，确认过后，就果断收下吧！

结 语

内心深处的"枫"情万种

离开枫叶之国已有七年之久，现在回想起来，依然像一场梦。春天公园里的绿草葱葱，夏天演唱会前的人潮涌动，秋天皇家山上的落英缤纷，冬天老港的白雪皑皑，让我切实体会到了为什么加拿大会被称为"移民天堂"。虽说生活在哪里都免不掉一些琐碎，但加拿大优美的自然风光，总能够让人无意之间就走入一片人间仙境。

加拿大，有缘再会！

作者简介

蒋湘陵，大连外国语大学讲师，孔子学院专职汉语教师，具有丰富的国际汉语教学经验。曾先后在法国图卢兹第一大学孔子学院、加拿大蒙特利尔担任汉语教师志愿者；后在印度尼西亚、亚美尼亚担任汉语教师。主要承担当地中小学的汉语教学工作，孔子学院的文化活动组织与策划以及本土汉语教师的培训工作。曾带领印尼学生参加暑期赴华夏令营项目，主持了印尼规模最大的汉语文化活动中心的建设。

思考与实训

1. 阅读本文"我的故事"部分，想一下在前往国外工作前，除了了解工作与生活的基本情况，还需要做什么来保证自己的出行顺利，帮助自己提高将来的工作和生活品质。在赴任国，如果在非工作时间学校组织学生活动，你愿意参加吗？
2. 作者在"生存攻略"部分提到二手物品的回收与再利用。你是如何看待这个问题的？如果在路边看到别人丢弃的二手物品，你会拿回家吗？你的选择背后体现出什么样的文化差异？
3. 在文化背景差异较大的国家生活，你可能会体验到"这里没有我们想象中的那么好"或者"这里没有我们想象中的那么差"等类似感觉。当这种感觉产生时，你会如何调整自己的心态，客观地评价在异国的生活？

孕育玛雅文明的神秘国度

/ 祝 芬 /

墨西哥

我的故事

我与墨西哥辣椒的"相爱相杀"

2018年冬季,我收到了汉办汉语教师志愿者面试通过的邮件,知道自己即将前往墨西哥从事一年的汉语教学工作,我的内心激动不已!关于墨西哥,国内可获取的信息较少,出国前对于墨西哥的了解主要集中在四个方面:其一,听说很多大毒枭都在墨西哥,墨西哥是毒品和枪支泛滥的国度;其二,墨西哥人特别喜欢派对,还喜欢喝Tequila(龙舌兰酒);其三,墨西哥有着古老的玛雅文明和阿兹特克文明,以及太阳神和月亮神金字塔;其四,墨西哥菜很有名,而且很辣。

第四点让我坚信,来到墨西哥的我,胃肯定是幸福的。在武汉求学的几年,我几乎是无辣不欢。2017年在蒙古国做志愿者的时候,蒙古菜很少放辣,因此那一年,我的胃很是煎熬。这次来到以辣闻名的墨西哥,自然不会亏待了我的胃。想到这一点,我更加期待墨西哥之行。

抵达墨西哥的第一天,我的住家就带我去吃墨西哥有名的Tacos(卷饼)。Tortilla(玉米饼)上放上碎牛肉和洋葱,再涂上青色和红色的辣椒酱,卷起来吃,十分美味。出国的朋友常说,当抵达新的国家时,第一顿饭往往是记忆最深刻的，我也不例外。接下来的一个星期，我几乎每天都吃 Tacos，渐渐地我发现自己离不开它，并且深深爱上了饭馆的辣椒酱。

墨西哥的辣椒酱不像国内那样用红油爆炒，青辣椒酱就是直接将青椒和牛油果一起榨成汁，红辣椒也是直接榨成汁，涂在玉米饼和其他食物上食用。除了在饭馆吃辣椒酱，平时在家做饭，我也会放很多辣椒。墨西哥蔬菜店的辣椒种类丰富，红辣椒、青辣椒、小尖椒、干辣椒，样样齐全。不同大小的辣椒辣度不同，刚开始的时候我不知道，便通通买回家，混合着试辣度。墨西哥的辣椒辣味很足，在墨西哥的第一个月，因为这些辣椒，我的胃并没有特别想念中餐。

就这样在辣椒大餐中大快朵颐了几个月，10 月份第一周，我突然病倒了。刚开始以为是因为天气变化，受了风寒感冒了，但是吃了几天药也不见好。一天早上，我的肚子突然开始疼痛，加上眼睛眩晕，全身出汗，四肢无力，无法站立行走。同事带我去医院检查。医生问我来墨西哥以后是不是每天摄入很多辣椒，我这才反应过来：原来是辣椒惹的祸！医生向我解释，墨西哥的辣椒品种与中国不一样，毒性大，对于我们这些初来乍到的外国人，如果摄入过多，就会出现身体感染、发炎等症状，严重时还会出现休克，以前就有很多外国人出现过这样的症状。

这次因辣椒生病，让我在家足足休息了一周才缓过来。后来的一个月，我没敢再吃墨西哥的辣椒，在餐厅吃 Tacos 时也不敢涂辣椒酱。直到现在，我也尽量减少吃辣椒的次数，不敢再过度食用辣椒了。

我与墨西哥辣椒的"相爱相杀"，让我意识到：胃的幸福固然重要，但身体的健康更为重要，凡事切不可过度！

生存攻略

从辣椒到小偷，墨西哥生活中的乐与忌

经历了这次由"吃辣"导致的小闹剧，我也吸取了宝贵的经验，无论去哪个国家，饮食安全都很重要。墨西哥除了美食多，派对也多，墨西哥人十分热情，喜欢音乐，喜欢跳舞，喜欢喝龙舌兰酒。在墨西哥工作生活，免不了被同事朋友邀请参加各种类型的派对。以下是我结合亲身经历总结出的几点饮食和派对攻略。同时，墨西哥小偷也不少，所以在这里也给大家提供一些安全建议。

适度吃辣

墨西哥的美食众多。墨西哥人十分喜爱 Tortilla，在墨西哥的大小餐厅，无论你点什么菜，都会给你送一盘 Tortilla。在墨西哥人的食物认知中，什么菜都可以卷着 Tortilla 吃，米饭也可以直接涂上辣椒酱卷着 Tortilla 吃。请墨西哥朋友来家里吃中餐的时候，不妨也去附近小商店买一袋做好的 Tortilla 招待客人。

墨西哥人喜欢吃辣。不过墨西哥的辣和中国的辣不同：中国菜喜欢用辣椒油，辣椒类制品一般是混合各种调料制成，不仅仅有辣味，还有很多其他的味道，比如麻辣、酸辣等；而墨西哥的辣椒一般都是直接将鲜辣椒榨成汁食用，辣味更纯更原始，同时辣度也更高。在墨西哥工作生活的老师们，一定要注意适度食用辣椒。蔬菜店里的辣椒个头越小，辣度越大。

享受派对

墨西哥可以算是一个全民狂欢的国家。在墨西哥工作生活，几乎每周都会收到派对邀请。墨西哥的派对分为不同的类型，每种类型的

派对都少不了跳 Cumbia 舞，有时候还会跳墨西哥传统踢踏舞和现代墨西哥广场舞。不会跳舞也没关系，婉言拒绝就好，当然，如果你想学习，墨西哥人也会很热情地教你。

墨西哥是信奉天主教的国家，孩子一个月大的时候会举办一个洗礼派对。参加孩子的洗礼派对，是需要打扮的。不同于生日派对，洗礼派队的着装较为正式，服装颜色偏亮色。同时，如果决定参加派对，最好是准备一份小礼物送给主人，表示感谢。

学校举办的派对尽量去参加，可以增进同事之间的感情。一般学校举办的派对也是需要打扮的。对于女生来说，礼服和高跟鞋是标配。中国女老师也可以穿旗袍，展示中国传统服饰的魅力，很受墨西哥人的欢迎。

生日派对则需要看派对的地点。如果派对风格很随意，就不需要特别打扮，着装舒适就可以；如果派对比较正式，就需要打扮。建议老师们多准备一些中国风的小礼品，如脸谱、京剧元素冰箱贴、茶叶、丝巾、如意 U 盘等都很受欢迎，而且在各种需要送礼的场合都可以使用。

除了同事朋友举办的派对，墨西哥还有全民大派对。比如 9 月中旬的墨西哥独立日，前后几天，各地都会举办大型的派对，马术表演、街头游行、传统舞蹈表演等都在街头进行，值得一看！墨西哥最有名的亡灵节也是一场全民大狂欢，大街小巷都会摆放骷髅图像的雕塑，连续两周，每周末都会进行大规模游行，而且还会现场直播。在墨西哥城，亡灵节当天的晚上，很多人会穿着亡灵节服装，化上夸张的妆容，去墓地游行甚至开派对。

作为生活在墨西哥的外国人，对这种种派对，倒真的可以抱着开放的态度，尽情享受，充分探索墨西哥的当地文化，才算不虚此行。

提防小偷

墨西哥并不像很多媒体所报道的那样毒品枪支泛滥。墨西哥的毒品交易都集中在与美国接壤的几个区以及与中美洲接壤的几个区，全国其他大部分地区都是平静安全的。生活中遇到的绝大多数墨西哥人也都是热情而友好的。在日常生活中，最有可能发生的不幸之事也许就是遇到小偷了。在这里，结合我的钱包在出租车后备厢被偷以及其他老师们的一些真实经历，给出几点建议：

（1）尽量不要一个人出门，特别是晚上八点以后。

（2）手机、钱包等贵重物品不要在公众场合外露，不露富。

（3）国内的银行卡平时放在家中保管，不要与钱包放在一起。墨西哥大部分商店餐馆都收现金，平时不需要使用国内的银行卡。而且一旦国内银行卡被偷，补办手续很麻烦。建议老师们办一张当地的银行卡。

（4）眼不离包！墨西哥，特别是墨城的小偷，可以在很短的时间内偷走你包内的物品。出门在外，一定要做到眼不离包。比如坐出租车，需要把物品放到后备厢时，一定要亲手去放，自己关后备厢、车门，视线不离开自己的物品。

（5）不要相信陌生人，即使是警察。墨西哥有些地区的警察腐败成风，当你遇到困难寻求警察帮助时，他们甚至会向你索要报酬。

（6）出门尽量打 Uber，而不是路边的出租车。

结 语

文明古国，多彩墨西哥

到墨西哥的第一天，住家带我去太阳神金字塔。当我登上塔顶，望着远处的月亮神金字塔时，我就已经深深爱上了这个国家。记得第一次去墨城，高速公路两旁满是花花绿绿的小房子，色彩饱和度很高。生活在这样一个多彩的国家，每天的心情自然也是愉悦的。墨西哥人是热情的，走在大街上，不认识的人会微笑着热情地跟你说"Buenos días（早上好）"或"Buenas tardes（下午好）"。墨西哥人是快乐的，生活在墨西哥的我也是快乐的。

作者简介

祝芬，武汉大学汉语国际教育专业硕士。2017年至2018年在蒙古国国立大学孔子学院下设的教学点担任汉语教师志愿者，2019年至2020年在墨西哥伊达尔戈州工业科技大学担任汉语教师志愿者。

思考与实训

1. 在"我的故事"部分,作者刚来到墨西哥时,面对墨西哥美食的诱惑,她做了什么?这样做造成了什么后果?如果是你,你会像作者一样吗?为什么?

2. 仔细阅读"生存攻略"部分,谈一下海外生活中还应该从哪些方面来保障自己的财产和人身安全。如果你的手机和钱包不幸被偷,你应该怎么办?

3. 作者在文中提到墨西哥是一个"全民狂欢"的国家,为什么这么说?除了作者在文中提到的几种派对,墨西哥还有哪些重要的派对呢?请观看一个与墨西哥相关的电影(如《寻梦环游记》),并上网查询关于墨西哥亡灵节的相关资料,谈谈墨西哥人和中国人对待死亡的不同态度。

36 行走的 ATM

/ 王术智 /

多米尼加

我的故事

华人的烦恼

刚去多米尼加不久,该国就爆发了多次罢工游行。开始时,我很不理解为什么罢工时学校还会放假,为什么大白天学校却不建议老师外出。直到有一次和学生家长去海边游玩儿,亲身经历了一次罢工游行,才真实感受到那疯狂震撼的场面。

那天,车子刚刚开出景区驶向国道,我就看见路中间零零散散地躺着许多汽车轮胎。轮胎上火焰旺盛,火花四溅,周围还有蒙面的黑人举着火把吹口哨、嚎叫,和电影里的画面一模一样。我们开着三辆车,小心翼翼地驶过着火的轮胎,我紧张的心情才慢慢舒缓了下来。又开了大概十几分钟,遇到警察检查——多米尼加有非常多的海地非法移民,走私活动猖獗,所以警察抽检车辆是很正常的行为。

警察叫停了我们三辆车,透过窗户向车里扫视了一圈,然后说道:"晚上好,中国人,你们刚从海边回来吗?"

一位学生家长回答道:"是的,我们准备回圣地亚哥。"

警察突然贴近司机说:"你看看我们,一天都在这里工作,还没有吃晚饭。"

那位家长听了,熟练地递给这位警察一点儿钱。警察笑着收了起来，没有核实我们的身份，就把我们放行了。当时我很震惊，一个国家的公务人员竟然能做出这样的事情！虽然赴任前曾在网上看到过类似现象（警察会以查身份为借口向华人要钱），但是亲身经历了，还是让我瞠目结舌。

那位学生家长似乎看到了我的不解，忙说："没关系的，老师，他们无非就是要一点儿钱嘛，给了就会过得很快，不给就要查你。这里就是这个样子，把钱给警察总比被抢好啊。"

我听着他的解释，思绪飘到了几周前。那时，有位学生家长刚把我拉进多米尼加的华侨群。在那个群里，经常会听到华侨被抢、被偷、被洗劫商店的事情。还有一次，据说有歹徒在炸鸡店绑架了侨领夫人，劫走了中文学校的学费和津贴。

当时听到这些事，我和其他老师虽是一脸惊慌，却并未真往心里去。但是那天，当鲜活的例子出现在自己身边时，我才真正地意识到，在拉美生活的中国人曾被称为"行走的ATM"，果然是"事出有因"的。

生存攻略

多米尼加共和国生存指南

多米尼加人口成分复杂，主要以拉美的棕色人种为主。但是随着岛内旅游资源的开发和经济发展，越来越多的华人来此做生意，越来越多的欧美人来此旅游，越来越多的海地人来此打工。因为人口成分复杂，其社会结构也很复杂，各社区族群之间关系不稳定。勤劳能干的性格使得华人在拉美地区很出名也很富裕，加之华人经商的流动性较大，对当地政府银行不信任，使得华人常常选择把钱都带在身上，因此很容易被抢劫偷盗团伙盯上，被他们称为"行走的ATM"。

在多米尼加生活，有很多需要注意的地方，有些区域可以夜不闭户、昼夜出行；有些区域则最好不要外出、紧闭门窗。现在我给大家总结几点生存指南：

第一，清楚自己所在区域属于安全区还是非安全区。单从第二大城市圣地亚哥来讲，一些治安很好的区有警察二十四小时巡逻。特别是富人区，警察每半个小时巡逻一次，治安非常好。区域周边小吃、餐厅、超市很多，也很安全。我生活工作所在的区域就非常安全。我经常夜跑或者晨跑，好多次晚上睡觉忘记锁门都没有关系。另外，邻里间互相认识，大家关系融洽，所以安全性较高。最混乱的地方是老城区，如果住在老城区，一定要小心谨慎，关好门窗，减少外出。老城区商业活动较多，所以华人的商店大部分都在那里。弄清楚安全区和非安全区的区别，你就知道什么地方能去，什么地方不能去，什么地方白天可以去，什么地方晚上去不安全。

第二，在公共场合保护好随身财物。在地铁、公交站、饭店等公共场所不要把手机、钱包等个人财物拿出来。多米尼加华人大概有两万左右，占总人口的0.2%。本来华人面孔就很容易被关注，再加上大家都知道华人有钱，所以在公共场合露富，很容易被小偷盯上（曾经就有一位老师半年丢了四部手机）。遇到绑架、抢劫一定要先保护好自己的安全。大部分抢劫犯抢劫华人主要是谋取钱财，如果遇到类似情况不要慌张，主动破财免灾。罢工时千万不要外出，真的非常危险，人群庞大且冲动易躁，所以千万不要做这种好奇害死猫的凑热闹行为。

第三，别人向你要钱时，尽量不要给。走在街上，会有很多小孩儿、成人、警察向你要钱，我的建议是不要给。建议出门随身带一些糖果，如果有小孩儿向你要钱可以给他们糖，他们也会很开心；对于成人，建议不要理他；对于警察等公务人员，一定要提前查问他们的身份，请求出示工作证、警官证。听说在首都圣多明各有很多假警察，专门坑骗外国人和非法移民，如果遇到这种情况，建议及时联系大使馆并拨打911。但是也有一些真警察品行恶劣，想雁过拔毛，借各种机会敲外国人一笔。遇到这种情况，当地华侨都选择给一点儿象征性的小费，大概是200比索左右（4美元）。警察一般都是拦截检查车辆，很少检查行人，所以老师们遇到这种情况的概率较小，大可放心。

第四，小费问题。多米尼加是流行给小费的国家，特别是服务行业，这是对其服务态度的认可，给不给都可以。但是一定要小心在机场、景点主动帮助你的人，他们一般都会索要10美元的小费。我刚到多米尼加机场时，就有地勤人员主动帮忙运送行李，事先并未告诉我需要给小费，但是在帮忙以后，却希望我给他一些钱来犒劳他。

第五，一定要遵守交通规则。多米尼加的交通状况总体良好，但是摩托车和改装车很吓人，马达声轰鸣，有一些还不遵守交通规则，所以在马路上最好不要玩儿手机，多注意路况。这种情况在圣地亚哥还好，在首都圣多明各和罗马纳等一些旅游城市非常普遍。

第六，建议购买当地的医疗保险。多米尼加的医疗保险在你生病时可以报销99%的医药费，而且价格不贵。如果你没有保险，看病买药可能会多交一两倍的钱。平时注意蚊虫叮咬和传染性疾病。多米尼加全年温和湿润，湿热的气候导致蚊虫、蜥蜴、蟑螂都特别多，一定要做好防止蚊虫叮咬的工作，毕竟很多传染性疾病都是通过蚊虫传播的。多米尼加也是登革热等热带传染病的高发国家，最好出国之前打好疫苗。如果你有当地医保卡，在多米尼加打任何疫苗都是免费的。

第七，注意地震台风。多米尼加存在地震台风风险，但不是很频繁，一年大概小震五六次，台风一两次。政府会提前通知商场、学校、居民囤积食品，做好应对准备，避免外出。有些区域会发生大面积停电，虽然时间短暂，但是最好储备好发电机和蜡烛，以备不时之需。

第八，远离毒品、枪支等危险品。多米尼加枪支泛滥，私人持有枪支是很平常的事情，所以在外一定不要和别人起冲突，有事联系警察和大使馆。在一些旅游景区会有毒品销售，大家要避免尝试新奇事物，当服务人员问你想不想尝试一些"刺激""美好""有意思"的东西时，基本上指的就是毒品，请务必远离，珍爱生命。

结　语

生活就好像住进诗里

虽说有种种隐藏的危险，但总的来说，多米尼加还是一个质朴、温暖、美丽的国家。因为地处北美洲加勒比海沿岸，它被称为加勒比的海上明珠。它三面环海，唯一的陆地邻国是海地。多米尼加全年气候温和，主要经济来源是旅游业，因此也是近些年来加勒比海地区经济发展最好、最稳定的国家。当地人质朴善良，如果你的车子坏在路上，会有很多好心人跑来帮你推车。白天，慵懒的阳光洒在土地上，人们蹦蹦跳跳地打着节拍，享受着慢节奏的生活；夜晚，海风轻拂着头发，很多人会静静地坐在公园的长椅上，享受着时光的推移，每每都要等到十一二点才舍得回家……

多米尼加留下了我的惊慌和担忧，也留下了我最美好的回忆。生活在这里，就好像住进了诗里，虽有汹涌的暗流，但更多的是浓彩的光明。

作者简介

王术智,江苏大学汉语国际教育专业硕士,主要研究领域为新媒体以及跨文化交际适应。曾在蒙古国国防大学任教,期间参与了美、日、法等多国国防军事院校的交流参观,被评选为孔子学院总部/国家汉办赴蒙优秀汉语教师志愿者。之后在多米尼加共和国旅多华侨学校任教,主要教授汉语综合课以及中国文化课。

思考与实训

1. 在"我的故事"部分,作者谈到在海外生活的华人很多都会有一种破财免灾的想法,你是怎么看待这种观点的呢?如果当地警察、海关等公务人员找理由向你要钱时,你会怎么处理呢?
2. 阅读"生存攻略"部分,谈一谈在公共场所接受陌生人帮助时,应该注意些什么。你是怎样看待"给小费"这个问题的?
3. 王老师在某国公立学校任教,由于工资、课时、休假等问题,该校教师组织罢工活动进行抗议,有同事要求王老师一起参加罢工,王老师应该怎么处理?查找相关资料,从文化对比的角度,帮王老师设计一个应对方案。

生存攻略
案例

南美洲

南美洲北部和北美洲以巴拿马运河为界,西部是几乎纵贯整个南美洲的安第斯山脉,安第斯山脉东部就是面积广大的亚马孙河盆地。截至2019年底,南美洲已有12个国家建立了31所孔子学院,5个国家建立了19个孔子课堂。[①]

本章关于生存攻略的案例主要来自秘鲁、智利、哥伦比亚以及厄瓜多尔。

如果你将去南美教中文,你的行李箱里应该带什么?你怎么才能找到靠谱的房东和房源?怎么破解哥伦比亚的语言密码?你怎么在秘鲁克服旅途中的风险和窘境?怎么"以辣会友",在异国打开交友之门?如果你想知道这些问题的答案,就一起来看看老师们的精彩分享吧。

---

① 数据来源于 https://www.cief.org.cn/qq。

去南美,行李箱里要带什么

/ 陆正瑞 /

厄瓜多尔

我的故事

28 英寸的波折

2018 年 7 月 5 日,我推着两个 28 英寸的大行李箱,踏上了令人激动又忐忑的南美之行。没想到还未抵达目的地,这两个沉甸甸的行李箱就出事了。

突如其来,国内国际不统一?

从郑州到飞行目的地瓜亚基尔(厄瓜多尔城市)可以分为两段行程:(1)国内段:郑州—北京;(2)国际段:北京—阿姆斯特丹—瓜亚基尔。当负责机票的老师把行程单发给我时,我发现了一个问题,这两段行程托运行李的标准差别挺大:国内段允许托运一件行李,限重 23 千克;国际段是 2T,即允许托运两件行李,每件限重 20 千克。这真是蹊跷!我赶紧询问了熟悉的小伙伴,得知她们的出行票都是联程,所有航段都可以按照 2T 标准托运,我这才暂时放下心来。

接下来的几天,我收拾行李,反复压缩打包,终于带上了这两个分别为 20 千克的"庞然大物"奔赴机场。没想到在机场办理值机托运时却傻了眼。帅气的值机小哥微微一笑,冲着我说:"请您付超重行李费。"什么?我急忙向他展示了自己的行程单,表明自己是联程,可以走 2T 标准。但是值机小哥却告诉我,我的行程是由两个航空公司负责的，所以并非联程。我心慌意乱，急忙联系负责预订机票的老师，得到的答复是我的出发地并没有联程票，所以她没帮我买联程票。因为当时快到登机时间了，无奈之下，我只能心疼地付了600多元的超重行李费。

呜呼哀哉！

灵魂拷问，带的行李有用吗？

上了飞机，经过了约二十八个小时的漫长飞行，我终于抵达瓜亚基尔，坐上了接机人的小汽车，奔赴任教城市巴巴奥约。可是第二天，打开行李箱后，我就进行了灵魂反思：累死累活装来的这些东西，真的是非带不可的吗？

看吧，箱子里有家庭装的洗发沐浴露、十多套夏装、新网购的化妆品套装、一学年的卫生用品、半箱子的中国风用具、绝不会被强盗盯上的老式砖头笔记本，甚至连指甲剪、数据线、手机膜都一应俱全，真可以称得上事无巨细。要知道，这份物品清单，其实并非我独创，而是源自上一任志愿者小姐姐的悉心传授。除此之外，我还特意带了许多家乡小吃、常用药品，连体温计我都自带了一支。当时帮忙收拾行李的母亲大人看了直感叹："闺女，你是要去一个什么样的地方啊？"

我现在来的，到底是一个什么样的地方？

这个问题，其实在我到达后的第二天就有了真实感受：厄瓜多尔虽然经济不太发达，但我的住所附近就有果蔬商店，远些的地方还有大型超市；当地人的衣着审美虽然与我们不同，但相差并不大，只是颜色更鲜艳些；化妆品也不缺，你可以去临城商场尽情挑选；这里的饮食也别有一番风味，此外还有广州同胞开的中餐馆，大可以满足你的中国胃。

总而言之，我发现这两个大行李箱装的东西至少有四分之三都是生活中不一定要用上的……

呜呼哀哉！

生存攻略

行李箱里到底应该装什么

许多初赴南美任教的志愿者往往会为带什么而苦恼，恨不得把整个家都搬去，而唯一的参考依据，可能只有网上的零星信息和上一任志愿者的个人经验。为了解决这个难题，我总结了同期赴任的一批志愿者的经验，希望能给大家一定的参考，不至于再像当初的我一样，因负重前行而劳累不堪，或为多带少带而后悔遗憾。

一、轻生活，重文化

生活是一切的基础，这句话没错。但我们有理由相信，国家汉办所选的派出地点，在基本生活物品的购置上还是有保障的。因此，"轻便实用"是装配行李的主要原则。

1. 洗护日化：建议带够一周的用量，抵达后再购买。

2. 日常服饰：查询当地天气特点后，以工作、旅行、运动速干为主题，自带5至7套衣物就够了，其他的可到当地购买。女士还可带两件超轻防晒衣。

3. 常用药品：建议备些喉片、少量治疗感冒、痢疾等的常用药。事实上，当地药品更适宜当地水土，且效果显著。

赴任最不可或缺的其实是文化用品，大到文化教具，小到特色礼物，在南美很难买到。而且你会发现，在需要的时候，这些文化用品会发挥大作用。对于在普通教学点工作的志愿者来说，还要注意在民族服饰、教材等方面做好充足的准备。下面列出清单供大家参考。

1. 文化教具：建议大家可以提前准备汉字挂图、拼音挂图、笔墨纸砚、毽子、崭新的人民币（小面额多备一些，包红包用或者辅助数字教学）、跳绳、印章、贴画等一些相关的文化教具。

2. 活动用品：传统风筝、可绘脸谱、茶具、皮影、太极扇、东北手绢、红灯笼、彩带龙、端午配饰、月饼模具、擀面杖等物品可适当带来，以备举办文化活动时使用。

3. 特色礼物：中国结、小熊猫钥匙扣或玩偶、折扇等物品可自带一些。南美学生尤其喜欢亮晶晶的中国风首饰，建议备一些。

4. 民族服装：男士可准备唐装、功夫衫等；女士可准备旗袍、茶服、古装等中国特色服装。

5. 教材：根据上一任志愿者和教学负责人提供的信息，订购供自己使用的教材和辅助用书，适量实用即可。

二、电子类、饮食类物品

在南美，电子产品比较贵，一些中国特色的食材也很难买到，我们可以提前做些准备。

1. 电子产品：建议带两部手机（以防丢失后再置办新机）、转换插头（一定提前问清楚赴任国的插座类型）、手机配件（如数据线、耳机等）、轻薄的笔记本电脑、便携小音箱等。

2. 特色食品：建议大家不妨带些干货，如香菇、红枣、枸杞、桂圆、莲子等；另外还可以带些调料，如十三香、火锅料等。甚至你还可以带些小零食，如大白兔奶糖等。这里必须要注意，这些东西必须是厂家生产的包装好的商品，散装、自制、已拆封商品等都不能通过海关。

三、有问题，提前问

问题1：事到临头才发问？

出行前，我以为自己已经准备周全了，所以自信满满地就出发了，结果一出门就遇到了问题。归根结底，就是很多问题我问得太晚了，咨询的人也太少了。假如当时我一开始发现行程单上的行李标准不统一的时候，及时咨询相关老师，是可以做出备用方案的，比如国内段坐高铁或提前寄送行李去机场等，都可以避免支付高昂的超重费。假如当时我多请教几位前辈或同任小伙伴，也是可以少带一些行李的。

问题2：出国任教哪些证件手续最重要？

出国任教一定要提前准备好护照、身份证等重要证件，甚至可以多准备几份护照复印件。同时，提醒大家一定要提前办好信用卡。

问题3：能为下任做什么？

我此行最幸运的事是遇到一位非常热心负责的前任志愿者。这位姐姐对我的帮助特别大，她不仅详细给我介绍了当地治安情况和对西班牙语水平的要求，还将班级情况和教学大纲分享给我，帮我明确了备课方向；她分享的课件和网站，充分缩短了我的备课时间；甚至她还把自己留存在当地的晾衣架、蚊帐和成套的保鲜盒都给了我，在物质上也给予我无私的帮助。我要以她为榜样，尽自己所能，希望也能帮到下一任的小伙伴。

结 语

追梦旅程，你准备好了吗

选择出国任教，就是选择了一次神奇的追梦之旅，所以，我们不要怕沟通,不要怕麻烦,及时寻求前辈、老师及网络的帮助,尽量为这段行程开一个好头。同时,也要将自己的经验、心得、感悟及时记录下来,供即将赴任的小伙伴参考。汉语国际教育这条路,不正是由一代一代的汉语教师去探索、践行、传承才越走越宽、越走越好的吗?让我们带着两个行李箱和一颗圆梦的心,一起出发吧!

作者简介

陆正瑞,兰州大学汉语国际教育专业硕士,曾于2018年至2019年赴厄瓜多尔担任汉语教师志愿者,任教于巴巴奥约科技大学。2019年7月,参加"美国大学理事会客座教师"项目,在美国印第安纳州哈蒙德城市学区担任初中中文教师。

思考与实训

1. 在"我的故事"部分,作者在到达机场、值机托运时遇到行李超重的突发情况,她是怎样处理的?如果遇到类似的情况,你会怎么办?
2. 阅读"生存攻略"部分,谈一谈你在打包行李时,怎样结合赴任国具体情况,做出最轻便、最实用的选择。
3. 本文"生存攻略"部分提出了准备赴任行李的三大原则,请你选择一个国家,利用不同的资讯平台,针对该国情况及自己的具体岗位信息进行分析,列出一份详细的行李清单。

一房难求，不临时涨价的房东更难求

/ 施 慧 /

厄瓜多尔

我的故事

喜欢临时涨价的房东

在国外工作的同行应该都有一个共鸣：住所是我们上课之外待得最久的地方，备课、睡觉、吃饭等大多数活动都是在住所完成的。所以有一个舒心安静的住所是十分必要的。相反，如果住的地方很糟糕，或者跟房东误解重重，会时刻影响自己的心情，那么上课的效率和质量也会下降。因为住得委屈，上课时也无形中带着这种委屈。

刚到安巴托时，我和别人合租一套公寓，后来决定一个人住。经过一个多月的辛酸找房之路后，我终于找到一处合适的房子，毅然决定搬家并提前告知了房东。搬家的那天，我把东西都收拾好，一个人拖着两个大箱子走下楼。谁知刚到一楼还没把门打开，房东就急匆匆地从楼上跑下来，站在楼梯上叫住我说："你不能走！你还没给我70美元！"

我一愣，说："为什么？合同上明明写的是每个月170美元的房租，我之前都按时给你了！"

"我们这里是市中心，电费很贵，"房东说，"所以你得重新交电费，70美元！我已经跟你说过了！"

我无语了，电费如果需要另交的话，为什么不事先写在合同上？

而非要在我快搬走的时候临时加价。这么说来，合同的作用又是什么？虽然70美元不多，但是我当时一心觉得他这样做是在"敲诈"我，所以更不想给他钱了。

我不想和他继续争论下去，于是直接转身，准备推门出去。可是万万没料到，房东居然从楼梯上冲了下来，要抢我的箱子。他个子虽然不高，但是体型很胖很壮，我完全不是他的对手。紧张之下，我连门都没打开，完全处在弱势地位。

我急忙把箱子推到身后，两手挡住他说："对不起，我没钱！"

他恶狠狠地瞪着我："70美元你必须给！"

我们四目相对。

现在想起来，这次对峙很有可能是个误会。当初我告知原房东要搬家时，他曾提过搬走之前要交电费，可是从来没有征求我同意，也没有把这一条写进合约里。我觉得他这样做不合理，于是不想给他。因为在来之前，我就听说过在这里租房不易，有时虽然白纸黑字的租房合同写得明明白白，但是房东还是会以各种理由加钱，在你临走的时候也会让你买油漆重新刷一遍墙，或者缴纳高价油漆费和卫生费。

不过我从没想到自己真的会遇到这种情况。如今，看着这凶神恶煞般堵在门口的房东，我终于意识到再讲什么契约已经没什么用了。今天如果我不给他70美元，也许就别想从这里出去。

无奈之下，我只能妥协，乖乖给钱走人⋯⋯

好不容易搬了新家，新房东是位不太凶的老太太。合同上依然白纸黑字清楚地写着每个月房租是多少美元。因为前车之鉴，我再三向房东确认了这是包括了水费、电费、网费的费用，房东也满口答应。可是在住进新家的第二个月，房东忽然一脸严肃地问我："施，你什么时候回中国？"我回答说明年。当时我还以为她是不想把房子租给我了，希望我赶紧回中国。但是她接下来的话却让我觉得似曾相识："施，因为你要在这里住很久，我们得交税给政府，所以你以后每个月还必须多交20美元的税，不过这个税费却不能写在合同和发票上……"

我又一次无语了。既然是一定要交的政府税费，为什么不能事先在合同上写好呢？又为什么不能开具发票呢？

唉，上天可不可以赐给我一个不总是临时涨价的房东啊？

生存攻略

厄瓜多尔租房自救指南

我所在的城市安巴托并没有所谓的"大学宿舍"，老师、学生都得自己租房，学校一律不管。学校周边的房子非常贵，而且极少有空房；在市郊的便宜住房倒是有很多，却充满安全隐患，而且有时候上课会到晚上九点，坐公交或打车回去都不方便。所以刚开始时，我只能在离学校不远处和别人合租，房租不便宜，但是有室友平摊也算过得去。可是要找到价钱不贵又安全的房子、遇上靠谱又不乱涨价的房东，真是太难了！通过我自己找房、租房以及和房东斗智斗勇的坎坷经历，我总结出了以下租房经验供大家参考：

一、住房的安全程度。安巴托是一个小城市，没有大的治安隐患，相对比较安全，整个厄瓜多尔也算是南美洲安全系数较高的国家。不过这种安全系数仅是相对于南美洲其他国家来说的，因此郊区的房子虽然便宜，但是远离城市，交通又不方便，绝对不建议租。而市中心热闹嘈杂，一栋房子里有各种类型的住户——小贩、难民、无业游民，甚至瘾君子，鱼龙混杂，这种房子也不建议租。而且市中心的房子楼道狭窄，门挨着门，邻居之间信息传达迅速，一个新的住户住进去，全栋楼的人都会很快打听到你在哪儿工作，什么时间工作，是否一个人住等，几乎毫无隐私可言。安巴托富人区的房子是最安全的，但是房租会贵些。

二、房东的靠谱程度。能和房东住在一起或者住得近是最好的，因为出了问题可以直接找房东解决，但是好房东可遇不可求。租户和房东之间是金钱利益关系，一谈到钱，再好的房东都会变脸。在这里，合同的效力是不明显的，有时只是给政府看的摆设，房东随意涨房租的现象比较常见。虽说不建议跟房东产生正面冲突，但是也不能总被房东牵着鼻子走。一般来说，房租如果涨到超过自己的接受范围，就应该选择搬家。

三、合租室友的合拍程度。与别人合租，就意味着要与室友共用洗手间、客厅、厨房等。双方的性格不同、作息时间不一致都会影响合住的质量。比如一个人喜欢安静，另一个喜欢热闹；再或者一个人好客，隔三岔五请朋友来吃饭，另一个只想安安静静地过个周末……在一个屋檐底下相处久了，问题自然会有。这是一个死结。因此，当遇到与自己不合拍的室友时，需要尽早把话说清楚，避免冲突，更不能因此影响自己的工作状态。

四、家具的齐全程度。这里的出租房多数不配备家具，所以得自己买。需要买的必需品有床、被子、炉灶、窗帘、桌子和椅子，甚至锅碗瓢盆……大大小小的家具加起来至少500美元。任期结束回国时，还要想办法再把它们卖出去，因此建议最好能找到有家具的房子，会减少很多麻烦。

五、正规的合同与发票。虽然合同效力在房东眼里不重要，但经过市政厅认证盖章的正规合同依然必要。在遇到大的纠纷时，合同可以省去一些麻烦，也能防止租到黑屋。除了合同之外，每个月支付房租时也一定要向房东索要发票，这不仅是支付凭证，还是避免"恶房东"赖账的证明。

结 语

越来越像一个 Ambateña（安巴托人）

琐碎的租房问题的确很折磨人。能遇到好的房东固然是最好的，但是实在遇不到的话也不必强求，只要和房东不产生大的纠纷就行。在安全第一的前提下，再去考虑房租和其他问题，这才是最有效的解决问题的方式。厄瓜多尔租房的挫败经历虽然曾让我难过，但如今我早已不放在心上，因为我已经深深爱上了这个国家——这里落后却温暖，人们贫穷却开朗。若你问我在这里最大的收获是什么，我会毫不犹豫地回答：是快乐。厄瓜多尔的日子为我的情绪银行储存了太多的快乐，而且这些快乐都不会贬值。我也越来越变得像一个安巴托人，像当地人一样去赶集，做当地的美食，参加自行车骑行，去河边晨跑……

自私和贪婪固然不分国籍，但好意和善良也是！

作者简介

施慧，黑龙江大学汉语国际教育专业硕士。曾在厄瓜多尔安巴托科技大学担任汉语教师志愿者。

思考与实训

1. 结合"我的故事"部分,谈一下在国外租房,如果遇到房东变相涨价、违反合同条款时,你会怎么做。你是按照房东的要求多付房租、坚持跟对方理论还是用其他办法?为什么?

2. 结合"生存攻略"部分,谈一下在厄瓜多尔或其他南美国家租房或者寻找室友合租时,需要注意哪些事项。

3. 在中国,正规的房屋租赁合同具有法律效力,只要是合同上写清楚的条款,比如房屋修缮责任、违约责任等,契约双方一般都会按照合同条款行事;但是在厄瓜多尔,房东违约现象比较常见。请思考一下是什么造成了中厄之间的"契约观念"差异。请针对这种差异设计一套应对策略。

哥伦比亚的语言生存密码

/ 颜雪雯 /

哥伦比亚

我的故事

猝不及防地被"撩"了一次

语言承载着文化，提到如何在哥伦比亚生活，就不能不提与当地人拉近距离的法宝之一——哥伦比亚式西班牙语。初到哥伦比亚时，我完全无法与当地人沟通；两年后离开时，我变成了半个地道的哥伦比亚女孩儿。这不仅仅是因为我掌握了西班牙语这门语言，还因为我深入地观察了当地西班牙语的特点。

哥伦比亚人很注重面对面的交流，喜欢没完没了地聊天儿，而且语气比较夸张。不同地区有不同的口音和用词，彼此之间也有地域歧视。比如首都波哥大人被称为 Rolo（波哥大人）；而第二大城市麦德林的人则被称为 Paisa（麦德林人）；加勒比海沿岸以黑人居多，那里的人被称为 Costeño（哥伦比亚加勒比海沿海的人），他们说话常常会省略词尾的 s，发音更含糊不清。

在波哥大的第一年，我还不太会说西班牙语，因此闹过一些笑话。比如学生常常试图教我发大舌音，他们会说："老师，您看，这就跟摩托车发动机声音一样，rrrrrr……"我哭笑不得，却无法模仿。

一次，我跟一个哥伦比亚男生打赌，他开玩笑地说："如果您输了，您得给我一千比索。"我在心里快速换算，一千比索约等于两块多人民币，于是不假思索就答应了。后来才发现他说的竟然是"给我一千个吻"。因为西班牙语中 b 和 p 的发音不像汉语中那样有明显区别，所以我把他说的"吻"（beso）听成了"钱"（peso，比索）——就这样猝不及防地被男生"撩"了一下！

哥伦比亚人的"浪漫"还不止如此。如果你去商店买东西，性格开朗的店主会对你说"mi amor"（我的爱）。这样在国人看来很暧昧的表述，其实习惯就好。因为我总结后发现，在哥伦比亚类似的表述真是不计其数，比如"我的天空、我的公主、我的宝贝、我的珍宝、我的生命……"，多得几乎无法统计。以至于回国后，我常跟人半开玩笑半炫耀地说，自己学的其实是一口哥伦比亚式西班牙语，因为里面充满了热情、随性和夸张的拉美风情，正如哥伦比亚当地人一样慵懒迷人。

生存攻略

不能不学的地道表述

很多不了解哥伦比亚的人，一提到这个国家就会觉得危险混乱，可是当我们排除偏见去了解它以后，就会发现这个国家有着其独有的魅力。要想破除对哥伦比亚的刻板印象，最简单的办法就是多与当地人深入沟通。下面的这些表述方式，很多都会在哥伦比亚的日常对话中高频出现。作为外国人，掌握这些用语，会让当地人对你产生刮目相看的感觉。

1. No dar papaya。这句话直译过来就是"不要给木瓜"，乍听之下让人一头雾水，但却是在哥伦比亚生活中必须要掌握的一句话。因为这句话实则是在警告你，为了财务安全，出门在外要小心谨慎，不要让小偷乘虚而入。

2. Tener guayabo。与上一句话有点儿类似，guayabo 的意思是"番石榴"。这句话的意思是指"在经历过一场哥伦比亚式的派对纵饮后所感受到的第二天的宿醉"。另外，在哥伦比亚西班牙语中，啤酒有特定的词语，即 pola。

3. Qué chévere。这可能是你在聊天儿中最常听到的表达惊讶和感叹的一句话，相当于英语中的 cool。

4. Chino。是的，你没有看错，这个词是指"中国人"或者"中文"的意思。但是在当地如果你听见了这个词，不要以为它是在指代中国人，因为它其实是指"小孩儿"。在当地中学教书，肯定能经常听到老师们用这个词来称呼那些小孩子。

5. Tinto。哥伦比亚咖啡赫赫有名，所以在当地免不了要品尝最正宗的咖啡。Tinto 原意是指"深红色的、染色的"，在西班牙指的是"红葡萄酒"，但是在波哥大则指代的是"不加奶的纯黑咖啡"。如果你去了哥伦比亚，听到别人说"我们去喝一杯 tinto 吧"，千万不要不知所云啊。

6. A la orden。这是体现哥伦比亚式礼貌和热情的一句话。当你去一个小店买东西，付钱之后你说"谢谢"，店主常常会回应这句话，好像中文里所说的"竭诚为您服务"的意思。

7. Parce / Marica。亲密朋友之间，常常会听到彼此使用 parce 或者 marica（类似中文中的"伙计"）相互称呼。

8. Gringo / ga。这个词就好像中国人口中的"老外"，原本用来指美国白人，广义上也可以指不懂西班牙语或者西语文化的人。此外，Mono/na 原本的意思为"猴子"，以前也常用来指代那些金发白人，本来带有贬义，现在只是平常的称呼。

上面这些表述方式中，之所以把"No dar papaya"放在第一位，是因为安全意识在哥伦比亚是必备的。虽然哥伦比亚没有外界传闻的那么混乱危险，但是也存在一定的不安全性。其他的表达方式，则可以让我们看到哥伦比亚文化中人们热情和亲密的一面——他们喜欢喝咖啡、喝酒和狂欢，人与人之间的距离也更近。在周末的夜晚，无论是酒吧街还是邻居家，都会飘荡着跟拉美神曲 Despacito 类似的雷鬼歌曲，夹杂着萨尔萨和瓦耶纳托音乐，还有当地人迷人的舞姿。

结 语

极具感染力的热情

在历史上，哥伦比亚承受了太多政治苦难和武装暴力。直至今日，在偏远地区还是会见到一些武装冲突，但是只要胆大心细，这儿的生活还是会让我们体会到一种慢节奏的幸福感。这里有丰富多样的热带植物、品种众多的兰花、每天不重样的各种水果，北部的加勒比海，南部的亚马孙丛林……在这里，你可以去寻找马尔克斯《霍乱时期的爱情》里描写的城市，去书中女主人公费尔米纳的阳台上小坐；也可以去品尝波哥大的 Ajiaco（一种鸡肉玉米浓汤），在舌尖上的美味里思考着生活的种种可能。拉美人的热情是极具感染力的。相信当你在这里生活过一段时间、体验当地的文化之后，你一定会从心底里爱上这个地方！

作者简介

颜雪雯，本科就读于华中科技大学汉语国际教育专业，研究生就读于武汉大学比较文学与世界文学专业。曾在哥伦比亚安第斯大学孔子学院下属的孔子课堂任教，熟练掌握英语、西班牙语、法语等语言。

思考与实训

1. 根据作者在"我的故事"中的描述,你对哥伦比亚的概况是否有所了解呢?你觉得哥伦比亚的文化有什么样的特性?哥伦比亚人有怎样与众不同的性格特点?

2. 根据"生存攻略"部分,举例说明在与哥伦比亚当地人交往中,可以使用哪些俚语。这些俚语分别适用于什么样的情境?对你在当地的生活有什么帮助?

3. 如果你是一个性格比较内向的人,在哥伦比亚与当地人接触时,面对对方热情而直接的交际方式,可能会感到非常不适应。你该如何去克服这种交际文化上的差异,从而更好地融入当地环境?请查阅相关资料,举例回答。

一场不顺利的旅行
——记圣周瓦卡奇纳之行

/ 王兰婷 /

秘 鲁

我的故事

我住在警察局里

作为西班牙曾经的殖民地，秘鲁是一个信奉天主教的国家。对秘鲁人来说，除了圣诞节，最重要的节日就是圣周了。"圣周"指的是复活节前的一个星期，是纪念耶稣基督受难前后事迹的节期。每年的圣周，全国都会放几天假，并举行各种活动。

2011年的圣周，我和几个朋友决定去秘鲁西南部的城市伊卡（Ica）旅行。那里有一座名为瓦卡奇纳（Huacachina）的沙漠绿洲，素有"美洲绿洲"的美誉，是一个环湖而建的小村庄，也是一个旅游度假的胜地。在那里可以划船、滑沙、开山地越野车……当时我们先抵达了另外一个旅游景点，旅游结束后，想着瓦卡奇纳也不太远，就临时决定去那里玩儿两天。

东西不见了！

我们一行四人，大概下午三四点钟乘大巴车出发，经过差不多四个小时的车程，晚上七八点钟到了瓦卡奇纳。到达之后，我们先去找住的地方，但是问了多家酒店，均被告知酒店已满、没有空房。最后我们只好打了一辆出租车，让师傅拉着我们，挨家挨户去找住所，然而不管是酒店、旅馆还是民宿，得到的答案都是没有房间。想想也是，瓦卡奇纳原本就是一个居民不足百人的小村庄，接待能力有限，又赶上圣周这样的出行高峰，像我们这样没有提前预订、临时决定来玩儿的人，肯定是找不到住处的。几次碰壁之后，我们决定先去吃晚饭，再想办法解决住宿问题。

在餐馆吃完饭结账的时候，石老师突然"咦"了一声，接着就惊慌失措地翻起自己的包来。我们另外三个人都关心地问他怎么了。石老师一边翻包，一边说他的钱包、单反相机都不见了。我们也都紧张起来，一边安慰石老师，一边也纷纷检查自己的包，看有没有丢东西。检查了没一会儿，李老师也"咦"了一声——原来她的钱包和电子词典也不见了！

我们开始仔细回想事情的经过，看问题到底出在哪里。大家都非常肯定的是：上大巴车之前，东西都还在；下了大巴车之后，包也都背在身上，除了出租车司机之外，并没有接触其他人。所以唯一的可能就是东西是在大巴车上丢失的。我记得自己上了大巴车之后，全程都在睡觉，也正是因为这一点，我紧紧地抱着自己的背包，没有把它放到行李架上。田老师的背包也是放在身边的。只有丢东西的石老师和李老师把包放到了行李架上。一路上他们两个人虽然没有睡觉，但是却一直在聊天儿，估计是忽略了车里的情况。

夜宿警察局

吃完饭后，我们立即去附近的警察局报案。警察虽然做了备案，但是却告诉我们，找回失物的希望渺茫，因为上车下车的人很多，无法确定是谁偷了东西。尽管如此，我们认为大巴车公司对这次丢东西应该负有责任，所以从警察局出来之后，又去汽车公司理论。但是汽车公司坚持认为，如果东西是他们帮忙放到汽车底部储物箱里的话，丢失东西他们可以负责，但是个人放到行李架上的，他们不应该负责。

理论无果，我们不得不再次回到警察局，督促他们寻找失物。虽然我们也清楚地知道找到失物的希望渺茫，但还是希望能有奇迹出现。当时已经是凌晨，在警察局等待期间，他们听说我们没有住处，也没有钱支付住宿费用，就专门找了警察局的一个空房间让我们休息。第二天一大早，安排我们吃过早餐后，还帮我们打了一辆出租车，送我们到目的地。不得不说，这还真是一个让人既爱又恨的国度啊！

我是不是不够勇敢？

尽管失物未能寻回，整个旅行也笼罩在丢东西的阴霾中，但是大家最后玩儿得还是比较开心。回程的路上大家都格外小心。在大巴上，我和田老师坐在一起。一路上田老师显得心事重重，好几次欲言又止的样子。最后，我忍不住问他发生了什么。他几经犹豫后，才开始问我："兰婷，你会不会觉得我不够勇敢？"

我说："不会啊，为什么要这么问？"

然后他告诉我，石老师和李老师丢东西的时候，他其实看到了整个过程。当时大巴车到了一个站点，很多人下车，后门突然上来几个身强力壮的男人，开始摸行李架上的东西。因为当时天已经黑了，大巴车里更是漆黑一团，所以很多人都没有注意到这几个人，尤其是坐在前边的人，而田老师和几个坐在后边的秘鲁人却看到了这一切。田老师知道石老师和李老师的东西就放在行李架上，想提醒他们，但是他看到上车的一个男人掏出了一把枪，抵住了他身边的一个秘鲁人，当时周围的人都安静了下来，田老师也跟着安静下来。

看着这些人下车后，一路上田老师都处在内疚和自责中。他觉得自己不够勇敢，没能站出来提醒大家。我听得有点儿目瞪口呆，但更觉得心有余悸。半晌平静下来后，我认真地对田老师说："你绝不是不够勇敢，相反，你做得很对。如果当时你真的站了出来，我无法想象后果会怎样。"

生存攻略

秘鲁旅游安全贴士

这次的旅行经历听起来是不是很恐怖？你会不会觉得秘鲁是一个极度不安全的国家呢？事实上，这种不愉快的经历，是我在秘鲁生活的两年中唯一遇到的一次。整体来讲，秘鲁的社会治安在拉美国家中算是很不错的，但是世界上没有绝对安全的地方，出门在外还是应该多注意安全。下边给大家提供几个安全贴士，希望可以为以后到秘鲁生活、旅游的朋友提供帮助：

一、出门的时候，身上不要带太多贵重物品，但是也不要不带钱，可以准备一点儿零钱，以备碰到抢劫时用来保命。我刚到秘鲁的时候，孔子学院的中方院长就是这样提醒大家的。于是我每次出门都会随身带着一个零钱包，尽管两年来从没派上任何用场。不过我听说有朋友曾在大街上遇到劫匪，如果真碰上这种情况，直接把财物交出，不要与劫匪硬碰硬，不要做无谓反抗。

二、秘鲁和很多拉美国家一样，不同区域的安全程度也有差别。大家尽量不要去贫民窟、郊区或偏远地区，旅游景点、商业区、居民区还是比较安全的。应避免夜间出行，即使要在夜间出去，也要结伴同行，且活动地点应该为人多的市中心等区域。如果在当地工作、生活，应该选择安全的区域居住，哪怕租金相对高一些。尽量避免在不安全的区域生活，即使这个区域的房子更漂亮，租金更低。

三、在秘鲁出行时，切不可露富，衣着要低调，尽量不要穿名牌衣服、提名牌包，尤其是让人一眼就能看出来的大牌。另外，不要使用带有明显中国标志的物品。记得当时我们在秘鲁做志愿者时，都会背着汉办发的带有国旗标志的背包。当时中方院长就告诫我们，出行时尽量不要背这个包，因为太显眼，很容易被不法分子盯上：一方面他们会因为你不是秘鲁人而对你下手；另一方面，他们也会知道你是中国人而对你格外"关注"，因为秘鲁人普遍认为中国人比较有钱，尤其是做生意的中国人。

四、出门在外，一定要看紧自己的财物，尤其是在人多拥挤的旅游景点，以及乘坐公共交通工具时。碰到困难向警察寻求帮助时，也要提高警惕，多加提防，因为秘鲁以及其他拉美国家的警察有时也不太可靠，他们中的很多人是志愿者，薪水很低，这就造成有些国家警察直接跟黑帮合作，蛇鼠一窝。

结 语

让人既爱又恨的国度

初到秘鲁的时候，会因文化差异而产生诸多不适应：我们会不理解当地人的懒散和不靠谱；也会因学生迟到、旷课而生气；更会因当地办事效率低下、社会治安不好而烦恼。然而随着时间的推移，我们会慢慢喜欢上秘鲁的生活，喜欢那里的安静和不浮躁。秘鲁存在一些不安全的因素，但这并不影响它的魅力，更未减少我对它的喜爱和思念。离开秘鲁已七年有余，但我无时无刻不在想念那里热情友善的人们、令人回味无穷的美食、安静悠闲的生活节奏、不冷不热的宜人气候，还有让人流连忘返的南美风光。

这就是我认识的秘鲁，一个让人既爱又恨却念念不忘的国度！

作者简介

王兰婷，北京语言大学教师，孔子学院专职汉语教师，硕士毕业于北京语言大学。曾被国家汉办派往秘鲁学习西班牙语，之后于秘鲁天主教大学孔子学院任教，也曾在墨西哥国立自治大学孔子学院任教。

思考与实训

1. 在"我的故事"部分，田老师在大巴车中，目睹乘客放在行李架上的物品被偷，他是怎么处理的？你认为田老师不够勇敢吗？为什么？如果是你，你会怎么做？
2. 阅读"生存攻略"部分，根据作者的描述，你会认为秘鲁是一个不能去工作或旅行的可怕的国家吗？在秘鲁生活、旅行时，有哪些需要注意的事项？
3. 本文提到了在秘鲁生活、旅行时的很多小贴士。请选择一个跟秘鲁类似的南美国家，结合本文描述并查阅相关资料，了解这个国家的衣食住行和文化方面的种种信息，并为自己去这个国家任教、生活或旅行设计一份"攻略"（需要准备的物品、注意的事项等）。

41 我在"辣椒国"做中国菜

/白 叶/

智 利

我的故事

从"美食互换"到"以辣会友"

每一位海外汉语教师,一定都有一颗"读万卷书,行万里路"的心,也一定会有一个时时思念家乡的中国胃。湖南、四川、重庆……很多地方的朋友都是无辣不欢的,我们云南人也不例外。在我这个尝遍天下辣味的云南妹子眼中,智利这个出了名的"辣椒国"其实有点儿名不副实:他们吃辣的热情远不及以嗜辣著称的墨西哥,甚至不及邻国秘鲁;地道的智利菜也常常和辣没什么关系。"举头望明月,低头思辣椒",因为在智利尝不到心仪的"辣",慢慢地我就开始自己做中国菜、以辣会友了。

我住在一个专供国际交换生租住的公寓里。公寓里住着四个女孩儿——和我同屋的哥伦比亚女孩儿,对面屋的墨西哥女孩儿和尼加拉瓜女孩儿。我是第一个住进公寓的人,而我和第二个住进公寓的哥伦比亚女孩儿之间的"破冰",就始于我煮的一碗酸辣面。

那是我住进公寓十多天后,哥伦比亚女孩儿搬了进来。我觉得自己已经很瘦小了,谁知道她比我更瘦小。她拖着一个很大的箱子,气喘吁吁地搬进来。这么瘦小又搬着一个大箱子的人,我突然很能理解她当时的感受——就像我第一天刚到、没有厨具没有食材时的那种劳累和茫然。我刚好在做晚饭，于是就多煮了一份酸辣面给她。她似乎没有想到我会对她那么友好，而我也没想到她拿到筷子时会那么兴奋。三下五除二吃完酸辣面后，她立马拨通了和妈妈的视频电话，向妈妈介绍了我，也展示了我做的面，最重要的是她很开心地告诉妈妈她可以用筷子吃面啦！

就这样，因为这一碗酸辣面，我们慢慢熟悉起来。

教学中不会西班牙语对我并没造成多大影响，但是生活里不会西班牙语却还是有些艰难。我很想自己找机会学习西班牙语，但却苦于找不到合适的时间和方式。有一天，我突发奇想：没准儿我可以做一个语言交换！这所留学生公寓里有很多拉美学生会说西班牙语，没准儿他们也想学汉语，如果我教他们汉语、他们教我西班牙语的话，我不仅学习了西班牙语，练习了教汉语，还可以结交很多朋友，真是一举三得。想到这里，我赶紧做起了宣传小卡片，贴在了每一层的公告栏里。一周后，就有三个人联系了我，两个是智利当地人，另一个是墨西哥人。

墨西哥人安德烈也很爱做饭。有一天我包了很多饺子，和我的几个"学生"分享，他们赞不绝口。安德烈跃跃欲试地表示要给我做一道墨西哥菜，我拍手称快。接下来，他就做了一道我此生都无法想象出来的菜——巧克力辣椒鸡。听起来是黑暗料理无疑了，你可以尝一尝这道菜的味道，其实还挺好吃。自此，我们在学习语言之外，又开始了"美食互换"环节，在交换中，我们俩也渐渐成了志同道合的朋友。

兴趣相投的人总能机缘巧合地相认。我都忘了是怎么认识美国女孩儿盖比的，只记得她特别爱烤饼干，后来就慢慢变成了我、安德烈和盖比三人掌厨、朋友陆续加入的"长桌宴"。在"长桌宴"上，我们分享着世界各地的美食，我的红烧肉和可乐鸡翅更是成为大家都喜欢的"畅销品"。之前本来因为一个人做饭而觉得麻烦且无趣，邂逅了这几位朋友后，不仅晚饭变得丰富起来，进餐时大家也总是聊得不亦乐乎。遗憾的是，我的西班牙语并未因此进步很大，掌握的词汇也多是与厨房餐具和蔬菜肉类相关的，但我们开始一起做饭的那些日子，也成了我第一次尝试着说西班牙语并获得肯定的日子。

当然，和公寓里外国朋友们分享的中国美食，还是不能一解我对辣的"相思"。除了安德烈和哥伦比亚女孩儿，其他人一碰辣椒就从脸红到脖子根，所以真正"以辣会友"的对象，还是同在圣地亚哥的中国朋友。从其他教学点赶来的志愿者老师，在同一个大学交换的中国留学生……大家虽然来自天南海北，辣得"风情万种"，但一顿麻辣香锅就让我们成了同道中人。海外生活中有中国朋友，对我而言也是很重要的事，因为很多所思所感，只有同在海外的中国人才能明白，而在一些需要被关怀被安慰的时候，也只有他们能给你最需要的理解。

在这个不吃辣椒的"辣椒国"里，我能以辣会友，也真是三生有幸了！

生存攻略

智利的食材采购和饕餮攻略

做好中国菜，可以安慰自己远在他乡的中国胃，也可以结识四方友，我甚至还上了一堂效果很好的"制作凉面"的汉语课，让学生学习到了很多典型的食材名称、烹饪类动词和语法表达方式。不过"巧妇难为无米之炊"，各位老师如果也爱做菜的话，到了圣地亚哥应该去哪里买食材呢？

中国调料

先说比较难买到的中国调料。沿着地铁1号线往西走，过了Los

Heroes，在主街两侧就会陆续出现大大小小的中国超市，哪家物美价廉就要靠各位老师自己探索了。除了火车站附近密集的中国超市外，市区内也零零散散地分布着各种中国超市。总而言之，在圣地亚哥中国超市并不难找，有的甚至都可以在下载的离线地图中搜索到。在中国超市里，醋、酱油、蚝油、花椒、干辣椒、老干妈酱等各种调料基本都可以买到，还有速冻水饺、汤圆、包子也能买到，只是购买的时候一定要注意生产日期和保质期。

超市和市场

接着我们说说买菜的地方。我因为课时比较多，一般没时间去物美价廉的市场，只能去方便快捷的超市。我建议大家租房时，把房屋附近的大超市纳入评价房源的标准之一，因为你每周可能至少需要一次大型采购，超市如果距离你租住的房屋太远的话，生活真的很麻烦。超市的好处就是明码标价、方便快捷，而且可以一次性完成大部分采购任务，对于课时量大、没有时间到处去采购各种东西的老师来说是最优选择了。

课时量相对较少的老师不妨可以找找当地的市场。大部分的市场都像中国的集市，在固定的时间出现在固定的街道上，关于市场的具体信息可以通过咨询当地朋友或者住家获得。我假期里和交换生们一起去过一次市场，发现市场里的蔬菜真是种类繁多、超级新鲜，而且价格确实比超市便宜不少。那段时间车厘子上市，整个市场到处是新鲜的车厘子，随便买哪家的车厘子都是又甜又新鲜。逛市场还有一个乐趣，就是你可以见到各种各样以前可能没有见过的南美蔬菜水果。好奇的我曾经因为语言不通稀里糊涂地买了个可可回家，直到发了朋友圈，才知道那不是能直接食用的可可，而是用于做巧克力的可可。既然不远万里到了智利，不妨逛逛市场，在最有人间烟火气的地方看看最日常的智利生活。

餐厅和美食

会做饭固然千般好,但不会做饭也别着急。智利有许多地道的中国餐馆,一家叫"红棉餐厅"的连锁中餐馆就很不错。这家餐馆的1号店和3号店分别位于Salvador Izquierdo 1757号和Av. Consistorial 5370号,2号店不太推荐。在位于Sazié 2196号的炉鼎记,你可以吃到地道的四川火锅。还有Abate Molina 218号的华人餐厅,Exposición 312号的嘉友苑和Av. España 101号的盛兴,也都是不错的中餐厅。

如果想品尝智利菜,当地朋友推荐了一个叫El Hoyo的餐厅。这位朋友告诉我这家餐厅有一些非常传统典型的智利菜,好吃的有:Prietas,Arrollado,Pernil以及Lengua,还有Terremoto和Borgoña。

在智利你还可以找到各色拉美美食。有机会的话可以去试试墨西哥的Quesadillas,Tacos,Frijoles;委内瑞拉菜的Arepas;哥伦比亚的Bandeja Paisa,Ajiaco以及Empanadas;秘鲁的Ceviche,Causa,Aji de Gallina,Papa Huancaina,Lomo Saltado和Anticucho;还可以喝喝阿根廷的马黛茶,尝尝那儿的牛肉……这里的很多菜名我至今也没有在网上找到对应的翻译,所以只能直接告诉大家西班牙语菜名。这样,如果你找到了一个墨西哥餐厅或者秘鲁餐厅,就可以根据这些菜名,"按图索骥"地直接点菜;如果没找到,也可以暂存悬念,将来用这串"神秘符号"自己去探索和体验。

结 语

遇见属于你的未知精彩

好了,你现在看到的是一个吃货笔下的智利,真实的智利远比我这寥寥几句精彩得多。你若来到智利,愿你也能在这个狭长的国度从南走到北，从麦哲伦海峡翻滚的海浪欣赏到南部清澈湛蓝的湖泊；愿你也能在读完聂鲁达的诗歌后，去参观他在圣地亚哥、黑岛和瓦尔帕莱索的家，瞻仰这位智利诗人诗意般的生活；愿你也能在复活节岛上，和一群石像共享一个宁静清幽到能清楚听见鸟鸣的早晨，独坐岛上，和石像"相看两不厌"；愿你也能在阿塔卡玛的月亮谷，看一片金黄色的茫茫沙漠变成橙色又变成淡粉色，直至黑夜悄然而至……

月亮谷

遥远的太平洋彼岸，安第斯山脉脚下，长长的"辣椒国"正等待着你的到来。葡萄酒、车厘子不是智利的全部。这片神奇的土地，只有走近，你才能发现她的风情万种。我深信，当你怀揣勇敢的心踏上征程时，你就已经开始书写属于自己的人生：邂逅什么样的学生和朋友，遇见什么样的故事，经历和收获什么样的成长……所有这些，对我而言，对你而言，都是未知的精彩。

作者简介

白叶，毕业于云南大学文学院。曾在秘鲁里卡多·帕尔马大学孔子学院、智利中央大学担任汉语教师志愿者。曾教过西汉翻译专业的秘鲁学生语音课，也教过秘鲁华人儿童的国学启蒙课。曾与孔子学院的其他汉语教师志愿者共同举办各类文化活动。

思考与实训

1. 文中"我的故事"部分提到作者是以美食为依托，开始在智利结交朋友的，你觉得这个交友的策略可行吗？此外，还有什么在异国交友的好方法？

2. 阅读"生存攻略"部分，谈一下在智利购买食材、超市购物和饭店用餐时，需要注意什么。记录下来你认为有用的小贴士。

3. 查阅相关资料，比较一下智利和中国在饮食习惯和用餐文化上有什么差别。如果你打算在智利用中华美食来结交外国朋友，你会怎么做？如果你的智利朋友来中国看你，你想带他／她出去大快朵颐，在用餐时和用餐前后有什么事情是应该特别注意的？

非洲

非洲是世界第二大洲。非洲大陆高原面积广阔，有"高原大陆"之称。非洲北部的埃及是世界文明发源地之一，公元前4000年便有最早的文字记载。中非文化交流与合作始于20世纪50年代中期。据不完全统计，目前世界上明确表示将把汉语纳入国民教育体系的64个国家中，非洲就有13个。[①]

本章的生存攻略案例分别来自东非的乌干达、肯尼亚，南非的莫桑比克和北非的埃及。

文章里描述的非洲生活的点点滴滴有的让人啼笑皆非，比如生日时收到学生送来的一幅类似"遗像"的黑白肖像画儿；有的让人胆战心惊，比如在举办文化活动时突遇恐怖袭击；有的发人深省，比如掌握了"万能"的英语后却在生活中寸步难行；有的令人感叹，比如幼年时备受战乱摧残的"娃娃兵"长大后竟成了自己的学员和"保镖"……我们的老师又是怎样应对这些特殊事件的呢？各位读后便知。

---

① 数据来源于 https://news.gmw.cn/2019-12/05/content_33375827.htm。

白菊花与黑白肖像的礼尚往来

/ 吴欣妤 /

埃　及

我的故事

两次尴尬的礼尚往来

礼物可贵可轻、可大可小，但礼尚往来却是现代人日常交际中不可缺少的交流方式。在埃及，关于送礼与收礼，我经历过两件颇为尴尬的事。

第一件事是关于送礼的。我有一个埃及"妈妈"，周末常常去她家做客。2018年2月14日情人节，埃及妈妈约我晚上喝咖啡。我打算给她买一束玫瑰作为礼物，所以提前两小时就去了花店。可是到了花店，却发现整个店里只剩下最后一小撮玫瑰，很是凋零。环顾四周，却看见每个花瓶中菊花正在绽放，老板也正在修剪一盆花团锦簇的白菊。

菊花在中国象征着淡泊名利，而且菊花多是献给逝者，所以肯定不适合在情人节的时候送给埃及妈妈。我又四处寻找了一会儿，还是没有找到新鲜的玫瑰，于是只好问老板。老板说玫瑰都已卖完，只剩下这最后一撮没人要的。

"那您觉得，我能把菊花送给我'妈妈'做情人节礼物吗？"我略带忐忑地问。

"Helwa，Helwa（阿拉伯语"好"的意思）！"老板喜笑颜开地说，"埃及人很喜欢菊花。"

听了老板的话，我半信半疑地买了一束开得灿烂的小菊花。到了咖啡厅门口，我迟迟不敢进去，再次打电话给埃及朋友确认是否可行。朋友说菊花在埃及代表着乐观长寿，埃及人都爱菊花。几口深呼吸之后，我拿着那束盛开的菊花大步走进了咖啡厅，见到妈妈后，将花一把递给她，说："妈妈，情人节快乐！"妈妈接过菊花，亲了又亲，很是喜爱。看着她高兴的表情，我忐忑的心情才稍稍舒缓。不过事后仍有些放不下，总觉得还是玫瑰要比菊花更加合适。

第二件事是关于收礼的。我生日那天，一名擅长绘画的学生想给我一个惊喜，在放学时送给我一个长方形的盒子。打开后发现，那是学生用炭笔亲手画的一幅我的肖像画儿——黑白色的画像嵌在一个长方形的黑色相框里，惟妙惟肖。学生说他画了很久，我也很是感动，连声道谢，欢天喜地把画儿拿回家，摆在床头柜静静欣赏。这样看了一会儿，我觉得画儿有些奇怪，但又说不出是哪儿不对，只能继续看着，沉浸在收到生日礼物的愉悦中。

第二天，室友看到我立在床头柜上的肖像画儿，忽然大声喊道："欣妤，你的画儿怎么这么吓人啊！好像……"

"像什么？"我问。

"像死人的照片！"

"什么？"我大惊，又定睛看了一遍这幅肖像画儿——黑白的画像、黑色的画框、静静地立在床头柜上……我终于反应过来这幅画儿的奇怪在哪儿了，它太像放在灵堂里的逝者肖像了。想到这点后，我立马把肖像画儿从床头柜上拿了下来，收到抽屉里。虽说这幅黑白肖像画儿饱含着学生的心意和心血，但它在那一刻带给我的感觉却更多的是紧张与惊吓。

💬 生存攻略

埃及送礼指南

经历过两次令人啼笑皆非的"礼尚往来"后,我渐渐明白了在埃及什么礼该送,什么礼不该送。总的来说,送出的礼物要是能传达心意,让对方满意,那就是好礼物。长期在埃及生活,经常会被邀请参加各种婚礼、聚会等活动,这时,怎么送出合适的礼物以表敬意就显得尤为重要。

根据我的经验,埃及人喜欢的礼物主要有如下十种:

第一,巧克力。埃及人对巧克力的喜爱,就像四川人爱火锅一样,一盒巧克力可以让他们开心很久。巧克力作为拜客之礼,适用于节日、生日、宴会、看望朋友等多种场合。

第二,甜品。埃及人酷爱甜食,有名的甜点包括:pastries, ba'la-ewa, basboosa, kunefe, atayif, loomit, aadi 等。送甜品时,还可以去甜品店买一个精美的包装盒,自己搭配出不同的小吃组合,包装送人,好吃又体面。

第三,鲜花。鲜花几乎在每个国家都是必备的节日点缀。埃及女性爱花,无论是节日宴会还是看望病人,都喜欢买花。在埃及,菊花、玫瑰是她们喜爱的花种。菊花象征着忠诚、乐观和长寿,玫瑰象征着爱情。

第四,香水。埃及是一个香水国度,无论是大型商场还是私家车上,都是香气四溢。如果对方跟你关系较为亲密,那么送香水是一个不错的选择。

第五,黄金。黄金对埃及人来说贵重又体面。黄金礼物以黄金手链、项链为主,通常是送给长辈或者心仪的对象,同时也被用作结婚礼物和小孩儿的满月礼。

第六,水果。送水果是当地人的习惯,走亲访友都会带一小袋水果。埃及特产的椰枣和伊斯梅利亚市的芒果都是不错的选择。

第七,饮料。像中国人爱茶一样,埃及的男女老少也都爱喝果汁和碳酸饮料。很多埃及老人聚会的饮食便是可乐、果汁配饼干。不过要注意的是,廉价的碳酸饮料如 Cina Cola 是埃及人所厌恶的。

第八,黑白肖像画儿。对于中国人来说,黑白肖像画儿不宜作为礼物,可埃及人却很是喜爱。他们常常会找画家给自己或者朋友画素描。在年轻人中间,黑白肖像画儿更为流行。在我两次尴尬的礼尚往来经历中,菊花和黑白肖像画儿都与死亡有关。中国人重视健康,期盼能够长命百岁,因此挑选礼物颇为讲究。反观埃及,死亡更像是平常事。一个朋友告诉我,在哪里死去,是安拉的安排。

第九,头巾。埃及是一个伊斯兰国家,对于女性来说,一个重要的标志就是头巾。对于关系亲密的人,如家庭成员、恋人、闺蜜等,头巾是一个不错的礼物选择。

第十,钱。如果实在不知道送什么,送钱也是可以的。像中国的红包一样,朋友结婚、孩子满月都可以送钱,一般都在 500 埃及磅以上。

此外,埃及有两个重要的节日,一个是开斋节,一个是宰牲节。在开斋节时,他们喜欢相互送甜品,作为开斋礼物。宰牲节也被称作"肉节"。在宰牲节时,每家宰杀一头牛或羊,然后把牛肉或羊肉送给邻里亲戚。一些埃及企业也会送牛肉给员工。

埃及人不太喜欢的礼物有如下四种:

第一，酒。伊斯兰教是埃及的主要宗教，埃及 90% 的人口为穆斯林。穆斯林最大的禁忌就是酒。因此，在任何时间送酒给穆斯林都是极不尊重、极具冒犯性的行为。

第二，清洁用品。如果送清洁用品给埃及人，尤其是家庭主妇，是很失礼的行为。埃及人普遍注重家庭卫生，一旦有客人来拜访，便会进行大扫除。这种情况下，送清洁用品暗示着对方生活脏乱，家庭不够整洁。

第三，裸露的画像或雕塑。埃及是一个较为保守的国家，大部分地区，未婚男女不得在公共场所牵手拥抱，穿着打扮也不能过分裸露。因此，送裸露的画像或雕塑做礼物，会让埃及人觉得愤怒。

第四，禁忌的颜色和物品。埃及人喜爱的颜色是红、绿、橙，忌讳黄、蓝、紫。埃及穆斯林不吃猪肉，不喜欢旧神的雕像，对针也有所忌讳。因此在挑选礼物时，必须注意避讳不吉利的物品、颜色，更不得冒犯收礼者的宗教信仰。

结 语

生活就是最好的礼物

礼物跟一个国家的文化息息相关，只有了解这个民族的宗教信仰、风俗习惯，才能"对症下礼"。送礼与收礼是个小事，也是个大事，好的礼物会拉近亲朋好友之间的关系，不好的礼物则会造成尴尬窘迫的局面。

在埃及生活的一年让我充满感激。这个文明古国教会了我多元文化下的包容和美好：我还依稀记得初到这里时的紧张与兴奋；记得不同文化中朋友之间的摩擦与碰撞；记得无数次出租车司机拒收车钱，还热情地对我说"Welcome to Egypt（欢迎来埃及）"；记得离任前夕埃及妈妈抱着我放声大哭；也记得伊斯梅利亚的每一寸沙漠与蓝天。

生活，是这个国家送给我的最好的礼物！

作者简介

吴欣妤，中国传媒大学汉语国际教育专业硕士。曾于2017年至2018年间在埃及苏伊士运河大学孔子学院担任汉语教师志愿者。2019年至今，在英国米尔菲尔德学校担任汉语助教。

思考与实训

1. 在"我的故事"中，作者在给埃及妈妈挑选情人节礼物时，选择了菊花。你觉得作者的做法正确吗？如果是你，遇到类似情况，你会怎么做？

2. 阅读"生存攻略"部分，谈一谈埃及与中国在送礼文化方面的区别与相通之处。查阅相关资料，想一想中国和埃及在送礼文化上各有什么忌讳。

3. 胡老师在2019年任教于埃及苏伊士运河大学埃中应用技术学院，深受学生们喜爱。离任之际，一名学生送上了自己亲手制作的钟表盘，并富有爱心地在表盘上嵌满了胡老师的照片。如果你是胡老师，收到这份令人"惊喜"的礼物，你会有什么反应呢？请查阅相关资料，帮胡老师设计一个应对方案。

（学生赠予胡老师的钟表盘）

面对骚扰，我们能做什么

/ 吴 怡 /

埃 及

我的故事

在开罗遭遇的四次骚扰

2017年10月，我怀着对金字塔和法老的向往，第一次来到了埃及开罗，然而之后在这里经历的四次"骚扰"，却让我对开罗又爱又恨。

第一次经历骚扰是在男性地铁车厢里。我和一位男性学生一起坐地铁去拿东西，因为学生是男生，所以我也走进了男性的地铁车厢。但是上车没多久，我就感觉出来不太对劲。一个男人悄悄移到我身后，用腿贴住了我。一开始我以为是车厢内人太多，所以努力往旁边挪了挪，但是那个男人还在一直靠近。我非常生气，努力忍住自己的厌恶，大声用英语说"Stop"，全车厢的人都开始往这边看，那个男人立刻离开了。正好这时要到站了，我们赶紧下车，但我心里却还是感到非常难受和恐惧！

第二次发生在星期天上午。我上完课回家，独自一人背着书包走在一条小路上。走了不久，我听见后面有人在吹口哨。我回头看了一眼，只见三个埃及青年正在不怀好意地对我笑着说话，言语间充斥着挑逗。我赶紧加快了脚步，希望可以摆脱他们，但是我走得快他们也走得快。一开始还只是跟在我后面，后来干脆就追上了我，其中一个人还伸出手来要拉我。我吓得赶紧挣脱,心里又急又气,走得更快了。幸好这时看见了我的住所的保安,我赶紧快步跑过去,把遭遇告诉了他。保安很生气,冲上去用阿拉伯语把他们骂了一顿,他们才悻悻离去。

第三次骚扰发在我住处附近的绿化带跑道上。一天晚上,我一个人戴着耳机跑步锻炼。跑完之后,在边走边踢腿时,我突然发现一个男孩儿就站在我身后。看见我突然回头,他好像也吓了一跳。我当时戴着耳机,心里没有想太多,还出于礼貌对他和蔼地笑了笑,然后继续踢腿。可是没过5秒,我突然感觉到有人在背后抓了我一下。我大叫一声,回头看见刚才我打招呼的那个男孩儿正在迅速逃开。我以百米冲刺的速度追上去,想要抓住男孩儿让他道歉,但是他跑得太快了,我又不熟悉路况,最后只能作罢。我又生气又沮丧,心想自己真是笨,刚才居然还向他礼貌地打招呼!

第四次被骚扰是在尼罗河边上。傍晚时分,我和朋友一起去尼罗河边散步。正走着,一个埃及男孩儿突然张开双臂冲过来拥抱了我,我吓得大叫起来。男孩儿可能觉得不好玩儿,转身就要走开。经历了前面三次骚扰,这次我再也控制不住自己了。我快步追上他,大声对他说:"You must say sorry to me, or I will take you to the police(你必须对我道歉,否则我就报警)!"一开始,埃及男孩儿不以为然,但是看到我一点儿开玩笑的意思都没有,他终于也开始变得严肃起来。他的朋友看到事情闹得很僵,赶紧对我说了句"Sorry",但是我坚决不妥协,一定要听到那个男孩儿自己说。最终,他向我道了歉。至此,我来开罗之后憋了许久的一口恶气,才算真正地发泄了出来!

💬 生存攻略

面对骚扰,各种"武装"都不为过

埃及有很多女性都经历过或大或小的骚扰,即使是面纱也没有办法充分保护她们。在埃及的这一年,除了亲身经历,我也见过或听过其他汉语教师志愿者类似的遭遇。在与中文系埃及老师、当地女性、中国驻埃及大使馆以及埃及学联反复交谈后,我总结出了下面的预防措施。

第一条:女性穿宽松衣服时,遭受骚扰的比率要比穿紧身裤和上衣时低。因此在着装方面,如果要在埃及教学,紧身的裤子和上衣、紧身的裙子或太暴露的衣服都不要穿。

第二条:外出最好和其他志愿者一起,不要单独行动,更不要独自走到空无一人的道路上。如果必须自己出行,可以叫上埃及男学生跟自己一起去。

第三条:面对语言上的骚扰,不要和骚扰者对视或者争吵,可以装作听不懂,然后快步离开。但是如果骚扰者欺人太甚,言语骚扰升级,可以大声用英语斥责他们,他们可能听不懂,但是你生气的样子会震慑住他们。

第四条:能打车的话,就尽量不要单独走路。埃及消费水平很低,打车费用不高,开罗的 Uber 司机大多都能听懂英语,也会说英语,素质相对高一些。因此打车比较安全,当然也不要完全相信司机,要随时保持警觉。

第五条:在埃及不要在公共场所锻炼身体,因为安全系数非常低。如果想锻炼身体或减肥,可以去健身房,一个月花费不到 300 元人民币,但是安全系数很高。

结　语

没有完美的世界，只有理解的心态

没来埃及之前，开罗对我来说是一个非常神秘的存在；然而真正来了之后，却发现法老的文明已不复存在。如果说在开罗这一年有什么值得怀念的，除了我挚爱的城市亚历山大，就是我的埃及学生了。听到他们说一口流利的中文，看到他们用汉语表演的宋小宝的《甄嬛传》，我感觉这一年来所受的委屈、付出的辛苦，都不算什么了。

作者简介

吴怡，南京师范大学硕士研究生，曾在埃及开罗艾因·夏姆斯大学中文系担任汉语教师志愿者，之后在英国斯特拉福德小镇的中学担任汉语助教。

思考与实训

1. 在"我的故事"中，作者提到自己在埃及遭遇过四次骚扰，面对每次骚扰，作者的想法和实际行动有什么变化？如果当时是你，你会如何保护自己？
2. 结合"生存攻略"部分，谈一下在埃及生活时，有哪些方法可以用来保护自己的人身安全。你还有没有其他建议？
3. 结合作者在文中的描述，并查阅相关资料，选择一个国家，调查一下你有可能在这个国家受到什么样的骚扰。应对这些骚扰有什么好的办法？请列举出至少3个案例，并作出相应回答。

在"危机四伏"的国度生活下去

/ 车春晖 /

肯尼亚

我的故事

神奇的第一反应

参加过汉办组织的志愿者岗前培训的志愿者们都知道，培训期间有一门课程叫"安全教育和拓展训练"，教授大家在海外遇到危险情况时应该如何反应和自救。2012年，我第一次参加岗前培训时，这门课就给我留下了深刻的印象！

当时，在讲台上，教练正在讲授女子防身术，突然一行"劫匪"拿着刀枪吵吵嚷嚷从教室前门进来，穿过整个教室从后门走了出去。我当时坐在教室第二排，所有人都被吓蒙了。我眼看着坐在前面第一排的志愿者马上抱头趴下，而我的第一反应却是赶紧站起来跑。可是当我真正站起来以后，却并没有跑，而是开始用目光追踪这批"劫匪"的身影，从一个"恐怖主义袭击的受害者"变成了一个在一旁悠闲"看戏"的"吃瓜群众"。

那堂安全教育课结束后，作为全教室唯一一个站起来的"突出"学员，我受到了教练的严厉批评，被作为反面教材拿出来教育大家。当时教练在课上反复强调：如果在海外遇到劫匪，要想保命一定要低调，把自己先隐藏起来。我把教练的话字字句句都记住了，可是接下来到了肯尼亚，这种神奇的第一反应却又一次次出现在我身上。

自肯尼亚2011年参与非盟驻索马里特派团、对索马里宗教极端组织"青年党"发动越境打击后，该组织就多次进入肯尼亚境内发动袭击。2013年，"青年党"在内罗毕制造了西门购物中心恐怖主义袭击。那天是星期六，我们接到大使馆的任务，有一个国内的杂技团会在肯雅塔国际会议中心进行演出，孔子学院的志愿者老师要协助会议中心举办活动。我们到了国际会议中心，在演出后台与使馆工作人员一起工作时，"青年党"袭击西门购物中心的新闻已经爆出，当时所有在场的中国人都心存忐忑，不知道这次恐袭会不会蔓延到国际会议中心。

正当大家提心吊胆的时候，舞台上的一个节目突然发出一声枪声般的炮花特效。说时迟那时快，刚才还与我聊天儿的大使馆工作人员"嗖"地一下就不见了，只留下傻了眼的我站在那里四下张望。过了好一会儿，我才发现，原来大使馆的工作人员跑到一个隐蔽的地方，以迅雷不及掩耳之势卧倒在地。我内心不由得感慨，果然还是使馆工作人员安全防范意识强。

后来，那次恐怖袭击事件升级，当天所有的活动都被取消了。据说当时索马里"青年党"一共有六处袭击目标，我们举办活动的国际会议中心也在列。事后回想起来，我的内心不由地一阵后怕，如果当时"青年党"真的突袭了会议中心，凭着我"吃瓜群众"式的第一反应，后果肯定不堪设想啊！

生存攻略

肯尼亚安全生活锦囊

2012年底至2016年初，我在肯尼亚的生活中经历了被偷被抢、大选暴乱、"青年党"的恐怖袭击、公交车站爆炸等种种危险事件。这些不幸的经历，却也让我磨炼出了非常强悍的安全防范意识。

第一，晚上绝对不要外出，即使住在学校里也不是百分之百安全，更别说内罗毕市里了。即使是肯尼亚人，晚上也很少出现在市里的大街上。

第二，人口密集的地方不要去，内罗毕爆炸事件多发生在人口密集的汽车站点。如果必须外出，一定要集体行动，尽量不搭乘公共交通工具，也不要在一个地点滞留太长时间。

第三，防盗防抢劫。外出时，穿着和行事一定要低调。首饰尽量不要带，高端手机和大量的现金不要拿。在举办文化活动时，一定要留心自己随身带的包，不能随手一放，否则百分之百会被偷。此外，身上要随时带一点儿零钱，如果真遇到抢劫的，要舍财保命。

第四，警察特别是交警等各级公务员有时候会无故拦截中国人，以违反交规或缺乏有效证件等各种理由，要求中国人缴纳罚款，向中国人索贿。因此出行的时候一定随身携带有效证件，遵守当地法律，不要让他们抓住把柄。

第五，如果遇到恐怖袭击，一定要隐藏自己，不要慌不择路自乱阵脚，要懂得自救。如果有机会，要多参加几次防恐演练，学会如何应对危机情况，像我那样吃瓜群众似的"好奇感"一定不要有。

第六，避谈敏感话题。如果任期内碰上肯尼亚大选，期间更要提高防范意识。肯尼亚的历次大选都发生过或大或小的暴乱，平民伤亡的现象时有发生。大选期间要减少出行，避免去人多的地方，更不要参加集会游行。同肯尼亚人交谈时，避谈政治话题，不站队，不发表意见。

结　语

魂牵梦绕肯尼亚

虽然这里描述的危险听起来可怕，但实际上只要增强安全意识、远离安全隐患，在肯尼亚的生活还是可以过得安安稳稳的。世界上没有绝对安全的地方，即使在美国，校园枪击案也时有发生，危险也相伴左右。我们虽不能掌控危险的出现，但可以确保在危险发生时采取正确的应对措施，从而大大降低受伤害的几率。

离开肯尼亚已有三年了，那里依然是我魂牵梦绕的地方。肯尼亚慢节奏的日子，裹在烤肉噼啪的烟火里，浸在啤酒醇香的泡沫里，奔驰在广袤的草原上，藏在学生温暖的笑容里。尽管基础设施落后，没有娱乐活动，停水断电时有发生，天黑只能蜗居在家中，还要时刻保持防范意识，但当你适应了这样的生活，并发自内心地接受它、热爱它之后，你会发现：来水时，水流的声音是美妙的；停电时，头顶的星空是浩瀚的；没网络时，与肯尼亚人面对面交谈是愉快的；身处危险时，你的内心也变得越来越强大了。话说回来，如果这样的风浪都已经经历了，未来还有何惧呢？

作者简介

车春晖，武汉大学汉语国际教育专业硕士。曾于2012年至2016年在肯尼亚肯雅塔大学孔子学院担任汉语教师志愿者，2018年至2019年在美国匹兹堡大学孔子学院担任汉语教师志愿者，2019年至2020年作为模范教师继续在匹兹堡大学孔子学院任教。

思考与实训

1. 在"我的故事"中,作者谈到了自己两次面对"恐袭"时的第一反应,她的第一反应有没有什么问题?你觉得正确的反应应该是什么样的?

2. 阅读"生存攻略"部分,如果你的学生非常热情地邀请你去他的家乡,但是路途非常遥远,要乘坐当地公共交通工具,你应该怎么做?在旅途中,可能会出现什么样的问题?应该如何预防这些问题的发生?

3. 车老师在肯尼亚任教期间有一次这样的经历:在乘坐孔子学院专车前往教学点时,因当地司机把车停在禁止停放的地方,被一位警察看到了。警察上车后让作者缴纳较高数额的罚金。作者觉得司机违停与自己无关,不应该负责;而司机一声不吭,不想承担责任;警察则不依不饶,不给罚金就不让离开。如果你遇到这种相持不下的局面,你会如何处理?

英语不是万能的

/ 张祺昌 /

莫桑比克

🎬 **我的故事**

英语不是万能的

英语是世界上使用最广泛的语言，常言道"学好英语，走遍天下"。我总觉得自己英语听说能力还不错，所以在汉语教师志愿者培训中，放松了对莫桑比克官方语言葡萄牙语的学习，这也让赴任后的我后悔不已。

抵达莫桑比克马普托国际机场后，我被淹没在眼花缭乱的葡萄牙语广告牌之中，葡萄牙语词汇与英语词汇相差甚远，看不懂葡萄牙语，让我变成了瞎子。过境安检时，我跟工作人员用英语交流，对方显得有些不耐烦，对我说："Não inglês（别说英语）。"直到我把葡萄牙语版的孔子学院派遣函递给他后，才化解了沟通不畅的尴尬。

听不懂，让我变成了聋子，直到那时我才明白——英语不是万能的！

一个"又盲又聋"的"残疾人"，在陌生国度的生存举步维艰。马普托中心市场是首都最大的农贸市场，市场的主体建筑高大精美，已经有超过百年的历史，现在是马普托的一处景点，前来拍照打卡的欧洲旅客络绎不绝。在此地买菜的我却无心赏景，小贩们没有一个会说英语。面对不绝于耳的招呼声，我有些手足无措。就在那时，突然听到一句熟悉的乡音，一个年轻的菜贩子用普通话问我："买菜吗？"我喜出望外，就像抓住一根救命稻草，立即和他聊起来。他开始"炫耀"他的汉语，一边指着蔬菜一边说汉语："青椒、洋葱、大蒜、萝卜、西红柿……"我喜不自胜，连连夸赞他，然后在那里买了很多蔬菜，临走时还和他约定下周再见。

之后在课上，我向学生们赞扬本地的土豆质量好、价格低，7千克才卖350梅蒂卡尔（约合40元人民币），没想到学生们个个瞪大了眼睛大呼："老师，太贵了！"学生说7千克的土豆最多200梅蒂卡尔，菜贩子看你不会说葡萄牙语，又不是本地人，就狠狠地坑了你一把。他们说如果要去中心市场买菜，一定要学会砍价，并且和当地人一样说葡萄牙语，这样才能减少麻烦。

我大受打击，原来被会说汉语的"朋友"欺骗了。

在中心市场"折戟沉沙"后，我就开始自学葡萄牙语，每天利用手机软件、网络资料埋头苦学。我励志要说出一口流利的葡萄牙语，和当地人打成一片。但学了一段时间后，我还是听不懂当地人说的葡萄牙语，他们也不知道我说的是什么，不仅如此，他们还总不遗余力地帮我纠音。我常常一头雾水，为什么我感觉说得很好的发音在他们看来就是错误的呢？后来通过查阅资料才明白，莫桑比克人所说的葡萄牙语是一个独特的存在，与世界上公认的两种葡萄牙语形式（欧洲葡萄牙语、巴西葡萄牙语）差别很大。葡萄牙语言学家 Duarte 的调查结果显示，莫桑比克的语言完全是各种语言的混合体，更多的是葡萄牙语与非洲土著语——班图语的融合，而这种融合到现在也从未停止过。如今，莫桑比克葡萄牙语的使用仍然十分混乱，尚未形成一个标准化体系。

于是我搁置了在网络上学习葡萄牙语的计划，每天课后向班里的学生请教学习"莫葡"。他们对这种"我教他们汉语,他们教我葡语"的语言交换方式特别感兴趣,个个都争先恐后地教我更"地道"的表达。如此多对一教学比在网络上自学的效果好多了。在他们的悉心指导下,短短半个月时间,我就能独自出门用葡萄牙语买东西,并且能自如地砍价了。

掌握葡萄牙语,让我摆脱了"残疾人"的身份,不但买东西省了不少钱,而且能和当地人沟通交流,通过他们来认识这个辽阔美丽的国度。

生存攻略

用"莫葡"交流

莫桑比克的官方语言为葡萄牙语,葡萄牙语被使用在政府文件、法律条文、教育教学、街道标识等方方面面,除了少数接受过良好教育的年轻人以外,莫桑比克民众几乎没有英语听说能力。因此来到莫桑比克,一定要掌握至少能够日常交流的基础葡萄牙语。当你掌握了他们的语言,用他们的方式沟通交流,你会惊讶地发现在这个世界上多了三千万个朋友,人生多了一种可能,正所谓"Learn a language, double your world(学一种语言,看两个世界)"。那么如何用他们的方式进行沟通呢?

第一,积极自学。作为汉语教师志愿者出国任教,周课时量在20课时左右,所以平日里会有大量的空余时间。利用语言环境的优势,在闲暇时自学一门外语,是一件轻松而有意义的事。当地朋友推荐我使用手机APP"多邻国"学习葡萄牙语,同时也可以登录网页端www.duolingo.cn进行同步学习。"多邻国"是免费语言学习平台,提供20多种语言间的对译学习，采取听、说、译的方法练习交际能力，以游戏的形式寓教于乐。当然，也可以在社会上报名葡萄牙语学习班，但是价格偏贵，教学质量一般。

第二，不耻下问。最好的老师就在身边，而且他们每天都可以给你提供最地道的学习内容，他们就是你的学生。在课下，你不妨放下老师的身份，以一个葡萄牙语学习者的姿态向他们请教，可以从生活中的小场景问起：你是怎么讨价还价的？你是怎么问路的？学生们也很喜欢"当老师的老师"的感觉。虽然有的人汉语不是很好，但他们也会倾尽所有、绞尽脑汁地教你葡萄牙语。

第三，多用多想。掌握一门语言，只有在实际生活中多说多练，才能越发熟练。强迫自己外出时只说葡萄牙语，就算不会说流利的句子，只说单词也是一个进步。之前我不明白为什么葡萄牙语中鸡蛋的量词是"dúzia"（一打，十二个），到了莫桑比克才发现，不论是大型超市还是小商小贩，他们的鸡蛋都是六个一盒包装好的，售卖时也是按盒卖，你可以买"uma dúzia"（一打，两盒），也可以买"meia dúzia"（半打，一盒）。正如前文所述，莫桑比克葡语和欧洲葡语、巴西葡语都相差甚远，要注意总结其中的差异，例如：巴西葡语中以 /s/ 结尾的音在莫桑比克葡语中一律读为 /ʃ/；"莫葡"经常省略冠词，浊音读法较多，很多掺杂本地语的洋泾浜化表达等。

第四，学本地语。除去官方语言葡萄牙语，莫桑比克境内通行42种语言，首都马普托地区通行尚加纳语。尚加纳语属于班图语支，发音和拼写规律较简单，语音学起来也很有趣。学生说如果在中心市场用尚加纳语砍价，买菜还可以更便宜。但葡萄牙语仍是居全国主导地位的语言，民众将会说葡萄牙语视为接受过良好教育、有涵养的象征，如果在正式场合不说葡萄牙语，而说本地语言，会受到一定程度的歧视。

结　语

莫失莫忘

语言是人类最重要的交际工具，它不仅承载着丰富的思想感情，也蕴含着悠久的历史底蕴。掌握一门语言，就等于拥有了一把打开新世界的钥匙，即使身处南半球这个遥远的国度，也能时时刻刻开心乐观，就像身边一切都不曾改变。

莫桑比克民众热情好客，见到陌生人都会亲切地喊一声"朋友"，走在大街上有不少陌生人会用中文跟你打招呼，远远地向你挥舞手臂，说一句"你好"。

首都马普托城区已有百余年的历史，基础设施良好，鲜有断水断电的情况发生。莫桑比克当局在2019年8月与全国最大反对党领导人签署了《和平与和解协议》，双方承诺永久结束军事敌对状态，巩固莫桑比克这来之不易的和平。总之，莫桑比克之于非洲，像是一个"非典型"的存在，它保留着质朴与热情，在富饶美丽的大地上，不断地向前发展。

一转眼，我在莫桑比克已工作生活一月有余，但我初心未变，不忘使命，在新环境中不断调整心态和生活方式，去学习掌握一门新的语言，一定是在这里最令人新奇激动的事。

作者简介

张祺昌，浙江师范大学汉语国际教育专业在读研究生，现作为汉语教师志愿者，任教于莫桑比克蒙德拉内大学孔子学院中华协会教学点，教授小学高年级中文等课程。

思考与实训

1. 根据作者在"我的故事"部分的描述,说一说为什么英语作为全世界的"通用语言",在莫桑比克却没有被广泛使用。非洲其他国家也没有把英语作为通用语言吗?
2. 阅读"生存攻略"部分,谈一下在一个陌生的语言环境中,可以通过什么途径学习一门新语言。除了作者提出的建议,你还有什么好方法吗?
3. 你来到一个非洲国家,这里的民众在日常交际中经常使用本民族语言,而你常常不明白他们在说什么。你有什么办法可以与他们进行有效沟通,同时教他们学会汉语吗?请选择一个国家,设计出一套具体的交流和教学方案。

46 面对索要，给还是不给

/ 周玲妹 /

莫桑比克

我的故事

"小金库"被掏空

我从莫桑比克马普托国际机场出站后，就被热情洋溢的本地人包围了，他们很轻松地就把我的大行李箱扛在肩上，问我去哪里。震惊之余，我又有些心生怜悯，所以当他们把我的行李装到接机老师的后备厢、伸手向我要钱时，我丝毫没有犹豫，给出了我在莫桑比克的第一笔小费。

初到莫桑比克，对一切事物都感到好奇，自然也少不了寻觅美食。在当地最大的商场——Baia Mall，我们选择了一家高级餐馆进餐。里面的服务员穿着精致，打扮讲究。进去的时候，服务员热情地跟我们打招呼，帮我们提行李、推荐菜品。饱餐一顿后，服务员拿来账单，账单上显示金额2889梅蒂卡尔。我准备了3000梅蒂卡尔，把钱夹在账单册里交给服务员，等待他给我找钱。大约等了几分钟，他迟迟未到。我找到那个服务员询问情况，他微笑着对我说："我为你们付出了劳动，你可以把那些零钱当作我的小费吗？"直到这时我才恍然大悟。在莫桑比克吃饭，也是要给小费的，相当于是对他们服务的感谢。这一点和世界上很多国家都一样，餐馆工作人员的工资很大一部分都来自小费，只是如此名正言顺地"索要"，让我多少有些摸不着头脑。

接下来的日子里，我遇到了各种形式的索要。我所在的教学点举办了一场"中国美食体验活动"，活动中我教学生们使用筷子夹菜。活动结束后，有一位学生说他很喜欢中国的筷子，希望我把筷子送给他。当时我也没多想，直接说可以。万万没想到，接下来几乎所有学生都跑来向我索要筷子，有的甚至还索要剩菜。碍于面子，我想我也不能那么小气，送就送吧。结果这次的大方，又带来了更多的麻烦事：第二天上课，有学生向我索要音响、耳机；报名HSK考试时，有学生说他没钱，希望我可以帮助他；期末结课时，还有人向我索要结业礼物……

索要，在莫桑比克的生活中几乎无处不在。被路边的警察拦下检查护照，如果没有随身携带，警察就会索要钱，美其名曰"罚款"。还有一些生活贫困的小孩儿，家庭供不起他们读书，更没有稳定的收入来源，所以他们就只能上街乞讨。有一次，一个瘦得皮包骨头的孩子一直跟着我，我实在觉得他可怜，就给了他一些零钱。没想到，仅仅一分钟后，就有一群小孩子跟着我要钱。出于安全考虑，我再一次掏出了自己的"小金库"，然后落荒而逃。

经历过数不清的索要后，我也变得更加理性。我明白了应该适时拒绝，否则没几天我的"小金库"就会被掏空。但理性不意味着我变成一个狠心的吝啬鬼，在面对真正需要帮助的人时，我也会伸出援手。只是我需要花更多的时间去辨别索要的性质，何时应该给，何时不应该给。

生存攻略

合理保护"小金库"

这些有趣的经历，让我明白在莫桑比克生存，必须要理解他们的"索要"文化，有些人向你索要，并不意味着他们不知廉耻、好吃懒做，而是把这种行为当作朋友间友好的象征。面对索要，我总结出以下几点建议，用于不危及人身安全的"索要"情况。

第一，该给就给。如果在餐厅、酒店等公共场所，服务人员为你付出了劳动，此时面对索要，就应该给。这是出于对他们工作的尊重与感谢。小费文化在国际上比较常见，这一点与中国很不一样，在这时不需要勒紧你的"小金库"。

第二，懂得拒绝。在教学中，如果有学生不断向你索要东西，你一定要善意地拒绝。因为你的学生不止一个，一旦你给了一个学生，那么剩下的学生就都要考虑到，不能厚此薄彼。我建议与学生保持一定距离，在课上做师生，在课下做朋友，不能因为关系过于亲近，就"千金散尽"结交朋友。

第三，学会观察。在生活中，面对直接向你索要的路人、陌生人，你可以直接坚定地拒绝。如果真的觉得他需要帮助，一定要仔细观察周围是否还有其他人，在确保周围环境安全后，可以快速地拿出一些零钱帮助他。切忌在公共场合掏包拿钱，这可能会让心怀不轨的人趁机抢钱。我建议出门前可以在口袋里放一些零钱，这样不仅取放方便，还可以"打发"路上的乞讨者。

第四，带齐证件。当地的警察很喜欢以外国人忘带护照、不能证明身份为借口，威胁勒索钱财，所以在出门前一定要仔细检查，随身携带护照。为了安全起见，可以只携带一张护照复印件，以防有的警察扣押护照原件索要钱财。事实上，面对这样的警察大可不必费神，我们可以耐心地解释自己的职业、身份和立场，不建议一时图省事"破财消灾"。

结 语

莫失桑田

莫桑比克是一个美丽的国度,在这里遇到的人和事,成为我一生中的温情记忆。以前看过非洲脏乱差的报道,真正来了以后,才消除了这种刻板印象。索要其实并不都是坏事。面对索要,我看到的更多的是他们虔诚和祝福的眼神,以及拿到钱或礼物后发自内心的喜悦。有时候我在想,他或许会把索要到的钱和礼物拿回家和家人分享——一家人坐在一起,开开心心地度过一天,不需要担心饥饿。我也想起他们对我的祝福,常常把右手放在胸口,轻轻弯腰说一句:"Muito Obrigado(非常感谢)。"这种祝福足以让人感动,牢记一生。

"曾经沧海难为水,除却巫山不是云。"虽说这世间唯一的不变就是改变,但我却想在我的"蓬莱"莫桑比克,栽下一片永不枯萎的桑树。莫失初心,莫忘使命,悉心照料,静候绽放——呼其名为"汉语之花"。

作者简介

周玲妹,浙江师范大学汉语国际教育专业硕士,现任莫桑比克蒙德拉内大学孔子学院汉语教师志愿者。

思考与实训

1. 阅读"我的故事"部分,作者在莫桑比克遇到了哪些索要情况?她是怎么处理的?你觉得她的处理方式对吗?如果你举办了一场关于中国饮食的文化活动，活动结束后学生说他很喜欢中国的筷子，问你能不能把筷子送给他，你会怎么处理？

2. 阅读"生存攻略"部分，谈一下如果你被非洲警察拦下并向你索要费用时，你应该怎么做才能又保证个人安全又能保住自己的"小金库"。

3. 结合本文描述，并查阅相关资料，谈一下为什么很多莫桑比克人不以索要为耻，而很多中国人却以此为耻。你对这种"索要文化"中的差异怎么看？你会怎么处理这种差异？

东非高原上的乌托邦

/ 骆奕良 /

乌干达

 我的故事

一米九的"保镖"

2018年3月21日，我与来自西安外事学院的高雅慧、李苗两位老师从北京出发，经由迪拜转机，平稳降落在乌干达恩德培机场，完成了前后十七个小时的飞行。在这个稍显迷你的机场上，1976年曾发生过一起震惊世界的恐怖分子劫机事件。以色列特种部队千里奔袭恩德培，这一现代作战教科书般的跨国营救至今为止仍让人们津津乐道。乌干达，这个非洲上的高原水乡，对我们远道而来的中国客人奉上的不仅是赤道的火热，还有未知战争的恐惧感。

乌干达被誉为东非高原明珠，也是尼罗河的发源地。著名的默奇森瀑布水流湍急，养分丰富；维多利亚湖作为世界第二大淡水湖，更是孕育了丰富的自然物产。这片土地不就是我氤氲如梦的乌托邦吗？每个人都有自己向往的乌托邦。而我心中渴望的，就是能在这东非高原上沐浴阳光、自由生长，最好还能有一隅菜地，葱绿茄红，不争朝夕。然而梦想之余，也不得不提的是乌干达的另一个名号——世界上最不发达的国家之一，还有伴随国民生活的贫穷与战乱。

我们三个人作为孔子学院公派教师，负责第一批乌干达本土汉语教师的培训项目。由于集中培训的教学点——鲁扬子中学位于首都坎帕拉的郊区，离孔子学院本部仍有十几千米的距离，于是安柯作为班上最高的本土教师学员，成了我们出行的专用保镖。每次出行，坐在车上的我总是能看到大街上带着真枪实弹的军人，心中不免惊颤。

"老师，您不害怕阿明总统吗？他会吃人。"安柯有一次小心翼翼地问我。

"我相信非洲人民爱好和平。"如果我没记错，阿明总统就是军事传奇里描写过的那个独裁统治者，轰动一时的恩德培劫持人质事件也与他有关。但其实我对他的了解并不多。

"感谢您，老师！感谢您的勇敢，感谢您来到非洲。"一向安静的安柯听了我的话以后，开始对我打开话匣。这个"保镖"家中有三位亲哥哥都在坎帕拉当警察。他自己虽有着乌干达北边部落典型的修长体形，高挑精瘦，却是一个长期营养不良的中年男子。由于酷爱作诗，我们给他起了个岁月静好的名字——安柯。

安柯出身于教师世家，父母和几个兄弟姐妹都是教师，家族亲戚里的教师加起来一共有二十七名。然而在温饱依然是问题的国家里，知识分子往往不是地位高的那一类。家族亲戚们勤恳奋斗在教育一线，却不足以改变他们窘困的生活境况。更加不公的是，年仅六岁的羸弱少年安柯，还在上学路上被南苏丹武装分子掳走（乌干达北部接壤南苏丹，边境常年有冲突和武装叛乱）。在家乡哭瞎了的母亲，不知道心爱的儿子已被劫出国境并被扔到叛军基地，在杀人狂魔的压迫下没日没夜地练习开枪搏击。听了安柯这段叙述，我惊呆了：我眼前的这个文质彬彬的"保镖"，居然曾是杀人机器娃娃兵！

"你累了吧，先闭上眼睛休息一下？"我有点儿担心身边这个命运多舛的"保镖"。

他却腼腆一笑说："老师，我是军人。站岗放哨的时候我可以二十四小时不睡觉。在南苏丹时你是不能睡觉的，因为随时会被叫去杀人，或者随时被杀。"

接下来，从安柯的话中我得知，这个曾被掳去南苏丹的娃娃，十三岁才得以逃脱叛军的魔爪，一路赤脚奔逃，衣衫褴褛。在国内，很多同事哀叹每年双十一后的"吃土"，而他们永远想象不到的是，这个当年饱受摧残的少年是真正地吃过土。身无分文的安柯，当年只能像乞丐一样翻食路边的垃圾才得以生存，才能穿过那片浩瀚的国家森林，找到回家的路。在荒蛮的乌干达北部，饥饿与疾病让人非常恐惧，而瘦弱的安柯还要时刻提防夜里出没的豹子和狼群，还有清晨等着开餐的狮子。

正当我震惊于他那骇人的经历，眼前这位一米九的瘦高男子平静地带着微笑安慰我说："活着就是上帝对我们最好的馈赠。"

我是多么有幸，才能穿越半个地球见到一个活着的他！那一刻我终于明白，唯有诗歌才能抚慰他那千疮百孔的心灵，唯有祈祷才能填补他常年惶恐的身躯。

生存攻略

铁胆佛心走大路

听闻过志愿者在乌干达一下汽车就被抢手机，路上单独行走被劫匪殴打抢包，坐上黑车被绕路讹钱，更有华人子女被当地黑人绑票的真实事件，我们一直保持紧张戒备的状态。即便如此，2018年到2019年短短的一年时间里，我们还是经历了种种波折：初来时经历了长达一个月的手机失联；第一周感染疟疾，发烧拉肚子到虚脱；最惊险的一次，我们乘坐的出租车里突然伸进一支黑手，在我们被吓得惊魂失措时,"黑手"抢走了我们的手机。住在市区的老师,有的还见过政治紧张时示威游行的激烈场面,催泪弹和人群"潮起云涌"。

临来乌干达前,老父亲曾教导:胆要大心要细!现在想来,我虽没能彻底贯彻"领导方针",但也从这个教导中获益不少。在看似安静却暗藏危险的乌托邦土地上,如何才能"安身立命"呢?

第一,乌干达人口中有相当多的穆斯林,进入清真寺或穆斯林居民区需尊重其宗教习惯,不应随意参观。在景区里更要注意,即使天气炎热也忌衣着暴露。尤其某些部落对女性有严格的着装规定,比如禁止女性穿着能勾勒出线条的裤装,女教师要求穿裙装制服等。近期由于政治原因,红色衣帽更是有示威意味,请大家严格注意着装,避免不必要的争端和麻烦。

第二,在教学点,师生一起享用学校提供的配餐。早餐是无添加的高原牛奶和当地一种叫Chapatti的煎饼(大街小巷上还有叫卖升级版的Chapatti,因其拥有加蛋的豪华配置,还被称为Rolex);中餐晚餐基本就是香蕉做的主食Matooke或者玉米面做成的Posho,里面有质地优良的牛肉,佐以当地常见的野菜或者瓜果。偶尔思念起家乡美食,比如老干妈、豆腐乳、梅干菜、方便面、辣条等,可以去中国超市购买。在课业繁忙之余,也可以点个中餐外卖,让不太"快速"的快递小哥乐呵呵地送到。

第三,教学点住房条件并不乐观,但红墙白瓦却不失异国热情。偶尔狂风暴雨、冰雹袭击,停水停电自不必说,停课停交通也是常有的事。注意考察周边环境的安全,即使在校园也有荷枪实弹的巡逻警察。在外租房的朋友们应以群居为主,互相照应,最忌形单影只。结伴生活能偶尔串门,还能交流厨艺,切磋牌技,给单调的生活增添些许乐趣。

第四，当地人出行多用摩托车。经济条件稍微优越的可以使用手机软件 Safe Boda 打正规的摩托车。司机能用你想象不到的各种危险姿势穿越大街小巷。Uber 也日趋流行，可以用手机查看车主牌号和登记信息，同时邮件和短信也会记录跟踪，不失为一种较好的出行方式。出门时切记要紧锁门窗，因为街上随时都有一只能伸进屋来掠人财物的黑手。尤其记得要带上乌干达工作许可证和 ID 卡，以防止警察的无故拦截和索贿。师生在教学实践访学时一般会租用汽车公司的长途小巴。小巴司机出奇地负责任，人"狠"话不多，但是车的质量一般。我们曾遇到过莫名的熄火，需要推车过河甚至有半途借车的经历。

第五，去乌干达前应预先接种黄热病、伤寒等疫苗。非洲大地上仍有众多传染病如艾滋病、霍乱、埃博拉、马尔堡出血热等，所以应尽量避免去边远地区，以防感染。驻扎在首都坎帕拉市中乌友好医院的中国援乌医疗队，可以为病员排忧解难，是我们祖国提供的强大医疗后盾。除此以外，教师自身也应掌握自救技能，随时准备急救药品。如果有条件，尽量提升自己的驾驶技能和射击技能。

结 语

世界以痛吻我，我却报之以歌

在这看似凶险的土地上，其实依然有很多像安柯一样乐观向上的非洲朋友。他们感谢时代的进步，也感谢贫困给予他们的历练。泰戈尔说过一句温暖的话：世界以痛吻我，我却报之以歌。我常思考，是拥有怎样一种深厚经历的人才能有这种境界呢？直到我读懂安柯的这首诗——《如果》。

如果你不喜欢我的样子

请不要看

如果你不喜欢我的歌曲

请不要听

如果你不喜欢我的舞蹈

请不要追随

如果你不喜欢我的水果

请不要摇我的树

然而你可以在我的阴凉下休息

如果你不是我的同学，也该是我的国人

如果你不是我的国人，也会和我同享一片星空

我的心，比天还要辽阔

我爱你，我的朋友

让我们飞向更远更高

离任前的最后一天，再次回首翘盼那挂果的橙子树和未开花儿的牛油果树，我想自己在这一片安静的校园里，已经找到我的"乌托邦"。所谓现世安好，不过是有人在替你负重前行。此时我最想感谢的是陪我在赤道上度过惊险而又浪漫的一年的高老师和李老师，还有我一米九的"保镖"安柯。是他们，让我在乌干达找到了我生活和生命的意义。

作者简介

骆奕良，陕西师范大学汉语国际教育专业硕士。曾赴柬埔寨华校担任汉语教师志愿者。也曾赴乌干达麦克雷雷大学孔子学院担任第一批本土汉语教师项目培训教师，进行为期一年的汉语教学，主要负责汉语阅读与写作、中国文化及中华才艺等课程。

思考与实训

1. 阅读"我的故事"部分,作者的学生安柯经历了哪些痛苦的磨难?他是如何看待生活和这个世界的?你的学生中是否有人有类似的经历?

2. 阅读"生存攻略"部分,作者在乌干达街头都遇到了哪些突发状况?这些问题是如何解决的?在你去过的国家,或将要去的国家里,是否有类似危险隐患存在?应该如何做好防备工作?

3. 如果你在赴任国家遇到政治示威游行以及警察荷枪实弹巡逻,作为教师,你会带领你的学生采取什么样的应对措施?如果你的学生或同事坚持要参加游行,你会怎么做?请查阅相关资料并作出回答。

生存攻略
案例

大洋洲

　　大洋洲是最小的一个洲,英文名称是Oceania,意思是"被大洋环绕的陆地"。在大洋洲为数不多的国家中,汉语学习者的人数在逐年递增。比如澳大利亚的汉语学习者,从2008年到2016年就翻了一番,达到17.3万人,占该国学生总数的4.7%;[1] 2017年,新西兰中小学学习汉语的人数也达到了64,874人。[2]

　　本章的生存攻略案例分别来自澳大利亚和新西兰。

　　面对澳大利亚错综复杂的城市交通系统和令人困扰的收费体系,我们应该如何应对?居住在远离城市的澳大利亚偏远地区,交通不便,该如何解决衣食住行的基本问题?生活在新西兰这个"全民环保"的社会中,我们该如何提高自己的环保意识、融入当地文化?在这一章里,我们的老师会就这些问题给出详细解答。

---

[1] 数据来源于 https://sd.iqilu.com/articlePc/detail/5000116.html。
[2] 数据来源于 https://baijiahao.baidu.com/s?id=1645455896278129730&wfr=spider&for=pc。

谜一样的公共交通

/ 李 旋 /

48

澳大利亚

我的故事

刷卡还是不刷卡

第一次一个人游走在墨尔本,是抵达澳大利亚后的第二个星期六。怀着激动又忐忑的心情,我揣着充好值的公交卡,登上了前往市中心的火车。车厢内满是陌生的面孔,窗外闪过新奇的风景,一切都是那么美好。然而,在我刷卡准备从购物中心站出站时却出现了状况。

几次刷卡尝试后,出站闸总是显示红色的叉,我怎么也无法通过。看着身旁穿梭而过的行人,我有些不知所措。这时,一位身穿制服的工作人员示意我过去。他友善地询问我发生了什么事,我用蹩脚的英语磕磕绊绊地解释着自己是第一次来墨尔本、从哪一站上的车以及不知为什么不能出站的情况。他看出了我的紧张,便放慢了语速向我讲明原因。我这才意识到,原来自己上车之前忘了在入口处刷卡,所以导致在出口处无法通过。我有点儿埋怨自己太不长心,竟然连这样基本的常识都会忘记。

不明就里的我担心会受到什么惩罚,便小心翼翼地问工作人员该如何弥补这段路程的费用。没想到工作人员只是温和地告诉我,因为我是初来乍到,所以车费就算了,不过下次一定要注意,否则遇到查票的人员会被罚款200澳元。我大脑飞速地计算了一下,200澳元,那不就是一千块人民币吗？我暗暗在心里惊呼。工作人员带我来到侧方的通道，用自己的工作卡帮我开通了出站闸。我的内心充满感激，谢过放我一马的工作人员，长长地吐了一口气，总算出站了。

回程时，我选择了距离自己更近的电车。我谨记刚才火车站工作人员的善意提醒，一上电车便自觉地刷了卡。由于是电车的起始站，也是弗林德斯火车站的转接站，不一会儿，车厢内便挤满了人。我注意到许多上车的乘客并没有刷卡。我正暗自纳闷儿，电车启动了，车厢内响起了听不清楚也搞不明白的广播。我竖起双耳，艰难地捕捉到一个让我熟悉又欣喜的词——free（免费）。什么？这趟电车竟然是免费的？我的脑海中冒出一个大大的问号：那我是不是根本不需要刷卡呢？羞涩的我不好意思向旁人询问，只好等着回去请教住家。快要到站时，我掏出公交卡，准备再刷一次，旁边一位好心的乘客却向我摆手示意不用刷卡。我冲他点了点头，满心忐忑、一脸疑惑地下了车。

顺利下车后，我不禁有些崩溃地感慨：在澳大利亚出行，到底刷卡还是不刷卡啊？！

生存攻略

出行刷卡全靠自觉吗

通过向住家请教以及自己后来的亲身体验，现在的我已经对澳大利亚的交通规则谙熟于心。在澳大利亚出行，主要的公共交通方式有火车、电车、公交车和巴士等。每个城市都有自己的公交系统，尽管扣费的金额略有不同，但总体来说大同小异。每个城市都会使用不同种类、不同名称的公交卡，墨尔本使用的是Myki卡。针对澳大利亚不同的交通工具，我在这里罗列几点基本经验，供后续赴任的老师们参考。

第一，在墨尔本出行，如果乘坐的是火车或者公交车，上下车都需要刷卡；如果是电车，那么上车刷卡，下车不刷卡；机场巴士需要购票，单程票价为20澳元；但是作为代替火车运行的巴士可以免费乘坐。需要注意的是，电车一般有两个行驶区间：区间一是在城市中心划分出来的方形区域线路（例如从弗林德斯火车站至维多利亚市场的西边线路），在此区间内上下车均不需要刷卡，可以免费乘坐；区间二是跨区线路，只要你要去的终点站位于上述免费区间之外，就需要上车刷卡付费。

第二，电车和火车的计费标准是时间而不是距离，一次性扣除2.2澳元。两个小时之内转车不再收费；超过两个小时则会重新开始计费，但是最高一天不超过7澳元。

第三，司机师傅不会时时刻刻关注乘车的人有没有刷卡，主要依赖乘客的自觉意识。上下班高峰期有时会遇到查票的工作人员，他们要求乘客出示公交卡并用机器逐一查验。一旦查到"漏网之鱼"，便是铁面无私地罚款，即200澳元。

第四，作为乘客，上车前应尽量保证交通卡内存有3澳元以上的车费。出行之前预充好当天的乘车费用，可以减少因中途充值而浪费的时间。如果遇到刷卡时余额不足的尴尬情况，建议下车寻找附近的火车站或者便利店进行充值。虽然有可以蒙混过关的可能性，但是身处海外，为人师表，还是应当规范自己的言行，切莫心存侥幸。

顺便提一下，墨尔本这座充满文艺气息的城市，交通系统却总是被人们调侃：火车晚点是家常便饭，遇到公共假日或者特殊事件，行车线路还会变更；工作人员时不时会来个要求涨薪的集体大罢工；偶尔还会有紧急制动，导致全线交通瘫痪。不夸张地说，人们对这里的公共交通可谓又爱又恨。

结 语

高山仰止，景行行止

每一天清晨或傍晚，我们都可以看到这座城市的繁忙：蜂拥的人群穿过闪着绿灯的十字路口，不息的车流在朝日或晚霞中宛若一条长龙，精神抖擞或身心疲惫的人们疾步穿梭于大小站台之间，依次有序地刷卡进站出站、上车下车。我们也许无法保证每一个生活在这里的人都能恪守规则，我也曾见过急着赶路的行人等不及绿灯就径穿马路，卡内余额不足的人照样上车、脸上若无其事……但是我相信，更多的人是在默默坚守着自己的道德准则。道德的自觉遵守是在一次次的行动中被证明出来的。只有清楚自己生而为人的权利和义务，才能为继续推进人类文明的进步贡献一己之力。

作者简介

李旋，华侨大学汉语国际教育专业硕士。曾赴泰国农业大学色军分校担任汉语教师志愿者，负责教授英语系大一至大四的汉语口语课和综合课；曾参加澳大利亚维多利亚州教育部助教项目，现担任弗莱明顿小学和蒙特亚历山大中学的汉语助教。

思考与实训

1. 结合"我的故事"部分,谈一下作者在澳大利亚乘坐公共交通工具时遇到了什么问题。她是如何处理的?如果是你,你会怎么处理?
2. 结合"生存攻略"部分,谈一下在澳大利亚乘坐公共交通工具时,需要注意哪些问题?如果你在澳大利亚乘车时忘记刷卡,你会怎么做?是若无其事地逃票还是主动补票?为什么?
3. 本文提到了在澳大利亚乘车出行需要具备一定的自觉意识,请查阅相关资料,结合实际谈一下在澳大利亚生活时,还有哪些方面同样需要自觉遵守约定俗成的规则。

澳大利亚"农村"生活图鉴

/ 杨 芳 /

澳大利亚

我的故事

眼镜不是想买就能买

我所在的学校是距离墨尔本市区最远的一所公立中小学，位于维多利亚州的西北部。来澳大利亚之前，我就已经知道自己被分配到远离市区的大农村，但当时想，大不了就是娱乐生活简单点儿，应该不至于有很大的生活困难吧。在仔细阅读了维多利亚州教育部给志愿者们准备的赴任手册后，我基本备齐了所需物品，信心满满地赴任了。可是，在第一个学期刚结束的四月，我就遇到了一个无法解决的难题。

四月迎来第一个小长假，我和几个小伙伴儿相约奔赴闻名已久的大堡礁参观。出发前半个月，我便开始准备行李。对于高度近视的人来说，旅行度假当然少不了隐形眼镜，不然怎么拍出好看的照片啊！因为我所在的小镇查尔顿周六没有车进城，周日的车又是在下午五点，到城里时商店都已关门，所以我没有办法乘坐公共交通自己去配眼镜，只能拜托我的主讲老师在进城采购的时候捎上我。

那天，我们走进城里一家连锁眼镜店。我想终于可以买到隐形眼镜了，心里也对即将到来的假期怀有更多的期待。在跟售货员表明我想配隐形眼镜后，售货员的回答让我瞬间傻眼。她说："请给我您的处方。"什么？配眼镜也需要处方吗？我脑子里蹦出了十万个为什么……售货员进一步向我解释说："您如果没有处方的话，需要提前预约，这样我们可以为您验光，检查您的眼睛是否适合佩戴隐形眼镜。没有验光的话，我们是不能向您出售隐形眼镜的。"这让我更蒙了。

我不放弃，又跑到另一个眼镜店再次询问，售货员也是给了我同样的答复，她还告诉我配隐形眼镜的大概流程：首先需要预约验光师检查眼睛，随后验光师会开一个处方；拿着处方就可以在眼镜店买到隐形眼镜样品，但只是样品；样品需要回去试戴一个星期，同时还要预约复诊；一个星期后复诊，确认有没有不适，如有不适，还需要更换样品再进行试戴；然后再复诊、试戴，直到最终确定最适合自己的眼镜，才能正式购买。

听完售货员的介绍，我完全打消了在这里配隐形眼镜的想法。不是嫌麻烦，其实这种认真谨慎的态度是没错的，只是自己根本不可能这样频繁地进城复诊——如果要麻烦主讲老师每周开两三个小时的车载我往返，我心里也过意不去。于是，只能暂且安慰自己，那就戴有框眼镜吧，虽然不能拍好看的照片会有些遗憾，但旅行更重要的意义是一路上看到的风景和旅行中的新体验。

不幸的是，我的有框眼镜也罢工了！

坐船到达大堡礁后，就在我和小伙伴儿计划着再坐直升机一览大堡礁的惊艳时，"哐"的一声，我的一个镜片掉到了甲板上。小伙伴儿们当时都在船上兴奋地拍照留念，而我却在甲板上心慌意乱地寻找镜片。当时的海风大到我这个体重110斤的选手都站不住，船身还不停地摇晃着，再加上只剩一个镜片，我根本看不清眼前的东西……想到澳大利亚配镜如此复杂的程序，再想到若是镜片飞到太平洋里去了，我真是哭都哭不出来了！幸好船上的工作人员过来帮忙，镜片终于找到了。我一边用手扶着眼镜片，一边欣赏大堡礁的美景，也算是很特别的经历了……

在以后的工作和生活中，我也多次遭遇类似"掉镜片"的尴尬，也曾想过让国内过来的朋友帮我带一副眼镜，可是以前配眼镜没注意眼睛的各种参数，所以也没办法购买，只能作罢。

生存攻略

很多事不是想做就能做的

带着东方文化的背景，跑到西方文化中来生活和工作，需要我们学习许多不一样的规则。很多我们习以为常的事，在这里就是不行。那些在我们眼中微不足道的小事，到了这里，就成了惊天动地的大事。我在这里将自己在澳大利亚学到的经验总结一下，希望能帮助大家尽可能地减少因文化摩擦而带来的不适应，让我们在异域文化中的生活和工作变得更顺利。

第一，多备一副眼镜。对于被分配到"农村地区"戴眼镜的老师来说，交通不便是个大问题，配镜流程的繁复，更加大了问题的难度。住在市区的老师，虽说配镜相对方便些，但是考虑到整个流程耗时长，不能像国内那样几个小时就能搞定，所以建议老师们还是多备一副眼镜，以备不时之需，万一眼镜破损，可以拿出来救急。

第二，切勿随意拍照。在澳大利亚，未经允许的拍照，轻则是一个没礼貌的行为，重则可能违法。首先，如果是面对未成年的学生，千万不要一时兴起就拿出手机来拍照。在没有获得家长同意的情况下，擅自给学生拍照并分享到社交媒体或用于商业用途，在澳大利亚属于违法行为。如果你想拍照记录学生的某些学习瞬间，那么需要跟负责管理的老师说明，在获得同意后才能拍。若想拿自己拍的一些学生照片来参加比赛，也需要向校长申请。私自使用学生照片或视频是不允许的。参与一些当地的活动项目，尤其是球类运动时，玩儿手机、拍照等都是不太礼貌的行为。

第三，切勿随意给学生食物。这里的学生有各种各样的过敏情况，有的对坚果过敏，有的对鸡蛋过敏，有的是素食主义者，因此不要随意给学生分享食物，因为可能一不小心就会让学生出现生命危险。在准备一些中国文化活动时，如果涉及食物，需要跟班级负责老师进行过敏源确认，并且征得家长同意，才能把食物给学生，否则是不允许的，会给自己带来不必要的麻烦。

第四，切勿有过多的肢体接触。我以前有个不曾发现的坏习惯，当我觉得小朋友很可爱时，就喜欢拍一拍他们的头或身体。有一次这样做时，被一个小男孩儿质问："你为什么要打我？"我当时吓坏了，因为体罚在澳大利亚是严令禁止的违法行为。虽然我当时只是想表达自己的喜爱之情，但在学生看来，可能就是一种不恰当的行为，所以如果你也有类似习惯的话，一定要约束好自己，不做这种令人误解的动作。

第五，做客时自带饮料，进屋脱帽。如果有当地人邀请你去他家做客，记得至少带上自己要喝的饮料。当地老师说这是对他人的一种尊重，即便主人说不需要带任何食物和饮料，最好自己也要带上，这也是基本要求。当然带一些自己拿手的饭菜过去与主人分享则更好。另外，当你进入主人家时，需要脱帽，因为戴帽子进屋是不太礼貌的行为。

结　语

生活的理想，理想的生活

跟朋友聊到澳大利亚时，我曾吐槽说，这里的日子就像是27岁的年龄提前过上了72岁的生活——清闲安静，甚至有点儿与世隔绝。但也是在这种简单平静的日子里，我开始给自己更多的锻炼，也对未来有了更多的思考：我每天把家里收拾得干干净净，给自己做一顿美味可口的午餐，在阳台上看一会儿书，在院子里散散步……这不就是生活本来的样子吗？生活虽说波澜不惊，但这一年却也在内心积攒了无限的力量。就好像未来的自己穿越到了现在，在洗尽铅华的日子里，看到了生命本原的样子。

作者简介

杨芳，渤海大学汉语国际教育专业硕士。研究生毕业后参加澳大利亚维多利亚州教育部所属中小学汉语助教项目。曾在柬埔寨皇家科学院孔子学院担任汉语教师志愿者。

思考与实训

1. 在"我的故事"中，作者在配眼镜时遇到了什么问题？她是怎么解决的？如果是你，你会怎么做？
2. 阅读"生存攻略"部分，谈一谈在澳大利亚生活或跟澳大利亚人相处时，需要注意的问题。其中，哪些是我们在中国可以接受的行为而在澳大利亚则被认为是不得体或没礼貌的？
3. 本文提到因为澳大利亚和中国配眼镜的流程不同，导致作者面临非常尴尬的处境。请利用你所知道的信息平台查一查，在澳大利亚，还有哪些生活和工作方面的不同需要我们注意。

环保亦品格

/ 乔娇娇 /

新西兰

我的故事

克洛伊老师的启示

"娇娇,我们一起去喝杯咖啡吧!"法语老师克洛伊笑眯眯地邀请我。

"当然,一起去吧!"我爽快地答应了。

"请给我一杯拿铁,谢谢!"说着,克洛伊从帆布包里拿出了她的咖啡杯。

"一杯白咖啡,谢谢。"然而我却没有自带的咖啡杯。

这不是第一次我在克洛伊面前感到"自惭形秽"了。和她相处的过程中,我渐渐发现她在点滴小事中一直实践着自己的环保理念,但她只是自己默默地实践着,从不要求身边的人和她一样,也不会排斥其他没有类似意识的同事。

从克洛伊口中得知,她身上的衣服无一例外都是从慈善机构开设的旧物店或者私人开设的二手店里淘来的。价格从几块新西兰元到几百块不等。我一直觉得克洛伊的穿衣风格比较特别:她从不追逐当下的时尚潮流,然而穿戴二手衣物却别有一番韵味;她最钟爱的当属复古风,在她身上能看到奥黛丽·赫本时代女性的穿衣风格。克洛伊还每天坚持骑自行车上下班,遇到刮风下雨,她就会从储物柜里拿出备好的雨衣雨鞋穿上。她也在追求零塑料生活,把早茶时要吃的饼干、喝的酸奶统统装在果酱罐子里带到学校;午餐盒也都是玻璃制品;平时出去购物总是带着帆布包。

不仅如此,克洛伊还是个素食主义者。在新西兰有三种常见的素食主义者。第一类为严格素食者,他们不仅不吃肉,也不食用和使用动物制品,例如牛奶、鸡蛋、蜂蜜等。第二类为蛋奶素食者,顾名思义,这一类素食主义者可以通过蛋奶制品来摄取营养。第三类为鱼素者,这一类素食主义者可以吃鱼和海鲜。克洛伊是一名蛋奶素食者。她吃素食不是因为宗教、道德观或者保养身材等方面的原因,而是出于她的环保意识。对于我来说,很难把素食主义和环保联系起来,于是就向克洛伊请教。她解释道:"畜牧业以及饲养家畜所产生的二氧化碳,要比各类交通工具所产生的二氧化碳之和还要多,大约占据了全球二氧化碳排放总量的四分之一。这也是为什么很多素食主义者同时也是环保主义者的原因。"

克洛伊从不当众大谈特谈环保,但却始终在潜移默化地影响着周围的每一个人。她常说自己只是新西兰环保意识人群中的一个。在这个环保王国里,还有着千千万万的人和她一样,无声但却坚定地实践着对环境的保护。

生存攻略

全民环保

在新西兰,虽说并不是每一个人都能像克洛伊那样严于律己,但是作为一个外国人,我们还是能够感知到新西兰政府和人民对环境保护的高度重视。所谓入国问禁、入乡随俗,作为生活和工作在新西兰的外国人，我们也应当向当地人民学习，树立起环保意识。

第一，学会按照新西兰的规定对垃圾进行分类。在新西兰，普通人的环保意识体现在对垃圾分类的严格实践上。新西兰的家庭垃圾通常分为三类：可回收垃圾、填埋垃圾和有机垃圾。可回收垃圾主要包括废纸、塑料瓶、玻璃瓶和金属制品等。填埋垃圾主要包括饮料盒、塑料袋、保鲜膜、锡箔纸、纸尿片、泡沫制品等。有机垃圾主要包括食物残余、茶包、树枝枯叶等。一般家庭会租用垃圾处理公司的垃圾桶，垃圾桶的种类以及尺寸根据具体的家庭情况而定。不同的区域和垃圾处理公司收垃圾的时间都不一样。只要在预定的时间之前把垃圾放在家门口即可。以奥克兰市中心为例，一般垃圾一周收集一次，可回收垃圾两周收集一次，两种垃圾在同一天收集。乱扔垃圾在新西兰将面临100至400新西兰元不等的罚款。如果屡教不改，藐视《垃圾法案》(*The Litter Act*)，构成情节比较严重的违法行为，最高将面临30,000新西兰元的罚款。

第二，尊重当地人的环保行为。在开篇的故事中提到的法语老师克洛伊，是一位对自己要求近乎"苛刻"的环保主义者。她的有些行为，例如坚持穿戴二手衣物以及零塑料生活，在一般人看来有些因噎废食，甚至跟不上时代步伐。但是在没有影响其他人的情况下，我们都应该尊重每个人的选择，尤其是对环境有益的个人行为。

身体力行，实践环保理念。其实环保并非什么高深莫测的学问。它体现在点点滴滴的日常行为中。随身携带餐具，减少点外卖次数，实际都是在保护我们的空气和土壤。因为一次性餐具最终都将被焚烧或是掩埋，影响环境。控制洗澡时间，不仅节约了资源，还保护了我们的空气。减少塑料制品使用频率，从一定程度上也会减少水污染，降低水生动物的非自然死亡率。

结 语

保护环境就是保护人类自己

现如今,环保问题已经成为全球瞩目的棘手问题。空气污染、土壤污染、水污染、全球气候变暖、酸雨、泥石流和森林火灾等,已经严重威胁了人类和动植物的生存环境。保护环境不仅仅是在造福我们这一代人,也是在为子孙后代谋福利。近些年来,中国对环境问题也愈来愈重视。2019年7月1日起,上海正式依法全面推行生活垃圾强制分类,将生活垃圾按照可回收物、有害垃圾、湿垃圾和干垃圾进行分类。这是一种值得推广的做法。家庭和学校教育对环保问题应该重视起来,否则会造成一部分人薄弱的环保意识。我们常说,我们可以从一个人对待他人的方式来判断他的品行;同样地,我们也可以从一个人对待环保的态度来衡量他的责任感。也许我们无法像文中提及的克洛伊那样在环保问题上"严于律己",但在力所能及的范围内,我们仍然可以"大有所为"。

作者简介

乔娇娇,武汉大学对外汉语教学专业硕士。曾在美国匹兹堡大学孔子学院担任汉语教师志愿者,后担任新西兰惠灵顿维多利亚大学孔子学院汉语教师志愿者。曾任职于新西兰基督城女子高中。

思考与实训

1. 在"我的故事"部分,作者的同事克洛伊是个典型的环保主义者,如果是你,你会如何与这样的同事相处?你是怎么看待新西兰的全民环保意识的?
2. 阅读"生存攻略"部分,谈一下生活在高度环保的国家,我们应该如何避免相关方面的文化冲突。在生活中,我们应该注意哪些方面的问题?
3. 本文谈到新西兰人的高度环保意识,中国近年来也开始重视环保问题。请查询相关资料,比较一下新西兰(或其他你知道的国家)与中国在垃圾分类上的异同。你认为为什么会存在这些方面的差异?